한국국방안보포럼(KODEF)은 21세기 국방정론을 발전시키고 국가안보에 대한 미래 전략적 대안들을 제시하기 위해, 뜻있는 군·정치·언론·법조·경제·문화·마니아 집단이 만든 사단법인입니다. 온-오프 라인을 통해 국방정책을 논의하고, 국방정책에 관한 조사·연구·자문·지원 활동을 하고 있으며, 국방 관련 단체 및 기관과 공조하여 국방교육 자료를 개발하고 안보의식을 고양하는 사업을 하고 있습니다. http://www.kodef.net

KODEF 안보 총서 41

블랙박스

모든 사건의 뒤에는 그들이 있다!

김재천
지음

아버지께

머 · 리 · 말

2001년 9월 11일 오전 7시 59분. 92명의 승객이 탑승한 아메리칸 항공American Airlines 소속 AA11편은 보스턴Boston에서 목적지 로스앤젤레스Los Angeles를 향해 힘차게 날아올랐다. 그러나 이 민항기는 곧 항로를 이탈하더니 오전 8시 45분 쌍둥이 빌딩으로 널리 알려진 뉴욕New York 세계무역센터World Trade Center 북쪽 건물로 날아들었다. 9시 3분에는 샌프란시스코San Francisco 발 유나이티드 항공United Airlines 소속 민항기가 세계무역센터 남쪽 건물로 날아와 충돌했다. 9시 40분에는 미국의 수도 워싱턴 D.C Washington D.C에 소재한 국방부 건물 펜타곤Pentagon 역시, 테러리스트들이 강탈한 미국 민항기의 자살공격에 무방비로 노출되고 말았다. 미국의 심장부를 깊숙이 강타한 이 미증유未曾有의 테러로 인해 약 3,000여 명의 무고한 인명이 희생되었다. 테러리스트들의 계획은 매우 치밀했다. 이들은 미국의 경제와 안보의 상징이라고 할 수 있는 세계무역센터와 펜타곤을 공격해 세계 유일의 초강대국 미국의 자존심을 무참히 짓밟아 버리려 한 것이다. 예상했던 대로 미국의 반응은 매우 단호했다. 부시Bush 대통령은 9·11테러사건의 배후로 오사마 빈라덴Osama Bin Laden과 그가 이끌고 있는 알카에다al-Qaeda를 지목하고 이들의 색출에 나섰다.

중앙아시아 오지奧地의 국가 아프가니스탄Afghanistan은 테러리스트들의 온상지이자 트레이닝캠프와 같은 지역이었다. 1996년 집권한 탈리반Taliban 정권은 오사마 빈라덴과 알카에다의 은신처를 제공하고 있었는데, 탈리반 지도자 오마르Omar는 이들을 인도해 달라는 부시 대통령의 최후통첩을 일언지하에 거절했다. 9·11테러 발생 다음 날 부시 대통령은 이미 TV 연설을 통해 "테러리스트들과 이들을 은닉하고 후원하는 세력들을 똑같은 자들로 간주하겠다"고 천명했다. 10월 7일 미국은 아프가니스탄의 주요 군사시설과 산업기지를 대상으로 대규모 공습을 감행했다. 현재에도 계속되고 있는 미국의 '테러와의 전쟁'이 아프가니스탄에서 시작되는 순간이었다.

아프가니스탄 전쟁이 한창이었던 2001년 11월 25일. 아프가니스탄에서 최초의 미국인 전사자가 발생했다. 전사자는 '마이크Mike'라는 애칭으로 불리던 CIA 요원 조니 스팬Johnny Spann. 그의 전사 소식을 접한 필자는 여러 의문이 들기 시작했다. 아니 정규 군인이 아닌 CIA 요원이 아프가니스탄 전쟁에서 미국 측 첫 번째 전사자라니? 과연 CIA 요원이 아프가니스탄에서 어떤 역할을 하고 있었던 것일까? 필자는 궁금증을 풀기 위해 아프가니스탄 전쟁에 관한 신문기사를 뒤져보기 시작했다. 그러던 중 《워싱턴 포스트Washington Post》의 11월 18일 자 기사가 눈에 들어왔다. "CIA의 비밀부대가 아프가니스탄 전장戰場에서 매우 중요한 역할을 하고 있다"는 제목의 기사였다. 기사를 작성한 사람은 다름 아닌 밥 우드워드Bob Woodward. 칼 번스타인Carl Bernstein과 함께 1970년대 닉슨 대통령의 워터게이트 사건Watergate Scandal을 최초로 파헤친 미국의 대표적 탐사보도 저널리스트investigative journalist다. 현재 미국에서 정부의 내부자 정보를 가장 많이 캐낼 수 있다고 알려진 우드워드는 정부 요처에 구축해 놓은 자신의 인맥을 이용해 『오바마의 전쟁Obama's Wars』과 『부시는 전쟁중Bush at War』 등 테러와의 전쟁에 임하는 미국 대통령의 전쟁 결정과정을 소상히 파헤친 여러 권의 책을 저술하기도 했다. 우드워드는 CIA 요원 스팬이 사망하기 전에 이미 CIA가 아프가니스탄에서 진행하고 있던 '비밀공작Covert Action'의 실체를 대강 파악하고 있었던 것이다.

필자는 아프가니스탄 전쟁에서 CIA의 역할을 조금 더 자세히 파악하기 위해 우드워드의 기사와 저서에 언급된 자료를 찾아보았고,

그 결과 부시 행정부가 아프가니스탄에서 신속하고 효율적인 군사적 승리를 거둘 수 있었던 결정적 이유는 CIA가 주도한 '비밀공작'의 성공 때문이었음을 알 수 있었다. 부시 행정부는 아프가니스탄 탈리반 정부에게 공식적인 선전포고를 하기 한 달여 전부터 이미 CIA 요원들을 아프가니스탄에 대거 침투시켜 암암리에 '비밀전쟁'을 치르고 있었다. 아프가니스탄에는 이미 탈리반에 대항하기 위해 민족과 종교가 다른 7개 분파가 연합해 결성한 '북부동맹Northern Alliance'이라는 저항세력이 있었다. 아프가니스탄에 투입된 CIA 요원들의 주된 임무는 북부동맹의 요인들을 파악하고 이들을 회유·교섭·매수하여 탈리반과의 전투에서 중요한 임무를 수행케 하는 것이었다. 그리고 반대급부로 이들에게 탈리반 전복 후의 정권을 보장해 주었다. 이러한 비밀공작을 성사시키기 위해 CIA가 북부동맹에게 막대한 액수의 금전을 지원하고 군사적으로도 도움을 주었음은 물론이다. 북부동맹 군사들은 유년기부터 게릴라전을 치러왔던 역전의 전사들이었고, 미로와 같은 아프가니스탄의 지형과 전장을 훤히 꿰뚫고 있었다. 이들이 미군에게 제공한 군수 지원은 미군의 승리에 결정적인 기여를 했고, 북부동맹은 실제로 전장에서도 탈리반과 알카에다를 상대로 혁혁한 전공戰功을 세웠다. 어떻게 보면 미국의 아프가니스탄 전쟁은 이들 북부동맹이 치른 '대리전쟁proxy war'이라고 할 수 있다. 이를 가능하게 한 것은 CIA가 벌인 비밀공작이었다. CIA의 비밀공작이 없었다면 미군은 1980년대 소련이 아프가니스탄에서 겪었던 참담한 패배를 경험했을지도 모를 일이다.

    이 책은 정보전쟁과 비밀공작에 관한 내용을 다루고 있다. 현재 미국은 자타가 공인하는 정보정책분야 최고 선진국가다. 그러나 제2차 세계대전 이전만 하더라도 최고의 정보정책 능력을 보유하고 있던 나라는 영국이었다. 2차대전 발발 전 미국에는 이렇다 할 독립된 정보기관조차 없었고, 정보의 취득과 첩보활동 대부분을 당시 전쟁부Department of War가 관할하고 있었다. 그나마 전쟁부가 관할하고 있던 미국의 정보정책은 상당히 초보적인 수준에 불과했다. 역사는 일본의 진주만 기습공격을 예측하지 못한 사건을 미국 최악의 '정보정책 실패intelligence failure'로 기록하고 있다. 진주만 기습공격으로 충격을 받은 미국은 2차대전 중 합동참모본부 산하에 '전략사무국Office of Strategic Service: OSS'이라는 정보기관을 창설하는데, 이 전략사무국(OSS)이 바로 현재 CIA

의 전신이다. 전쟁 후 트루먼Truman 행정부는 1947년 통과된 국가안보법 National Security Act에 의거해 독립된 정보기관인 중앙정보국(CIA)를 창설했을 뿐 아니라 전쟁부를 국방부Department of Defense로 이름을 바꾸어 발전시키고 국가안전보장회의National Security Council: NSC를 발족하는 등 벌써 막이 오른 냉전시대의 국가안보체제를 정비해 나갔다.

미국의 정보기관과 정보정책, 특히 CIA의 비밀공작은 냉전 당시 미국의 안보정책에 매우 중요한 임무를 수행했다. 냉전 시기 미국과 소련은 전략적 핵무기의 개발, 유럽의 주도권, 그리고 전후 독립을 쟁취한 제3세계 국가들을 대상으로 치열한 경쟁을 벌이고 있었다. 미·소 간의 전략 핵무기 경쟁은 1962년 소련이 쿠바에 핵탄두를 장착한 탄도미사일을 배치하려는 시도로 인해 발생한 13일 동안의 '쿠바 미사일 위기Cuban Missile Crisis' 기간을 제외하고는 실제 핵전쟁으로 치달을 가능성이 매우 낮았다. 유럽의 주도권을 놓고 벌인 미·소 간의 경쟁 역시 상대적으로 안정적이었다고 할 수 있다. 이는 미·소 양국 모두 이해가 첨예하게 대립된 정책(핵정책)과 지역(유럽)에서 전면적인 충돌을 원하지 않았고, 이로 인해 신중한 접근법을 선택했기 때문이다. 오히려 제3세계 신생국가의 이념지형을 놓고 벌인 미·소 간 경쟁이 가장 불안정했는데, 실제로 냉전의 '전투'는 대부분 이들 신생국가에서 치러졌다. 1950년대의 한국전쟁과 1970년대 베트남 전쟁이 그 대표적인 예라고 할 수 있다. 그러나 우리에게 잘 알려진 이 두 전쟁 외에도 미국은 이란과 과테말라(1950년대), 인도네시아와 도미니카 공화국(1960년대), 칠레(1970년대), 니카라과(1980년대) 등 수많은 국가에서 전쟁을 치렀다. 한국과 베트남에서 치른 전쟁이 미국의 군사력을 직접 동원한 전면적이고 '공공연한 전쟁 overt war'이었다면, 앞에 소개한 국가에서 벌어진 미국의 전쟁은 CIA의 정보력과 첩보력, 그리고 비밀공작능력을 동원해 은밀하게 치른 '비밀전쟁 covert war'이라는 차이가 있을 뿐이다. 미국의 정보전쟁과 비밀공작은 그 성격상 일반인에게 잘 알려져 있지 않다. 하지만 미국의 정보활동, 특히 CIA 비밀전쟁의 성격과 실체를 모르고는 미국의 외교안보정책을 제대로 이해할 수 없다. CIA를 위시한 미국의 정보기관과 정보요원은 현재 진행 중인 '테러와의 전쟁', 특히 '오바마의 전쟁'이라고 불리는 아프가니스탄 전쟁의 최전방에서도 매우 중요한 역할을 수행하고 있다.

미국의 비밀공작은 CIA가 전담하고 있다. 따라서 필자는 이 책에서 CIA가 치른 주요 비밀전쟁의 실체를 밝혀 보려 했다. 우선 제1장에서는 CIA의 연원과 변천과정, 그리고 CIA가 수행하고 있는 역할 등에 대해서 살펴보았다. 제2~6장에서는 냉전 당시 미국이 치른 주요 비밀공작 사례를 다루고 있다. 필자는 미국의 정책 결정권자들이 비밀전쟁으로 달성하려고 했던 정책목적을 규명하려 했고, 공공연한 방법이 아니라 암암리에 비밀전쟁으로 이러한 정책목적을 달성하려 했던 동기를 파악해 보려고 했다. 이러한 미국의 비밀공작이 '타깃target'이 되었던 나라와 지역의 정치와 경제에 어떠한 영향을 끼쳤는지도 주의를 기울여 보았다. 제7장에서는 냉전의 국제질서 해체 후 미국의 정보정책에 발생한 변화를 가늠해 보고, 미국의 정보기관과 CIA 비밀공작이 테러와의 전쟁과 현재 오바마 행정부가 미군을 증파하여 치르고 있는 아프가니스탄 전쟁에서 어떠한 역할을 수행하는지도 살펴보았다.

필자가 미국의 정보정책과 첩보활동에 관심을 가지고 연구하게 된 이유는 예일 대학교 Yale University 수학시절 은사 중 한 분인 브래

드퍼드 웨스터필드Bradford Westerfield 정치학과 교수님의 영향 때문이다. 웨스터필드 교수님은 CIA 출신으로 CIA와 미국 정보정책에 일가를 이루신 분이다. 2004년 민주당 대통령 후보였던 존 케리John Kerry와 2000년 같은 당의 부통령 후보였던 조지프 리버먼Joseph Lieberman 같은 쟁쟁한 상원의원들을 제자로 두고, 역시 예일대 제자였던 딕 체니Dick Cheney 전 부통령의 외교정책이념 형성과정에도 지대한 영향을 끼친 분이다. 웨스터필드 교수님은 2008년 지병인 파킨슨병Parkinson's disease으로 돌아가셨는데 바쁘다는 핑계로 장례식장에도 찾아가지 못해 아직도 죄송스러운 마음이다. 필자는 웨스터필드 교수님이 예일대 학부생을 대상으로 가르치시던 미국정보정책American Intelligence Policy 과목의 조교를 하면서 미국의 정보정책과 첩보활동에 흥미를 가지게 되었다. 박사학위 논문에도 CIA의 비밀공작은 중요한 부분을 차지하고 있고, 졸업 후 서강대에 부임하고 난 후에도 미국의 정보활동에 관한 논문을 몇 편 발표했다. 그러던 중 CIA와 미국의 정보전쟁과 비밀공작에 관해서 일반인들도 쉽게 이해할 수 있는 저서를 집필해야겠다는 생각으로 이 책을 쓰게 되었다.

일국의 외교안보정책에서 정보정책이 차지하는 역할은 아무리 강조해도 지나치지 않는다. 2010년 북한의 도발로 발생한 천안함 침몰과 연평도 포격사건은 대한민국 정보정책의 사각지대를 보여준 사건이라고 할 수 있다. 이 책이 정보정책에 대한 한국국민과 정부의 경각심을 불러일으키고 미국 정보정책의 이해를 제고하는데 조금이라도 기여했으면 하는 바람이다. 졸저의 출간을 흔쾌히 승낙하신 플래닛미디어 김세영 사장님, 자신의 일처럼 원고를 꼼꼼히 검토해준 직원 여러분께 감사의 마음을 표한다. 그리고 자료 수집과 교정작업에 큰 도움을 준 서강대 국제대학원의 이상은 석사와 안현, 김민정 학생에게도 감사의 마음을 표한다.

2011년 5월
김재천

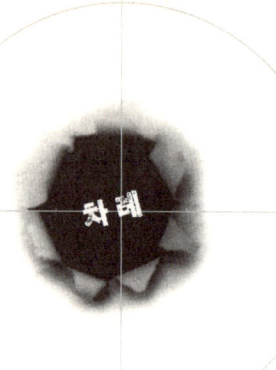

차례

머리말 6

1 정보전쟁과
비밀공작 19

2 이란의 미치광이
모사데크를 제거하라!
최초의 비밀전쟁, 에이잭스(AJAX) 55

3 민주주의 확장정책 VS
미국의 국익
케네디 대통령의 비밀전쟁 99

4 CIA, 원수의
지휘봉을 넘겨받다
프로젝트 퓨벨트(FUBELT) 137

5 콘트라 자유의 전사들을 지원하라!
레이건 독트린과 콘트라 비밀전쟁　169

6 자파타 작전은 몽구스 작전으로 이어지고
쿠바 프로젝트와 비밀공작의 실패　205

7 빈라덴의 목을 가져와라!
테러와의 전쟁과 비밀공작　249

1장
정보전쟁과 비밀공작

비밀공작은 미국 정부의 개입사실을 부인하여 책임을 회피할 수 있도록 계획하고 수행하여야 한다

No Such Agency! Never Say Anything!

미국의 정보정책과
정보공동체

미국의 정보정책과 첩보활동은 어느 기관이 담당하고 있을까? 일반에게 가장 잘 알려진 미국의 정보기관은 아마도 중앙정보국^{Central Intelligence Agency: CIA}일 것이다. CIA는 비밀공작을 관장하고 있는 대표 정보기관으로서 미국의 정보정책 및 정보활동에서 매우 중요한 영역을 차지하고 있다. CIA 비밀공작의 임무와 실체를 파악하기 위해서는 미국 정보기관 전체의 구성과 정보활동의 광범위한 내용을 우선 살펴봐야 한다. CIA가 미국의 유일한 정보기관이 아니고 비밀공작이 정보활동의 전부가 아니기 때문이다. 현재 미국에는 무려 16개에 달하는 정보기관이 존재한다. CIA가 미국의 선도적 정보기관으로 기능해 온 것은 사실이지만, 미국 정부의 직제상으로는 단지 16개에 이르는 정보기관 중 하나에 불과하다. 미국은 16개의 정보기관을 '정보커뮤니티^{Intelligence Community}'라 총칭하는데, 국내에서는 '커뮤니티'를 우리말로 고쳐 '정보공동체'

라고 부르기도 한다. 이러한 미국의 정보공동체를 위계질서가 확실하고 기능의 분화가 명확한 조직체로 이해해서는 안 된다. 오히려 정보기관들의 '느슨한 연합체'라고 표현하는 것이 적합하다. 여러 기관이 임무를 분담하다 보니 국가적 차원에서는 정보업무의 통합과 연결성이 문제로 지적되고 있는데, 이러한 역할 분담은 권력의 집중을 극도로 경계하는 미국인들의 정치문화를 반영한다고 할 수 있다. 16개 기관을 총칭하여 '커뮤니티'라고 부르는 이유도 성격이 상이한 정보활동을 수행하는 여러 정보기관들이 공동체적 유기관계를 형성하여, 국가의 이익을 위하여 함께 일하기를 바라는 희망이 작용했기 때문일 것이다.

CIA는 미국의 정보공동체를 형성하고 있는 16개 기관 중 유일한 독립기관이며, 나머지 15개 기관은 편제상 미국의 국방부, 국무부, 법무부, 국토안보부 등에 소속되어 있는 부설기관이다. 이 중 국방부가 가장 많은 8개의 정보기관을 관할하고 있다. 법무부 산하에는 2개의 정보기관이 있고, 9·11테러사건 이후 새로 창설된 국토안보부Department of Homeland Security 역시 산하에 2개의 정보기관을 두고 있다. 국무부, 재무부, 에너지부도 산하에 정보기관을 각각 하나씩 두고 있다(〈표 1〉참조). 그러나 정보공동체를 구성하고 있는 16개 기관은 미국이 공식적으로 실체를 인정한 정보기관일 뿐이고, 실제로 미국에서 운영하고 있는 정보기관은 더 많을 수도 있다.

9·11테러사건 이후 미국은 일련의 정보개혁을 단행하여 2004년 12월에는 국가정보국장Director of National Intelligence: DNI 직을 신설하는 내용 등을 골자로 하는 정보개혁 및 테러방지법Intelligence Reform and Terrorism Prevention Act(이

후 '정보개혁법'으로 표기)을 통과시켰다. 국가정보국장(DIN)은 정보공동체를 총괄하고 16개 정보기관의 정보활동을 지휘·조율하는 임무를 수행한다. 정보개혁법이 의회에서 통과되기 이전에는 CIA의 국장, 즉 중앙정보국장Director of Central Intelligence: DCI이 CIA를 관할하면서 정보공동체 업무를 총괄·조율하는 역할을 동시에 맡고 있었다. 하지만 9·11테러 사건 이후 중앙정보국장이 정보공동체의 정보활동을 총괄·조율하는 역할을 수행하기에는 한계가 있다는 인식이 발생했고, 이에 따라서 새로운 직위를 신설한 것이다. 이밖에도 정보개혁법의 통과로 기존의 국가영상지도국National Imagery and Mapping Agency: NIMA을 국가지구공간정보국National Geospatial-Intelligence Agency: NGA으로 개편했고, 해안경비대 정보국을 신설된 국토안보부 관할 아래 편입시켰다. 정보개혁법으로 발생한 미국 정보공동체의 변화는 〈표 2〉와 〈표 3〉을 비교하면 잘 알 수 있다.

국가정보국장(DIN) 자리를 신설한 이유 등 정보개혁법이 추진된 배경과 정보개혁의 목적에 대해서는 제7장에서 조금 더 자세히 다루기로 하고, 우선 정보활동의 종류와 CIA를 제외한 미국의 주요 정보기관의 역할을 간단히 살펴보기로 하자.

〈표 1〉 미국 정보기관의 심벌과 기능

중앙정보국 Central Intelligence Agency
미국 유일의 독립 정보기관.
해외 정보를 수집·분석해 정책 입안자에게 제공.
첩보활동·비밀공작 등을 수행.

국무부 Department of State
- 정보조사국 Bureau of Intelligence and Research: INR
  미국의 외교정책 관련 정보의 수집·분석.

국토안보부 Department of Homeland Security
- 정보분석국 Office of Intelligence and Analysis: I&A
  미 본토에 대한 테러 공격 방지를 위한 정보의 수집·분석.

- 해안경비대 정보국 Coast Guard Intelligence: CGI
  미 해안과 본토 보안에 관련된 정보의 수집·분석.

재무부 Department of the Treasury
- 테러금융정보실 Office of Terrorism and Financial Intelligence: TFI
  국제테러조직과 적성국가의 금융자본 추적 및 동결. 미국의
  재정·통화 정책에 도움을 줄 수 있는 정보의 수집·분석.

에너지부 Department of Energy
- 정보실 Office of Intelligence: IN
  무기화될 수 있는 핵물질과 기술의 확산 방지. 국가안보에 영향을
  끼칠 수 있는 국제 에너지 시장 동향 등에 관한 정보의 수집·분석.

법무부 Department of Justice
- 연방수사국 Federal Bureau of Investigation: FBI
  범죄 수사와 미국 내의 정보 수집 업무를 담당. 유일한 국내 정보
  수집 기관.

- 마약단속국 Drug Enforcement Agency: DEA
  국내 마약 관련 활동 단속 및 FBI와 공동관할 아래 해외 마약
  관련 활동 단속.

국방부 Department of Defense

- 국방정보국 Defense Intelligence Agency: DIA
  군사 정보의 주요 생산자와 관리자 역할 수행. 군사정보를 수집·분석해 국방부 각료와 군 수뇌부에 제공.

- 국가안보국 National Security Agency: NSA
  해외 신호정보의 수집·분석 및 제공. 미국의 통신과 정보 시스템 방어.

- 국가정찰국 National Reconnaissance Office: NRO
  정찰위성을 제작·운영. 항공 및 정찰위성으로 영상정보 수집·분석.

- 국가지구공간정보국 National Geospatial-Intelligence Agency: NGA
  영상정보에 기초한 국가안보 관련 대기권 정보의 수집·분석.

- 육군 정보국 Army Military Intelligence: MI
  세계적 차원의 군사대응전략을 구사하는 미 육군의 요구에 부응하는 군사정보 제공. 육군 전장 지휘관에게 실시간 군사정보를 제공.

- 해군 정보국 Office of Naval Intelligence: ONI
  세계 최강의 해양국가 미국의 해군에 걸 맞는 세계최대의 해양정보기관. 적의 해군무기체계와 해선동향 파악.

- 공군 정보감시정찰국 Air Force Intelligence, Surveillance and Reconnaissance Agency: AFISRA
  공군의 전통적인 감시·정찰 활동으로 방첩과 정보 수집 업무 수행. 다양한 정보수집 플랫폼(정찰기 등) 보유.

- 해병대 정보국 Marine Corps Intelligence Activity: MCIA
  해병작전부대의 작전 수립과 실행에 필요한 사전 정보 및 실시간 작전정보를 수집·분석하여 제공.

〈표 2〉 미국의 정보공동체: 2004년 정보개혁법 제정 이전

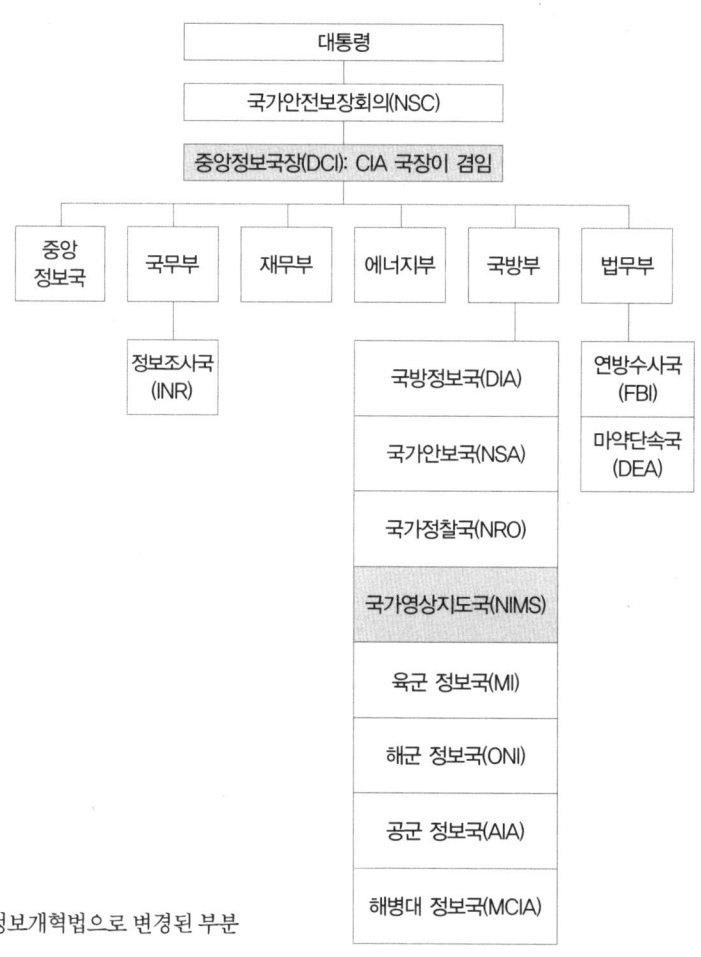

☐ 정보개혁법으로 변경된 부분

<표 3> 미국의 정보공동체: 2004년 정보개혁법 제정 이후

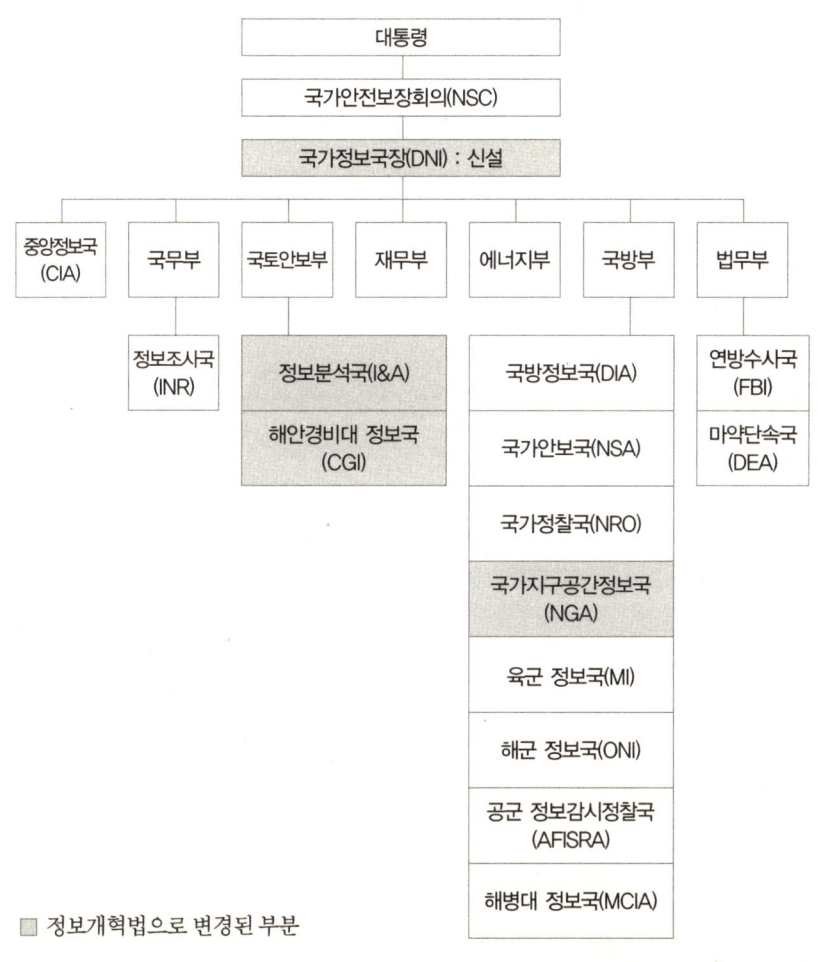

다양한 정보활동

좁은 의미에서 국가의 정보활동은 중요한 정보를 수집·분석·평가하는 행위를 일컫는다. 하지만 일반적으로 통용되는 국가정보활동의 정의는 이외에도 방첩활동과 비밀공작을 포함한다. 적성국가 또는 알카에다 al-Qaeda와 같은 국제테러조직 등 적성세력이 자국을 상대로 벌이는 첩보활동을 무력화하여 국가의 이익을 보호하는 활동을 '방첩 Counterintelligence'이라고 하며, 외국의 정부·단체·요인 등 특정 대상을 상대로 정치·경제·군사적인 변화를 비밀리에 유도해 일정한 외교정책 목표를 달성하는 행위를 '비밀공작 Covert Action'이라 한다.

정보는 영역에 따라 정치정보 Political Intelligence, 군사정보 Military Intelligence, 경제정보 Economic Intelligence, 과학기술정보 Scientific and Technical Intelligence 등으로 분류해 볼 수 있다. 미국의 입장에서 보면, 적성국가든 우방이든 외국의 정치상황은 미국의 정책결정권자에게 큰 관심거리다. 예를 들어 2012년 한국의 대통령 선거에서 어느 당의 어떤 후보가 당선되느냐가 미국의 동북아 정책에 큰 영향을 끼칠 수 있다. 2012년 중국의 최고통치권은 시진핑習近平으로 넘어가기로 결정되었다. 장막에 싸여있는 중국의 최고 통치권자 후계구도를 사전에 미리 파악하는 것도 미국의 대對중국정책을 조율하는데 중요하다고 할 수 있다. 이렇듯 외국의 정치동향을 파악하고 미국의 국익에 유리한 방향으로 상황을 유도하는 활동을 정치정보활동이라 할 수 있다. 적성세력의 군사수준을 정확히 파악해야 그에 걸맞은 군사·외교적 대비를 할 수 있다. 북한이 폐연료봉에서 추출해낸 플루토늄의 양은 얼마나 되는지, 고농축우라늄Highly Enriched Uranium: HEU* 프로그램은 과연 어느 정도 진행이 되었는지 또는 북한과 미얀마Myanmar의 핵에너지 협력은 어느 정도의 수준인지 등을 파악하는 것 등이 군사정보활동의 예라고 할 수 있겠다. 다른 나라 지역의 경제 상황에 관한 정보를 정확하게 파악하는 경제정보도 미국의 대외정책 수립에 중요한 역할을 한다. 경제정보는 국가 간의 경제행위가 밀접한 상호작용을 하는 요즈음의 국제경제체제에서 그 중요성이 더욱 강조되고 있는데, 미국 기업과 경쟁관계에 있는 해외 기업의 정보를 취득하는데 미국의 정보기관이 개입하고 있다는 얘기도 들려오는 실정이다. 예를 들어 중국이 석유를 대신할 수 있는 저렴한 가격의 대체에너지 생산기술 개발에 성공했다고 가정해보자. 이러한 첨단 과학기술의 개발은 미국의 국익에 지대한 영향을 끼칠 수 있다. 미국의 정보기관은 민간 분야에서 추진하고 있는 중요 첨단기술 개발 프로젝트도 모니터하고 있다. 민간 분야에서 개발한 기술을 군사 분야에도 쉽게 적용할 수 있기 때문이다. 따라서 과학기술정보도 경제정보와 더불어 '정보화 시대 Information Age'를 주도하고자 하는 미국에게 매우 중요한 정보 분야라고 할 수 있다.

---

* 우라늄235의 존재비가 20% 이상인 농축 우라늄. 90% 이상인 것은 군사용으로 사용한다.

정보는 또한 그 활동 수단에 따라 크게 인간정보Human Intelligence와 기술정보Technical Intelligence로 구분할 수 있다. 인간정보활동이란 '휴먼 스파이' 즉 정보원(또는 첩보원)이 정보를 수집·분석·평가하는 행위, 그리고 정보원이 주체가 되어 행하는 방첩활동과 비밀공작을 의미한다. 이언 플레밍Ian Fleming 원작의 007 제임스 본드 시리즈나 본Bourne 시리즈 등의 영화에서 우리가 만끽할 수 있는 스파이들의 화려한 활약상이 인간정보 영역에 포함된다. 특히 비밀공작의 경우, 적성세력의 내부에 침투해 활약하는 '스파이'가 결정적인 역할을 하기 때문에 인간정보의 꽃이라고 할 수 있다. 미국의 정보공동체에서는 인간정보를 'Human Intelligence'의 약어인 '휴민트HUMINT'로 부르고 있다. 인간정보, 즉 휴민트를 관장하고 있는 미국의 정보기관은 다름 아닌 CIA다. 그러므로 비밀공작의 주무부서도 CIA라고 할 수 있다. 인간 정보원을 사용하는 휴민트와는 달리 최첨단 기술력과 장비를 사용하여 벌이는 정보활동을 기술정보활동이라고 한다. 기술정보, 혹은 테킨트TECHINT는 다시 정보활동의 수단에 따라 신호정보Signals Intelligence(시긴트SIGINT)와 영상정보Imagery Intelligence(이민트IMINT) 등으로 구분한다(〈표 4〉 참조). 신호정보(시긴트) 활동이란 적성세력이 주고받는 교신내용, 즉 신호정보를 (주로 도청으로) 가로채어 정보를 취득·분석하는 행위이다. 보통 이러한 교신내용은 암호화되어 있는 경우가 많은데, 이러한 암호를 해독하여 해석하는 임무도 시긴트에 포함한다. 냉전 시기 미국은 영국, 캐나다, 오스트레일리아, 뉴질랜드와 유쿠사UKUSA 신호정보 공유협정을 체결하여 '에셜론ECHELON'이라는 대규모의 글로벌 시긴트 네트워크를 운영했다. 에셜론

〈표 4〉 정보활동의 분류

활동 영역에 의한 분류	활동 수단에 의한 분류
정치정보(Political Intelligence) 군사정보(Military Intelligence) 경제정보(Economic Intelligence) 과학기술정보(Scientific and Technical Intelligence)	인간정보(HUMINT) • 비밀공작(COVERT ACTION) 등 - CIA가 담당 기술정보(TECHINT) • 신호정보(SIGINT) - NSA가 담당 • 영상정보(IMINT) - NRO와 NGA가 담당

의 존재는 냉전의 국제질서가 해체되기 시작한 1988년에야 일반인들에게 알려졌는데, 2001년 발간된 유럽의회 조사보고서에 의하면 적성세력이 주고받은 암호화된 군사정보 외에도 일반인들이 주고받은 전화통화·이메일·팩스 등이 에셜론 시긴트 네트워크에 무방비로 노출되었다고 한다.

미국 정보기관 중 시긴트를 관장하고 있는 기관은 국방부 산하 국가안보국 National Security Agency: NSA이다. NSA는 그 약어를 따, "No Such Agency(그런 기관은 없다)!" 또는 "Never Say Anything(아무 얘기도 하지 마라)!"라는 말이 있을 정도로 극도로 비밀스런 조직으로, 1952년 창설되었지만 1990년대 초반에야 일반인들에게 그 존재가 알려졌다. 미국 영화를 보면 NSA가 종종 등장하는데 노벨 경제학상 수상자 존 내시 John Nash의 일대기를 다루어 아카데미 작품상을 거머쥔 〈뷰티풀 마인드 Beautiful Mind〉가 한 예이다. 영화에서는 천재 수학자 내시(러셀 크로우 Russell Crowe 분)가 미국의 신문이나 잡지를 통해 소련의 스파이들이 교신하는 암호문을 해

존 내시(러셀 크로우 분)는 뛰어난 두뇌를 가진 수학자로, 1949년 '균형이론均衡理論, equilibrium theory'에 대한 논문을 발표하면서 20세에 일약 학계의 스타로 떠오른다. 그러나 그는 NSA 국장 윌리엄 파처William Parcher(에드 해리스Ed Harris 분)를 만나 소련의 암호를 해독하는 시긴트 프로젝트에 비밀리에 투입된다. 내시는 신문과 잡지를 오려 연구실을 도배해가며 암호를 해독하려 집착하지만 그로 인해 정신착란증세를 겪게 된다. 그는 암호해독 임무를 포기하려 하지만 NSA 국장은 집요하게 내시를 쫓아다니며 암호해독 작업을 종용한다. 영화에서는 이 모든 것이 정신착란증을 겪던 내시의 환영인 것으로 결말난다.

독해 달라는 정부의 부탁을 받게 된다. 이때 내시를 쫓아다니며 암호해독을 부탁하는 정부인사가 다름 아닌 NSA의 국장으로 나온다. 정보의 수집 방법은 신문이나 잡지, TV뉴스 등 일반에게 공개된 자료를 통해 하는 공개자료수집Open-source collection, 적성세력의 기밀을 취득해야 하는 비밀자료수집Clandestine-source collection이 있다. 내시가 영화에서 맡은 임무는 공개자료를 통해 교신하는 적의 기밀통신 내용을 해독하는 것이었다.

영상정보(이민트) 활동이란 인공위성이나 정찰기 등을 통해 영상정보를 취득하고 분석하는 정보활동을 일컫는다. 미국의 정보기관 중 국가정찰국(NRO)과 국가지구공간정보국(NGA)이 미국의 영상정보를 책임지고 있다. NRO와 NGA가 사진을 촬영하여 정보를 수집하는 행위를 사진정보Photographic Intelligence(포틴트Photint)활동이라고 하는데, 최근에는 이것을 이민트 활동에 포함하는 추세다. 미국의 인공위성이 촬영할 수 있는 영상정보의 수준은 타의 추종을 불허하는 것으로 알려져 있는데, 우리가 타고 다니는 자동차의 표지판 번호 정도는 매우 쉽게 식별해 낼 수 있다고 한다. 북한의 영변寧邊 핵 시설의 활동을 실시간 정찰하고 있어 1993년에는 북한이 원자로를 재가동하고 폐연료봉에서 플루토늄을 추출해내는 것을 알아냈고, 이는 1994년 소위 제1차 북한 핵위기로 이어졌다. 북한은 미국의 이민트 능력을 알고 핵무기 관련 시설을 은닉하는 데 여념이 없다. 비록 영화에서 만들어낸 허구적 상황이기는 하지만, 1998년 개봉된 〈에너미 오브 스테이트Enemy of the State〉라는 영화에서 주인공 로버트 딘(윌 스미스 분)이 미국 정보기관의 표적이 되어 도주하는 장면이 관객의 손에 땀을 쥐게 하는데, 도주 중인 딘의 일거수일투족을 정찰위성을 통해 실시간 영상정보로 촬영하여 추적하는 장면은 미국의 첨단 이민트 수준의 단면을 보여주고 있다. 극중에서는 이민트 활동을 관할하며 딘을 추적하는 정보기관이 NSA인 것으로 나오는데, 이러한 이민트 활동을 관할하는 주무부서는 사실 NSA가 아니라 NRO나 NGA이다. 아마도 영화의 각본을 쓴 작가가 NSA와 NRO/NGA의 역할 분담을 잘 모르고 저지른 실수인 것으로 필자는 추정하고 있다.

미국의 정보활동 예산은 일반에게 공개되고 있지 않지만 1998년에는 약 270억 달러 정도가 책정되었던 것으로 알려져 있다. 9·11테러사건 이후 '테러와의 전쟁'을 선포한 부시 행정부는 냉전이 종식된 1990년대 초반에 비해 훨씬 더 많은 국가예산을 정보활동에 사용했다. 의회로부터 정보예산 공개의 압력을 받고 있던 매코널McConnell 전前 국가정보국장(DNI)은 2007년 10월 29일 2006/2007 회계연도의 미국의 국가정보예산이 435억 달러에 이른다고 공개했다. 정보공동체의 수장이 정보예산의 규모를 밝힌 것은 매우 이례적인 일이다. 물론 매코널이 국가정보예산의 구체적인 내역은 공개하지 않았지만, 정보예산 중 80%는 테킨트 활동에, 나머지 20% 가량을 휴민트 활동에 사용하는 것으로 추정한다. 기관별로 살펴보면 산하에 가장 많은 정보기관을 거느리고 있는 국방부가 전체 정보예산의 70% 정도를 사용하고, CIA는 약 15%를 사용하

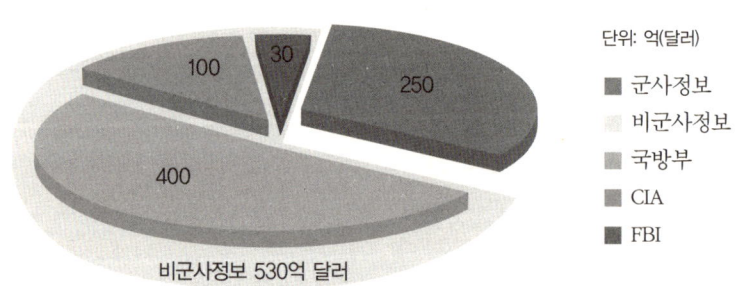

■ 출처: 《로스앤젤레스 타임스》, 2010년 10월 28일.

는 것으로 알려져 있다. 2010년 10월 공개된 오바마 행정부의 정보예산은 530억 달러에 이른다. 이 중 400억 달러가 국방부의 정보활동에 책정되었고, 100억 달러가 CIA, 30억 달러가 FBI의 정보활동에 할당되었다. 전체 정보예산의 75% 이상을 국방부가 집행한 것이다. 군사정보활동에 책정된 250억 달러의 예산을 더하면, 2010 회계연도 오바마 행정부가 책정한 총 정보예산은 무려 800억 달러에 이르는 것으로 밝혀졌다.

비밀공작이란

'비밀공작Covert Action' 이란 무엇인가? 'Covert' 라는 단어를 영한사전에서 찾아보면 '비밀스러운' 또는 '은밀한' 이란 뜻을 가진 형용사라는 것을 알 수 있다. 그렇다면 'Covert Action' 이란 '비밀리에 행해지는 모든 공작'이라 할 수 있다. 예를 들어 A라는 남자가 B라는 여자 친구를 사귀고 있었다고 하자. 그런데 어느 날 철석같이 믿었던 B가 C라는 다른 남자를 만나기 시작하면서 A와 절연을 선언한다. 비탄에 빠진 A는 B와 교제하면서 함께 찍었던 사진과 동영상을 인터넷에 유포한다. (요즈음은 실제로 이런 일이 자주 발생한다.) 인터넷에 유포된 사진과 동영상을 보고 C는 A와 B의 친밀했던 관계를 알게 되고 B의 곁을 떠난다. B는 비탄에 빠지고 A가 자신의 사진과 동영상을 인터넷에 유포한 장본인이라고 의심하지만 A는 이를 부인한다. 그리고 A의 개입여부를 증명할 확실한 물증이 없다. 그렇다면 A의 '비밀공작'은 성공을 거둔 것이고, A는 이 비밀공작을 통해 'C와 B의 절교'라는 정책목표를 달성하게 되는 것이다. 이렇듯 우리가 일상에서 사용하는 비밀공작의 정의는 매우 광범위하다 할 수 있다. 그러나 미국의 정보공동체에서 정의하는 비밀공작이란 해외의 정치·외교·경제·군사 활동 등에 암암리에 영향력을 행사하여 일정한 정책목표를 달성해 내는 일련의 행위를 지칭한다. 미국의 개입 사실을 밝히지 않고 다른 나라의 정치·경제활동에 몰래 관여하여 정권교체를 유도한다든지, 반정부세력을 조직하고 이들에게 재정·군사적 지원을 제공해 내란이나 쿠데타를 조장한다든지 하는 행위들이 비밀공작의 주요 내용이라고 할 수 있다. 이러한 비밀공작이 대규모로 진행되는 경우에는 '비밀전쟁Covert War'이라는 표현을 사용하기도 한다.

2002년 4월 《뉴욕 타임스New York Times》는 부시 행정부가 베네수엘라의 차베스Chavez 정권을 전복시킬 목적으로 군사 쿠데타를 조장, 지원했다고 보도했다. 2007년 5월에는 부시 대통령이 이란의 아흐마디네자드Ahmadinejad 정권을 교란시킬 비밀공작을 지시했을지 모른다는 기사가 《인터내셔널 헤럴드 트리뷴International Herald Tribune》에 실렸다. 2008년 1월에는 파키스탄과 아프가니스탄의 접경지역에서 활동 중인 탈리반Taliban 세력을 진압하기 위한 미국의 비밀공작을 무샤라프Musharraf 파키스탄 대통령이 반대하고 있다는 기사가 보도되기도 했다. 그러나 미국 정부는 이러한 비밀공작의 실체를 대부분 부인하고 있다. 비밀공작을 성공리에 수행하기 위해서는 미국 정부가 자국이 사건에 개입한 사실을 부인否認할 수 있어야 한다. 그리고 다른 국가에서도 이러한 부인을 그럴 듯하게 여겨야 한다. 앞의 사례에서 A가 B의 사진을 인터넷에 유포한 사실을 부인할 수 있었듯이 미국도 베네수엘라에서 쿠데타를 도모했다는 사실을 부인할 수 있어야 하는 것이다. 그리고 이렇게 부인하는 말들을 다른 이들도 타당하게 여기고 의심하지 않아야 한다. '그럴 듯하게 부인할 수 있는 능력Plausible Deniability'을 유지하는 것이야 말로 성공적인 비밀공작의 핵심이라고 할 수 있다. 2011년 2월 한국 국가정보원 직원의 인도네시아 특사단 숙소 침입 사건은 '그럴듯하게 부인할 수 있는 능력'을 상실한, 실패한 첩보행위의 전형이라고 할 수 있다.

미국이 다른 나라와의 갈등이나 분쟁을 해결하는 방법은 다양하다. 어떤 경우에는 양자외교bilateral diplomacy로 갈등을 해소하기도 하고, 또 어떤 경우에는 국제기구나 제3국의 중재 등 다자외교multilateral diplomacy의 형식을 통해 갈등을 해결하기도 한다. 물론 외교적인 방법으로 정책목표를 달성하기 어려운 경우에는 군사력을 동원하여 위협하거나 실제로 전쟁을 일으켜 상대방을 굴복시키기도 한다. 그렇다면 미국이 이러한 여러 가지 방법을 제치고 굳이 비밀공작을 통해 타국과의 갈등이나 분쟁을 해결하는 이유는 무엇일까? 미국은 외교적 또는 군사적인 수단으로 정책목표를 달성하기가 용이하지 않을 때 대안으로 비밀공작을 사용해왔다. 우선 상대방과 전쟁을 하는 것보다 비밀공작으로 정책목표를 달성하는 것이 훨씬 더 효율적이다. 공공연한 무력행사에 비해 비밀공작은 매우 비밀스럽게 진행되기 때문에 미국의 정보요원이 적성국가나 적성세력의 중추기관에 침투하기가 용이하고, 군사력을 사용하는 전면전에 비해 미국 측의 인명손실을 최소화할 수 있으며 비용도 절감

할 수 있는 장점이 있다. 특히 자국군의 인명피해에 민감한 반응을 보이는 미국 여론을 감안했을 때, 미국의 정책결정권자에게 비밀공작은 상당한 인명피해를 수반하는 군사행동의 매력적인 대안이 될 수 있다. 또한 비밀공작은 미국의 공개적인 무력행사에 반대하는 국제사회의 여론을 피해갈 수 있는 방편이 되기도 한다. 반면에 국내의 반대여론을 우회해 가기 위해 미국의 정책결정권자들이 비밀공작을 선택하는 경우도 있다. '전쟁'에 대한 국민적 반대여론에 직면했을 때, 비밀공작이 이러한 반대여론을 비켜갈 수 있는 방편을 제공하는 것이다. 이 책에 수록된 CIA 비밀공작 사례에는 미국의 최고 정책결정권자들이 CIA 비밀공작을 정책수단으로 사용하게 되는 동기에 대해서도 비교적 소상히 소개되어있다.

미국의 비밀공작은 크게 정치공작political action, 선전활동propaganda activity, 준군사행위paramilitary activity의 세 부류로 구분한다. 정치공작은 비밀리에 타 지역의 정치에 영향을 행사하는 공작행위이다. 선거과정에 비밀리에 개입하여 일정 후보의 낙선을 유도한다든지, 반정부 정치세력을 결집하여 특정 후보의 당선을 지원하는 행위 등이 정치공작의 대표적인 사례이다. 타 지역의 매스미디어를 매수하여 여론을 조작하는 행위 등은 선전활동, 반정부 군사집단을 조직하고 이들을 지원하여 미국 대신 대리전쟁을 치르게 하는 비밀공작은 준군사행위라고 한다. 앞에서도 언급한 바와 같이 비밀공작은 군사력을 사용하는 전쟁행위에 비해 비용 측면에서 매우 저렴한 정책수단이다. 그러나 비밀공작을 성공적으로 수행하기 위해서는 막대한 정보능력과 자금이 소요되기 때문에 현재 상당규모의 비밀공작을 수행할 수 있는 능력을 보유한 나라는 미국을 위시한 소수의 국가뿐인 것으로 추정되고 있다. '비밀공작'이란 표현은 제2차 세계대전 이후 미국에서 사용하기 시작했고, 실제 비밀공작은 전후 미국 외교정책의 주요 수단 중 하나로 사용되어왔다. 미국의 정보공동체 중 비밀공작의 주무부서 역할을 맡고 있는 CIA의 연원과 발전단계를 검토해보면서 비밀공작이 미국의 국방안보정책의 중요한 수단으로 등장하게 된 배경을 살펴보기로 하자.

CIA의 연원과 발전 : 1940~1960년대

●●●●

2차대전 이전 미국의 정보정책과 정보활동은 초보적인 수준에 불과했고, 정보수집과 분석체계도 조직화되어있지 않았다. 국무부, 전쟁부 Department of War, 각 군 등 주요 부처나 기관들은 자기 조직에 속한 정보원과 정보망을 통해 정보를 수집하여 분석했다. 대외정보 수집임무는 주로 해외에 파견된 국무부 관리나 무관 Military Attaché들이 맡고 있었는데, 이들이 수집한 정보를 필요에 따라 국무부, 전쟁부, 각 군의 해당 부서에서 분석하여 정책결정권자에게 전달했다. 당시에는 CIA와 같이 독립된 정보기관이 없었고, 다양한 정보활동을 통해 수집·분석된 정보결과를 국가적 차원에서 조율하고 총괄하는 메커니즘도 부재한 상황이었다. 이러한 미국의 정보정책에 변화를 불러일으킨 결정적 사건이 진주만 기습공격이라고 할 수 있다. 1941년 12월 일본은 선전포고도 없이 하와이Hawaii 진주만Pearl Harbor을 기습 공격했는데, 당시 미군은 일본군을 상대로 '매직(MAGIC)'이라는 상당한 수준의 암호해독 프로그램을 운영하고 있었다. 미군은 매직을 통해 일본군의 교신을 수차례 도청·해독하여 일본의 기습공격이 임박했음을 알아내는 데는 성공했지만, 구체적인 공격시기와 공격지점을 밝혀내지는 못했다. 진주만 기습공격을 예측하지 못한 미국은 이를 미국 역사상 최악의 '정보정책 실패Intelligence Failure'로 규정하고 대대적인 개혁을 단행했다. 루스벨트Roosevelt 대통령은 정보조정관Coordinator of Information: COI이라는 자리를 신설하여 전 육군장성 윌리엄 도노번William Donovan을 임명했다. '와일드 빌Wild Bill'이라는 별명을 가지고 있던 도노번은 열렬한 공화당원으로 뉴욕 주지사에 도전한 경력이 있었지만, 민주당 출신 대통령 루스벨트는 도노번의 능력을 전적으로 신임하고 있었다. COI의 창설은 미국 역사상 최초로 각 군, 전쟁부, 국무부, FBI 등에 분산되어 있던 정보정책활동을 조율·총괄하는 정보공동체 수장의 탄생을 의미했다. COI는 다양한 채널을 통해 수집·분석된 정보를 취합하고 종합하여 최종결과물을 대통령에게 보고하고 정책을 건의하는 임무를 수행하게 되었다. COI의 업무는 도노번의 건의에 따라 1942년 대통령 관할에서 합동참모본부Joint Chiefs of Staff: JCS 관할로 이관되었으며 전략사무국Office of Strategic Service: OSS이란 이름으로 확대 개편되었다. OSS는 합동참모본부 관할하에 있었지만 실제로는 대통령 직속기관으로 기능했다. OSS는 대통령과 합동참모본부 등

정책결정권자에게 주요 정보결과를 보고하고 정책을 건의하는 임무 외에도 '특별임무'를 수행하게 되었다. OSS의 특별임무란 주로 독일, 일본, 이탈리아 등 적성국가나 적성세력의 통치를 받고 있던 지역에서 반군이나 저항세력을 비밀리에 조직·훈련시키고 지원하는 것이었는데, 당시 OSS가 지원했던 저항세력의 명단에는 마오쩌둥(모택동毛澤東)의 홍군紅軍과 호치민胡誌明, Ho Chi Minh이 이끌던 베트민Viet Minh*도 포함되어 있었던 것으로 알려져 있다. OSS는 독일의 외교관 프리츠 콜베Fritz Kolbe를 포섭하여 나치 독일을 상대로 스파이 활동을 하게도 했다.** 이러한 OSS의 특별임무가 바로 OSS의 후신, CIA의 비밀공작의 모태가 된 것이다.

도노번이 정보정책에 행사했던 영향력은 그의 정치적 후견인 격이었던 루스벨트 대통령의 갑작스런 사망으로 급속히 줄어들기 시작했다. 부통령이었다가 루스벨트의 사망으로 대통령직을 승계한 해리 트루먼Harry Truman은 기본적으로 OSS가 2차대전을 효율적으로 치르기 위해 설립된 한시적인 정보기관이라는 인식을 가지고 있었다. 따라서 트루먼 대통령은 도노번의 반대에도 불구하고 2차대전이 종료되고 한 달여만인 1945년 9월 OSS를 해체했다. OSS가 수행하던 정보분석 임무는 국무부로, 기타 정보활동 임무는 전쟁부로 다시 분할·이관되었고, 이 와중에 OSS의 '특별임무'는 중단되었다. 2차대전은 미국의 승리로 끝이

---

* 프랑스 지배하에서 베트남의 독립 투쟁을 이끈 조직.
** 독일 외무부 관리였던 콜베는 2차대전 중 나치 독일의 비밀문건을 빼돌려 연합국 측에 건네주다 발각되어 처벌받았다. 콜베가 1943~1945년에 미국에 넘겨준 비밀문서는 무려 1,600건에 이른다.

났다. 하지만 냉전이라는 새로운 안보환경의 파고波高를 헤쳐 나가야 할 트루먼 행정부는 보다 체계적인 정보체제의 필요성을 절감하게 되었다.

당시나 지금이나 미국 정보개혁의 논란에는 자기 조직의 정보활동 영역을 고수하려는 기존 부처 또는 기관들과 이들의 정보활동을 조율할 수 있는 중앙집권적 편제를 주장하는 이들의 '영역 싸움turf war' 이 그 중심에 있었다. 이러한 영역 싸움에서 트루먼은 중앙집권적 편제를 주장하는 이들의 손을 들어주었다. 트루먼은 1946년 1월 중앙정보단Central Intelligence Group: CIG을 출범시키고 중앙정보국장Director of Central Intelligence: DCI이라는 정보공동체 수장의 자리를 신설했다. 이 과정에서 전쟁부, 국무부, FBI, 각 군 등은 자신들의 고유 정보업무를 빼앗길 것을 우려하여 CIG의 출범에 강한 반대의사를 표명한다. 트루먼 행정부는 CIG가 이들의 업무를 흡수·통합할 목적이 아니라 정보활동을 조율·총괄하는 임무를 수행하려고 설립되었다고 설득했다. 하지만 CIG 창설 후 1946년 중반에는 OSS 해체와 함께 전쟁부로 이전된 정보활동의 일부가 CIG로 다시 이전되었다.

1940년대 말과 1950년대 초는 미·소 간 냉전의 열기가 최고조에 이른 시기였다. 트루먼 대통령은 소련과의 경쟁에서 승리하기 위해서는 안보정책의 틀을 새로 짜야한다는 생각을 가지고 있었다. 1947년 통과된 국가안보법National Security Act에 의거하여 국가안전보장회의National Security Council: NSC를 출범시키고, 전쟁부를 국방부Department of Defense로 개명하여 재정비하고, 잠정적으로 운영되던 CIG를 중앙정보국(CIA)으로 개편했다. 미국 역사상 최초로 다른 부서나 기관에 부속되지 않고 전시가 아닌 평시에도 운영되는, 상설 독립 정보기관이 탄생하는 순간이었다.

OSS의 '특별임무', 즉 비밀공작은 1945년 OSS가 해체되면서 중단되었다. 비밀공작은 전시에 미국이 어쩔 수 없이 수행해야 했던 특별임무이므로 전쟁의 종료와 함께 종식되어야 한다는 것이 그 이유였다. 그러나 냉전의 경쟁은 심화되어갔고, 그리스·터키·이탈리아 그리고 제3세계의 신생독립국에서 공산정권의 출범 가능성이 점쳐지는 등, 세계 각지에서 공산세력이 발호하는 현상이 목도되기 시작했다. 트루먼 행정부는 소련의 적극적인 선전공세와 개입정책으로 인해 세계의 많은 지역이 공산화의 위협에 노출되어 있다고 판단했으며, 이러한 소련의 위협으로부터 미국의 국익을 수호하기 위해서는 OSS의 해체와 동시에 종식되었던 '특별임무'를 재가동해야 된다는 의견이 대두하기 시작했다. 물론 전담기구를 운영하면서까지 비밀공작을 가동해야 한다는 발상에 반대하는 인사들도 행정부 내에 적잖이 포진해 있었다. 그러나 트루먼 대통령은 소련과의 경쟁에서 우위를 점하기 위해서는 평시에도 비밀공작을 가동하는 것이 불가피하다고 판단하고 있었고, 따라서 비밀공작을 총괄할 전담기구를 다시 창설하기로 결정했다. 신설되는 비밀공작 전담기구를 어느 부처나 기관이 관할해야 하는가를 놓고 다시 한 번 치열한 '영역 싸움'이 벌어지게 되는데, 국무부와 국방부는 각각 비밀공작이 외교정책과 국방정책의 일부라고 주장하며 신설기구를 자신의 부서 관할하에 두어야 한다는 의견을 개진했다. 이에 CIA는 자신들의 전신이었던 OSS가 맡았던 특별임무는 당연히 자신들이 관할해야 한다는 의견을 제시했는데, 이러한 논의과정에서 만약에 정보수집과 공작활동을 동일기관(CIA)이 수행한다면 정보활동의 독점과 권력의 전횡으로 이어질 것이라는 의견도 제기되었다.

우여곡절 끝에 트루먼 행정부는 '특수공작부 Office of Special Projects' 라는 비밀공작 전담부서를 CIA 내에 설치하는 안을 채택했다. 일단은 CIA의 손을 들어준 것이다. 하지만 특이한 사실은 이 기구가 CIA의 다른 조직으로부터 상당수준의 독립성을 보장받으며 운영될 수 있는 조치가 취해졌다는 것이다. 그 단적인 예가 이 기구의 책임자 임명에 관한 조항이다. 특수공작부는 CIA 조직 내에 설치하지만, 그 장톡은 CIA 외부의 인사를 국무장관이 지명하고 DCI의 재가 아래 국가안전보장회의(NSC)가 임명하도록 했다. 또한 국무부와 국방부는 각각 CIA에 대표를 파견하여 CIA의 비밀공작이 정부의 공식적인 외교·국방정책의 큰 틀에서 벗어나지 못하도록 했다. 미국만의 특이한 견제와 균형의 정치문화가 여기서도 작용한 것이다. 비밀공작업무를 CIA 관할 아래 두는 안을 채택했지만, 국무부와 국방부의 의견도 어느 정도 반영하여 CIA를 견제하게 한 것이다. 1948년 6월에 이러한 내용을 골자로 하여 작성된 비밀명령문서(NSC 10/2)에는 이러한 "비밀공작은 미국 정부의 개입사실을 부인하여 책임을 회피할 수 있도록 계획하고 수행하여야 한다"고 명시되어 있었다. 비밀공작의 핵심, 즉 '그럴 듯하게 부인할 수 있는 능력'의 중요성을 강조한 것이다. 또한 1949년에는 중앙정보국법 Central Intelligence Act을 채택하여 CIA가 일반법의 테두리 밖에서 예산을 집행하고 인사행정을 할 수 있게 하는 등 CIA의 기밀성을 제고해 주었다.

CIA는 월터 베델 스미스Walter Bedell Smith가 국장으로 재임했던 기간(1950~1953년)에 그 조직의 형태가 완성되었다. 스미스는 트루먼 대통령에 의해 임명되었지만, 2차대전 당시 드와이트 아이젠하워Dwight Eisenhower 장군의 비서실장을 역임했던 인연 등으로 인해 트루먼의 후임 아이젠하워 대통령으로부터 전폭적인 신임을 받을 수 있었다. 스미스 국장은 조직 내에 산재해 있던 기존의 부서Office들을 연관성이 높은 부서끼리 한데 묶어 몇 개의 '본부Directorate'를 설립했는데, 이 본부 중심의 조직 체제가 오늘날까지 이어져오면서 CIA 조직의 근간이 되고 있다. 특히 그동안 CIA 조직 내에서 상당한 독립성을 유지하면서 별도의 기관처럼 운영되어왔던 '특수공작부'를 몇 개의 다른 부서와 통합하여 '기획본부Directorate for Plans' 하에 편재시켜 업무 효율성 제고를 도모했다. 기획본부는 1973년 제임스 슐레진저James Schlesinger가 국장으로 부임해 오면서 '작전본부Directorate for Operations'로 개칭했다. 1952년에는 미 육군에 특수부대US Army Special Forces가 창설되었는데, CIA는 이 특수부대와 긴밀한 업무교류를 통해 미국의 비밀공작을 수행하게 되었다. 앨런 덜레스Allen Dulles가 DCI로 재임한 기간(1953~1961년)에는 CIA가 미국의 외교안보정책에서 차지하는 비중이 점점 더 커지고, 이와 함께 미국의 비밀공작이 해외에서 괄목할 만한 성공을 거두기 시작했다. 1953년 CIA는 영국 정부와 결탁하여 이란의 모사데크Mosaddeq 정부를 전복시키는 비밀공작을 성공시켰고, 같은 해 과테말라에서 군사 쿠데타를 조장하여 아르벤스Arbenz 정권을 축출했다. 1960년대에는 CIA의 비밀공작으로 도미니카 공화국의 후안 보슈Juan Bosch 정권, 브라질의 주앙 골라르트João Goulart 정권,

인도네시아의 수카르노Sukarno 정권이 전복되었다. 1950년대와 1960년대는 CIA 비밀공작의 전성기라고 할 수 있다. 물론 CIA와 미국의 개입은 철저한 비밀에 붙여졌다.

〈표 5〉는 어느 정도 그 실체가 확인된 CIA 비밀공작 리스트이다. 이 리스트에는 CIA가 비밀공작으로 쿠데타를 유도하여 다른 나라의 정권을 전복시키거나 정권의 수장을 암살하여 정권교체를 도모한 사례만을 수록했다. 1947년 그리스 내전에 개입하여 공산주의 반군에 맞서 싸우는 우익 독재세력을 지원한 것이나, 1948년 이탈리아 선거에 비밀리에

〈표 5〉 다른 나라에서 정권교체를 유도한 CIA의 비밀공작

연도	국가	내용
1953	이란	모사데크 정권 전복
1954	과테말라	아르벤스 정권 전복
1961	에콰도르	벨라스코Belasco 정권 전복, 1963년 아로세마나Arosemana 정권으로 교체
1961	콩고(당시 자이르)	루뭄바Lumumba 암살 지원, 1965년 모부투Mobutu 집권 지원
1963	도미니카 공화국	보슈 정권 전복
1964	브라질	골라르트 정권 전복, 브랑쿠Branco 정권 옹립
1965	인도네시아	수카르노 정권 전복, 수하르토 집권 지원
1970	캄보디아	시아누크Sihanouk 왕 실각, 론 놀Lon Nol 옹립
1971	볼리비아	후안 토레스Juan Torres 정권 전복, 수아레스Suarez 집권 지원
1973	칠레	아옌데 정권 정복, 피노체트 정권 옹립
1980	니카라과	산디니스타 정권 교체, 차모로 정권 옹립

개입하여 공산당의 집권을 방지한 경우, 1950년대부터 1970년대까지 베트남이나 라오스에서 벌인 비밀공작 등은 CIA 비밀공작 역사에서 중요한 사례들이지만 정권교체를 즉각 촉발하지는 않았기 때문에 리스트에서 제외했다. 1975년 오스트레일리아 국정에 개입하여 좌파성향의 에드워드 휘트먼Edward Whitman 수상을 퇴임시킨 CIA 비밀공작은 정황 근거밖에 발견할 수 없어서, 1961년 도미니카 공화국의 독재자 트루히요Trujillo의 암살사건도 같은 이유로 리스트에서 제외했다. 1961년 1,500명의 쿠바출신 망명자들을 쿠바에 몰래 투입해 카스트로Castro 정권을 전복시키려 한 몽구스 작전Operation Mongoose은 CIA 비밀공작의 역사에서 매우 중요한 사례이지만 성공한 비밀공작 사례가 아니기 때문에 목록에서 제외했다. 피그스 만Bay of Pigs 사건으로 일반인에게 잘 알려져 있는 이 사례는 제6장에서 본격적으로 살펴볼 것이다. 성공리에 수행된 비밀공작은 이론상 그 실체를 알 수 없기 때문에 〈표 5〉의 리스트는 성공리에 종료된 CIA의 비밀공작 사례를 여러 건 누락하고 있을 가능성이 높다. 이 책에서는 CIA의 비밀공작에 관한 자료가 많이 축적되어있고 CIA의 개입 여부가 비교적 명확히 드러난 1953년 이란, 1963년 도미니카 공화국, 1964년 인도네시아, 1973년 칠레, 1980년대 니카라과 등의 CIA 비밀공작에 대해서 자세히 살펴보겠다.

CIA의 수난시기 :
1970~1980년대

●●●●●

승승장구하던 CIA의 비밀공작은 1960년대 중반 역풍을 맡기 시작한다. 1961년 카스트로 정권을 전복시킬 목적으로 감행되었던 피그스 만 기습공격*은 대실패로 끝이 났고, 이 작전을 계획했던 CIA 덜레스 국장은 사직해야 했다. 1950년대 이란과 과테말라 등지에서 거둔 비밀공작의 성공으로 인해 CIA는 비밀공작을 남용하기 시작했고, 근거 없는 낙관론에만 의거해 비밀공작을 계획·수행한 결과가 피그스 만의 실패로 귀결되었다. CIA는 카스트로 치하에서 벗어나 미국으로 망명해온 쿠바인들을 피그스 만 기습작전에 투입했고, 이들이 투입되면 반카스트로 저항세력이 자발적으로 봉기하여 카스트로 전복에 앞장설 것이라 섣불리 단정했다. 또한 피그스 만 기습작전에서 미국의 개입 사실을 부인할 수 있을 것이라고 판단했다. 케네디[Kennedy] 대통령은 이러한 CIA의 무능함과 무소불위의 권한을 비판하고, 향후 대외정책을 수행하는데 있어서 CIA의 역할을 축소할 것을 시사했다. CIA의 수난은 1970년대에 들어오면서 본격적으로 시작되었다. 1970년 초 리처드 닉슨[Richard Nixon] 대통령은 전직 CIA 요원을 시켜 워싱턴의 워터게이트[Watergate] 호텔에 있던

---

* 1961년 4월 카스트로 쿠바 정부를 전복하기 위해 CIA가 훈련한 1,500여 명의 쿠바 망명자들을 쿠바 남단 피그스 만으로 침투시키다 실패한 사건.

민주당 선거본부를 도청할 것을 지시했다. 이는 곧 닉슨을 대통령직에서 물러나게 한 워터게이트 사건Watergate Scandal으로 이어졌다. FBI가 워터게이트 사건을 수사하게 되었고, 닉슨이 CIA를 동원해 FBI의 수사를 방해하고 중단시키려 한 사실이 발각되었다. 아울러 CIA가 그동안 불법으로 규정되어있는 국내첩보활동을 자행해 온 것이 아니냐는 의혹들이 불거져 나왔다.

1973년 당시 CIA 국장을 역임하고 있던 슐레진저는 CIA의 불법행위를 내사하여 기밀 보고서를 작성했는데, '패밀리 주얼Family Jewels(집안의 수치스런 비밀)'이라고 알려진 이 보고서를 시모어 허시Seymour Hersh라는 저널리스트가 입수하게 되었다. 패밀리 주얼에는 그동안 CIA가 수천 명의 미국인을 대상으로 첩보활동을 해왔을 뿐 아니라 외국 주요인사의 암살을 기획해왔다는 내용 등이 수록되어 있었다. 《뉴욕 타임스》는 허시가 입수한 패밀리 주얼을 기사화했고, 이로 인해 CIA가 저지른 불법행위가 만천하에 공개되면서 CIA는 무소불위의 '불량기관Rogue Agency'이라는 비판에 직면하게 되었다. 1975년 미 상원과 하원은 각각 처치Church 위원회와 파이크Pike 특별 위원회를 구성하여 CIA의 활동과 미국의 정보정책의 적절성을 검증했다. 그동안 미국 정부는 CIA 비밀공작의 실체를 부인해왔었다. 하지만 이들 특별위원회가 개최한 청문회와 위원회 보고서로 인해 칠레 등지에서 CIA가 벌여온 비밀공작의 실체가 드러났고 비밀공작의 부도덕한 면면들이 일반에게 공개되기 시작했다. 아울러 CIA에 대한 미국 내 비판여론은 더욱더 거세어져 갔다. 이에 제럴드 포드Gerald Ford 대통령은 미국정보기관의 외국 요인 암살을 금한다는 행정명령을 내리기에 이르렀다.

    CIA의 활동은 1970년대 중·후반에 상당히 위축되었지만 1980년대 초 레이건Reagan 행정부가 출범하면서 다시 한 번 전성기를 맞이하게 되었다. 레이건은 소련을 '악의 제국'으로 규정하고 소련 공산주의세력을 봉쇄containment하는 기존의 정책에서 한 발짝 더 나아가 이들을 격퇴rollback해가는 정책으로 노선을 선회하는데, 이러한 레이건의 적극적인 대소정책에 CIA와 비밀공작이 필수불가결한 정책도구로 재부상한 것이다. 레이건은 1970년대 CIA에 가해진 제한을 완화시키는 조치를 단행했고, CIA를 통해 중미의 소국 니카라과의 '콘트라Contra'라는 반정부 군사조직을 조직, 지원하여 산디니스타Sandinista 사회주의 정권을 전복시키려 했다. 그러나 니카라과를 대상으로 벌인 레이건의 비밀전쟁은 이란-콘트라 사건Iran-Contra Affair으로 이어졌고, 이로 인해 레이건 행정부는 심각한 타격을 입고 CIA 역시 다시 한 번 곤경에 빠지게 되었다(제5장 참고).

냉전의 종식과 9·11테러사건 : 신정보전쟁 시대의 도래

1980년대 말 냉전의 종식과 더불어 비밀공작 무용론이 다시금 고개를 들기 시작했고, 더불어 CIA 또한 정체성의 위기를 겪게 되었다. 사실

CIA가 창설되고 비밀공작이 미국의 주요 외교정책 수단으로 부상하고 정당화될 수 있었던 이유는 소련이라는 '악의 제국'이 존재했기 때문이다. 소련이 온갖 비열하고 비밀스러운 수단을 동원하여 민주주의를 말살하고 공산주의를 전파하려 하고 있기 때문에, 이에 맞서기 위해서는 미국이 고고한 민주주의적 이상과 도덕성에 안주해서는 안 되며 비슷한 방법을 동원하여 대항해야 한다는 논리가 설득력 있게 제기되었다. '악의 제국' 소련이 비밀공작과 CIA의 존재의 이유였는데, 구소련의 해체로 말미암아 비밀공작과 CIA는 존재가치를 상실한 것이다.

비밀공작은 정책의 수립과 실행과정뿐 아니라 그 실체 자체를 비밀로 해야 하기 때문에 국민의 참여와 공개토론을 통해 정책을 도출하고 평가하는 민주주의 국가의 정책수단으로 합당하지 않다는 의견도 있었다. 민주주의 국가의 정책수립과 집행은 정책결정권자에게 정책의 '책임accountability'을 물을 수가 있다는 특성이 있다. 하지만 정책의 실체를 모르고서는 그 정책을 추진한 주체에게 책임을 물을 수 없지 않은가? 1970년대 후반부터 그간 CIA가 주도해온 비밀전쟁의 면면이 의회의 특별조사와 청문회를 통해 일반에게 하나둘씩 공개되기 시작하면서 과연 비밀공작이 자유민주주의 국가의 리더를 자처하는 미국의 합당한 정책수단이 될 수 있는가 하는 비난이 일기 시작했다. CIA는 그 비밀스러운 정보활동을 미국 대통령도 통제를 하지 못한다고 해서 '불량기관'이라는 불명예스런 별칭도 얻게 되었다. 1980년대 말 냉전의 종식으로 인해 소련이라는 주적을 잃어버린 CIA와 비밀공작은 그 존립의 위기까지 겪게 된 것이다.

하지만 9·11테러사건과 동시에 CIA는 대테러 전쟁의 전면에 나서면서 미국의 선도적 정보기관으로 다시 화려하게 복귀한다. 비밀공작도 대테러 전쟁의 정책수단으로 적극 활용되고 있다. 물론 9·11테러사건 발발 이후 CIA에게 위기가 없었던 것은 아니다. 9·11테러사건을 예방하지 못한 미국은 이를 진주만 기습공격 이후 최악의 정보정책 실패로 규정하고, 기존의 정보기관을 대대적으로 개편하여 '테러와의 전쟁' 시대에 적합한 정보개혁을 단행하려 했다. 당시 도널드 럼즈펠드Donald Rumsfeld 국방장관은 더 이상 CIA가 비밀공작을 주관하는 것은 바람직하지 않다고 주장하며, 비밀공작 임무를 국방부가 관할하는 방안을 적극 추진하고 있었다. 하지만 아버지 부시(조지 부시George Bush) 행정부에서 국가안보좌관을 역임했던 스코크로프트Scowcroft 등을 포함한 일각에서는 오히려 국방부의 테킨트 정보권한을 CIA로 대폭 이양해야 한다는 주장을 펼쳤다. 스코크로프트 안案과 럼즈펠드 안이 팽팽한 대립을 하고 있었던 것이다. 결국 조지 W. 부시George W. Bush 대통령은 두 안을 절충하여 CIA와 국방부가 관할해왔던 고유의 권한을 인정하는 쪽으로 결론을 내리고, 대신 미국의 정보정책을 총괄하는 국가정보국장(DNI)직 신설을 골자로 하는 2004년 정보개혁법에 서명했다. CIA의 업무는 크게 정보를 수집·분석하여 그 결과물을 최고 정책결정권자에게 전달해주는 분석analysis 영역과 방첩·비밀공작·비밀자료 취득 등의 정보활동operations 영역으로 나뉜다. 이전까지 분석 영역은 정보본부Directorate of Intelligence가 맡고, 활동 영역은 작전본부가 전담하고 있었다. 그런데 9·11테러사건 이후 정보개혁을 통해 2005년에는 작전본부를 폐지하고 국

〈표 6〉 CIA 조직도: 2005년 이전

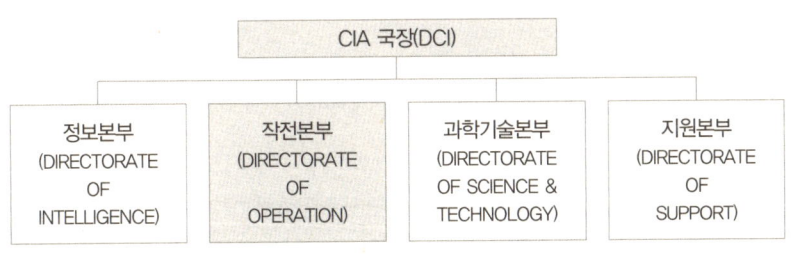

■ 정보개혁법으로 변경된 부분

〈표 7〉 CIA 조직도: 2005년 국가비밀활동부 신설 후

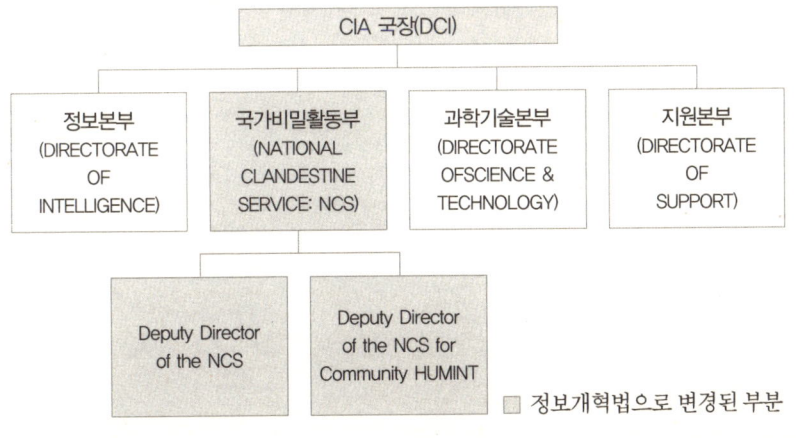

■ 정보개혁법으로 변경된 부분

가비밀활동부National Clandestine Service: NCS를 신설하여 국방부와 FBI의 해외 첩보활동 등을 총괄하게 했다(〈표 6〉과 〈표 7〉 비교 참조).

사실 해외첩보활동은 CIA의 고유임무라고 할 수 있는데, 9·11테러사건 이후 국방부와 FBI가 해외첩보활동영역을 넓히면서 CIA와 적잖은 마찰이 발생하고 있었다. 비밀공작 전담부서였던 작전본부를 확대 개편하여 국가비밀활동부를 신설하고 이를 CIA가 관할하게 한 결정은, 정보기관 간의 '영역 싸움'에서 부시 대통령이 CIA의 손을 들어준 것으로 해석할 수 있다. 이러한 결정에는 인간정보와 비밀공작을 강화해 나가겠다는 의중도 반영된 것으로 보인다. 사실 냉전의 국제질서가 해체되어 가면서 미국의 정보정책은 최첨단 기술과 정보혁명에 의존한 기술정보, 즉 테킨트 분야를 중시하고 정보원이나 다른 인적자원에 의존한 인간정보 영역을 상대적으로 소홀히 해왔던 경향이 있었다. 그러나 9·11테러사건 이후 적진에 침투하여 주요 정보를 취득·해독하고 효율적으로 방첩활동과 비밀공작을 해낼 수 있는 인간정보의 중요성이 다시 부각하기 시작한다. 이와 함께 인간정보의 주무부서라고 할 수 있는 CIA와 비밀공작도 테러와의 전쟁 시대 미국의 안보정책 수단으로 중요한 역할을 수행하게 된 것이다. 테러와의 전쟁에서의 CIA와 비밀공작이 펼친 활약에 대해서는 제7장에서 조금 더 자세히 다루기로 하고, 우선 다음 장에서는 CIA 비밀공작의 모범사례가 된 이란 비밀공작에 대해서 살펴보기로 하자.

이란의 미치광이 모사데크를 제거하라!
최초의 비밀전쟁, 에이잭스(AJAX)

1953년 6월 25일 미 국무장관 회의실. 대외비로 열린 회의에서 존 포스터 덜레스John Foster Dulles 국무장관은 커밋 루스벨트Kermit Roosevelt가 준비해 온 보고서를 들고 있었다.

"자, 이게 우리가 그 미치광이madman 모사데크를 제거하려는 방법이오."

덜레스의 말이 끝나자 장내에는 침묵이 흘렀다. 루스벨트는 회의 참석자들의 얼굴에서 우려의 빛을 읽을 수 있었다. 그러나 그들 중 덜레스 장관의 제의에 반대하는 인사는 아무도 없었다. 질문이나 토론도 없었다. 이란의 민족주의 지도자 모사데크 수상을 제거하는 CIA 비밀공작이 결정되는 순간이었다. 비밀공작의 암호명은 '에이잭스(AJAX)'. 에이잭스의 총책은 중동지역을 담당하고 있던 CIA 비밀공작팀의 커밋 루스벨트로, 그는 미국의 제26대 대통령 시어도어 루스벨트Theodore Roosevelt의 손자이자 제32대 대통령 프랭클린 루스벨트Franklin Roosevelt의 먼 친척이었다. 루스벨트는 신속히 이란 수도 테헤란Teheran에 침투, 모사데크의 실각을 목표로 하는 비밀공작에 착수했다. 이 기간 동안 루스벨트는 제임스 로크리지James Lockridge라는 가명으로 활동했는데, 이란에서는 아무도 그가 전 미국 대통령의 손자이자 CIA 요원이라는 사실을 모르고 있었다. 1953년 8월 19일 루스벨트가 배후에서 진두지휘한 비밀공작은 극적인 성공을 거둔다. 모사데크는 실각하고 투옥되었으며, 친미 팔레비Pahlevi 독재정권이 옹립되었다.

    1948년 CIA는 이탈리아 선거에 개입하여 이탈리아 공산당(PCI)과 사회당(PSI) 연합정권이 탄생하는 것을 방지하는데 결정적 역할을 했다. 그리스 내전(1946~1949년)에서 공산진영을 무력화하고 우익독재 세력이 정권을 지켜내는데도 일조했다. 그러나 CIA가 처음부터 계획하고 주도하여 다른 나라의 합법적인 정부를 전복시킨 비밀공작은 에이잭스가 처음이었다. 그래서 에이잭스를 '미국 최초의 비밀전쟁'이라고 일컫는다. 미국은 CIA의 개입을 철저히 은폐하며 저렴한 비용으로 미국에 비우호적인 정부를 이란에서 제거하고 친미정권을 옹립했다. 어떻게 보면 전면적인 군사작전으로도 달성하기 어려운 정책목표를 달성해낸 것이다. 1950~1960년대를 미국 비밀공작의 전성기라 할 수 있는데, 이 기간 동안 에이잭스는 CIA 비밀공작의 모범사례로 간주되었다. 하지만 에이잭스의 성공은 향후 미국 정부가 비밀공작을 남용하는 계기가 되기도 했다. 그렇다면 미국의 아이젠하워 행정부가 지구 저 반대편에 위치한 나라 이란에서 합법적으로 정권을 잡은 정치지도자 모사데크를 제거하기로 결정한 이유는 무엇일까?

사건의 발단

이란은 과연 어떤 나라인가? '핵개발 의혹' 등으로 인해 지금은 국제사회의 이단아처럼 인식되고 있기도 하지만 이란은 고대 페르시아 제국이 찬연한 메소포타미아 문명의 꽃을 피운 지역으로 세계사에서 매우 중요한 위치를 차지하고 있는 나라다. 19세기 말 이란의 카자르^{Qajar} 왕조는 부패할 대로 부패했고, 러시아 제국과 영국 등 외세의 침탈도 극에 달해 있었다. 급기야 1906년에는 지식인, 상인, 학생들이 주축이 되어 왕권을 제한하고 외세를 몰아내려는 민중봉기를 일으켰다. 결국 근대적 헌법이 제정되었지만 모하마드 알리 샤$^{Mohammad\ Ali\ Shah}$는 헌법을 파기하고 의회를 폭파하는 만행을 저질렀다. 민중봉기는 전국적으로 번졌고, 결국 제헌파들은 1907년 테헤란에 입성해 샤를 쫓아내고 헌정憲政을 수립했다. 이렇듯 이란은 '입헌주의' 전통이 강하고, 민족주의 운동의 연원이 깊은 자존심 강한 나라이기도 하다. 그러나 이러한 이란도 20세기 초 제국주의 열강들의 식민지 싸움으로부터 자유로울 수는 없었다.

1907년부터 러시아와 영국은 이란을 양분하여, 북쪽에 위치한 유전은 러시아가 장악하고 남쪽의 석유자원은 영국이 수탈해 갔다. 영국은 러시아가 볼셰비키 공산혁명(1917년)을 치르면서 내정불안에 정신을 팔고 있던 틈을 타 1919년 이란을 보호령^{Protectorate}으로 제정하여 실질적으

앵글로-이란 석유회사(AIOC). (마스제드 솔레이만Masjed Soleyman, 1941년)

로 영국의 식민지처럼 운영하려 했다. 하지만 2차대전이 끝나면서 열강의 제국주의 식민지 찬탈정책도 역사의 언저리로 사라지기 시작했다. 열강의 식민지로 전락했던 많은 지역이 2차대전의 종식과 함께 독립을 쟁취하기 시작했는데, 이란에서도 민족주의와 자주독립의 열풍이 불기 시작했다. 그러나 영국은 전후에도 지속적인 내정간섭을 통해 이란에 영향력을 행사하려 했다. 특히 2차대전 이전에 이미 손에 넣은 이란 내 유전사업권을 포기할 의사가 없었다. 예나 지금이나 이란의 주력산업은 석유산업이다. 영국이 이란에서 운영하고 있던 '앵글로-이란 석유회사Anglo-Iranian Oil Company: AIOC'는 이란 내 석유개발권을 독점하고 있었을 뿐 아니라, 이란의 국정에도 막강한 영향력을 행사하고 있었다. 이란 내 반영감정이 고조되면서 AIOC는 영국 제국주의의 표상과 같은 존재로 인식되었다.

당시 이란에는 몇 개의 분파로 나뉘

어 활동하고 있던 민족주의 세력이 있었다. 성향은 달랐지만 이들 민족주의자들의 공통된 목표는 영국으로부터 실질적인 정치·경제적 독립을 쟁취하는 것이었다. 이들은 '국민전선National Front: NF'이라는 정치연합체를 조직하여 이란의 정치권에서 무시하지 못할 세력으로 성장해가고 있었다. 이란의 '국민전선'을 이끌고 있었던 지도자는 다름 아닌 열렬한 민족주의자 모하마드 모사데크Mohammad Mosaddeq였다. 모사데크가 표방했던 정책은 크게 두 가지였다. 첫째는 이란을 입헌 민주주의 국가로 만들겠다는 것이었다. 그러기 위해서 왕족과 종교지도자들이 누리고 있던 정치적 영향력을 줄여나가야 했다. 둘째는 영국이 소유하고 있던 AIOC를 국유화하여 외세를 추방하고 완전한 경제적 독립을 달성하겠다는 것이었다. (영국이 가지고 있는 AIOC의 지분은 50% 가량이었지만 실질적으로는 회사 운영권과 수익을 독점하고 있었다.) 모사데크는 1951년 이란의 의회 '마즐리스Majlis'에서 치러진 수상선거에서 유효투표 100표 중 79표를 획득하며 압도적인 지지로 이란의 수상에 당선되었다. 이란 역사상 처음으로 선거를 통해 민주적 정통성이 있는 정부가 탄생한 것이다. 모사데크는 수상 취임선서를 마치기 무섭게 AIOC를 국유화하는 법안에 서명했다.

하지만 영국이 모사데크의 국유화 방침을 순순히 받아들일 리 만무했다. AIOC는 영국이 해외에서 운영하던 사업 중 가장 수익률이 좋은 회사였다. 영국은 2차대전 이후 고질적인 국제수지 악화로 큰 곤욕을 치르고 있었는데, AIOC가 올리는 수익이 이를 완화하는데 큰 도움을 주고 있었다. 만약에 AIOC의 국유화를 방치한다면 나쁜 선례가 되어 다른 지역에서 운영하고 있던 영국의 회사들도 국유화 대상이 될 수 있었다. 또한 AIOC의 국유화는 대영제국의 자존심 문제이기도 했다. 두 번의 세계대전을 치르면서 영국의 영향력은 눈에 띄게 쇠퇴했고, 국제 정치무대에서의 위상도 예전과 같지 않았다. 이런 상황에서 AIOC의 국유화를 그대로 방치한다는 것은 그렇지 않아도 상처받은 영국의 자존심이 용납할 수 없는 일이었다. 영국은 AIOC의 국유화를 막기 위해 온갖 수단과 방법을 동원하기 시작했다. 모사데크 정부에게 갖은 회유와 협박을 다했음에도 성과를 거두지 못하자, 사안을 국제사법재판소 International Court of Justice에 제소하여 중재를 요청하기도 했다. 국제사법재판소는 영국이 이란의 국유화를 인정하고 AIOC의 수익은 50대 50으로 나누어 가지라는 중재안을 내놓았지만, 영국과 이란 모두 이 중재안을 거부했다. 모사데크는 AIOC의 국유화는 전적으로 독립국가가 자율적으로 행사할 수 있는 '주권'의 영역에 속하는 사안이기 때문에 영국정부의 동의나 국제재판소와 같은 국제기구의 중재가 불필요하다는 입장이었다. 영국은 국유화 원칙 자체에 반대하고 있었다. 협상은 결렬되고 분쟁 해결의 기미는 좀처럼 보이지 않았다.

 AIOC 국유화 분쟁이 국제문제로 번지자 미국 트루먼 행정부가 중재에 나섰다. 영국 애틀리Attlee 정부는 AIOC분쟁을 자신에게 유리하게 해결하기 위해 미국의 도움이 절실한 상황이었지만, 트루먼 행정부와 미국의 여론은 오히려 모사데크의 주장에 동조하고 있었다. 당시 미국의 기본적 입장은 모사데크의 국유화 정책은 주권국가의 정당한 권리이니, 영국이 이를 받아들여야 한다는 것이었다. 트루먼 행정부는 영국

주재 대사를 역임했던 에버렐 해리먼Averell Harriman을 특사로 보내 영국과 이란의 협상 재개를 촉구했고, 영국의 애틀리 수상은 트루먼의 설득대로 AIOC의 국유화를 받아들이기로 결정하고 이란과의 협상을 재개했다. 하지만 영국 노동당의 거물정치인 리처드 스토크스Richard Stokes가 이끈 영국 협상팀과 모사데크 정부와의 협상은 아무런 성과를 내지 못하고 결렬되고 말았다. 영국은 50대 50의 이익분배 원칙을 주장했고, 모사데크는 AIOC 이익의 100%를 이란이 소유해야 한다고 주장했다. 협상 결렬과 동시에 영국은 이란을 상대로 전면적인 경제제재를 가하기 시작했다. 그 결과 서방세계의 석유회사들은 이란산 원유 수입을 중단했고, 이란은 이들 회사들의 기술지원을 받지 못하게 되고 말았다. 1951년 9월에는 영국의 대이란 수출이 전면 중단되었다.

　모사데크 역시 강경책으로 대응했다. 모사데크는 9월 25일 이란의 아바단Abadan 지역에서 근무하던 AIOC 소속 영국인 직원들을 이란에서 모두 추방하는 결정을 내렸다. 이에 영국은 아바단 지역의 유전지역 장악을 목적으로 하는 군사작전을 실행하려 했다. 그러나 곧 군사작전이 여의치 않다고 판단하여, 대신 유엔(UN) 안전보장이사회에 사안을 상정하여 국제사회의 지지와 제재를 유도해 내려고 했다. 하지만 상황은 영국이 원하는 대로 돌아가지 않았다. 모사데크는 유엔에서 AIOC 국유화는 이란뿐 아니라 미국을 포함한 모든 독립 국가들이 외세로부터 지켜야하는 자주권이라는 요지의 연설을 했고, 미국을 위시한 세계의 언론들이 모사데크의 연설을 대서특필하는 등, 국제사회의 여론은 오히려 모사데크의 입장에 동조하는 쪽으로 기울었다. 결국 유엔 안전보장이사회를 통해 자신의 입장을 관철시키려 한 영국의 계획은 수포로 돌아가고 말았다.

애틀리 정부는 AIOC 국유화로 인해 촉발된 이란과의 갈등을 해결하기 위해 협상에 임하기도 했고, 국제사법재판소나 유엔 안전보장이사회 등 국제기구의 중재를 요청하기도 했지만 아무런 성과를 보지 못했다. 강압적인 정책도 동원하여 전면적인 경제제재를 가하기도 했지만 모사데크 정부의 완강한 태도를 바꾸지는 못했다. 여러 정책 수단이 고갈되어가자 애틀리 정부는 비밀정치공작으로 모사데크를 무력화하는 방안을 적극 모색하기 시작한다.

그러던 중 영국의 정치지형에 변화가 일어났다. 10월 26일 선거에서 노동당이 패배하여 애틀리 정부가 물러나고 보수당의 윈스턴 처칠 Winston Churchill 정부가 들어섰다. 처칠 정부는 애당초 협상에 의한 AIOC 분쟁 해결에는 관심이 없었다. 하지만 미국의 트루먼 행정부는 중재 역

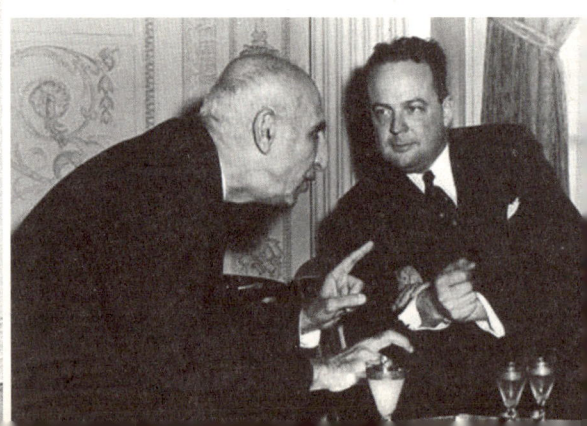

왼쪽 트루먼 미 대통령과 모사데크 이란 수상.
(1951년 10월 23일)

오른쪽 조지 맥기를 방문한 이란 수상
모하마드 모사데크. (워싱턴 D.C, 이집트대사관, 1951년)

(왼쪽부터) 영국 수상 윈스턴 처칠, 미국 제33대 대통령 해리 트루먼, 제34대 대통령 드와이드 아이젠하워

할을 포기하지 않았다. 트루먼은 미국과 모사데크 정부가 합의한 중재안(맥기-모사데크 중재안McGhee-Mossadeq Proposal)을 영국에 제시했지만, 처칠 정부는 별다른 관심을 보이지 않았다. 모사데크를 제거하려는 영국의 비밀공작이 이미 이란에서 진행되고 있었기 때문이다. 처칠 정부가 협상을 통하기보다는 자신을 제거하여 문제를 해결하려 한다고 확신한 모사데크는 1952년 초 다소 극단적인 처방을 내린다. 테헤란 주재 영국대사관을 폐쇄하고 영국과의 외교관계를 단절하겠다고 선언한 것이다. 트루먼 행정부는 1952년 말 한 번 더 갈등을 중재하려 했지만 수포로 돌아가고 만다. 마침 미국의 정치지형에도 변화가 발생했다. 1952년 말 미국 대통령 선거에서 공화당이 승리, 1953년 초에 아이젠하워 행정부가 출범한 것이다.

MI6와 영국의
개입

앞서 언급한 바와 같이, 모사데크가 아바단의 영국인 AIOC 직원을 추방했을 때 영국의 애틀리 정부는 아바단 유전지역을 장악하기 위한 군사작전을 고려하기도 했다. 하지만 애틀리 정부는 결국 군사작전을 포기하고 대신 비밀공작으로 모사데크 정부를 무력화하는 방향으로 선회를 했다. 왜일까? 영국이 군사적 해결방안을 포기하고 비밀공작이라는 정책수단을 선택하게 된 이유는 무엇일까? 영국의 정책결정권자들이 자신의 정책목표를 달성하기 위해 비밀공작이라는 수단을 사용하게 되는 동기를 살펴보자.

영국이 군사작전을 포기하고 비밀공작을 선택한 이유 중 하나는 영국의 태도에 우호적이지 않았던 국제여론 때문이었다. 세계의 주요 언론들은 AIOC 국유화 문제가 불거져 나왔을 때 기본적으로 모사데크 정부의 국유화 요구가 정당하다는 인식을 가지고 있었다. 물론 나중에 영국이 국유화의 큰 원칙에 동의하고 미국이 제시한 50대 50 수익 분할안을 모사데크가 거부하자 이란에 대한 국제여론이 악화되기 시작했다. 그러나 이러한 이유 때문에 이란을 무력침공하는 것은 과도한 반응이라는 것이 국제사회의 일반적인 시각이었다. 영국의 우방국들이라 할 수 있는 나토North Atlantic Treaty Organization: NATO* 동맹국들과 영연방Commonwealth 국가들도 무력침공계획을 지지하지 않았고, 유엔 역시 영국의 군사계획에 동조하지 않았다. 무엇보다도 미국의 반대가 군사계획을 철회하는데 큰 영향을 끼쳤다. 트루먼 행정부는 끈질기게 협상을 중재하려 했고, 이러한 미국의 의사를 무시하고 군사행동에 돌입할 수는 없다는 것이 애틀리 내각이 내린 결론이었다.[1]

더군다나 아바단 장악을 위한 군사작전이 성공할 것이라는 보장도 없었다. 전후 영국의 전력은 약해질 대로 약해져 있어서 이란과 전쟁을 치르기 위해서는 예비군을 소집해야 할 정도였다. 아바단 군사작전을 수행하기 위해서는 상당수 영국군의 희생과 적잖은 경제적 손실이 예상되었지만, 두 차례 세계전쟁을 치르며 쇠약해진 영국의 군대는 이러한 군사작전을 수행할 여력이 없었다. 물론 당시 영국의 국내여론은 모사데크 정부에 대해서 매우 호전적이었다. 모사데크 정부가 AIOC를 국유화하겠다는 방침을 밝혔을 때, 영국 언론은 이를 '도적행위act of piracy'라고 규정하고 맹비난을 퍼부었다. 특히 아바단에서 근무하던 AIOC의 영국인 직원들이 추방당하자, 군사적 대응까지 포함하여 강경하게 대처해야 한다는 의견이 당시 영국 여론의 주류를 형성하고 있었다. 영국 언론은 모사데크에게 보다 단호하게 대응하지 못한 애틀리 정부를 나무라기도 했다. 만약에 애틀리 정부가 군사행동에 돌입했다면 대다수

---

* 정식 명칭은 북대서양조약기구. 본래는 2차대전 후 동유럽에 주둔한 소련군과의 군사적 균형을 맞추기 위해 체결된 북대서양조약의 수행기구로, 이후 유럽 내에서 반공세력을 형성하고 있던 서유럽 국가들의 기본적인 집단방위조약으로 지속되었다. 회원국은 그리스·네덜란드·노르웨이·덴마크·독일·룩셈부르크·미국·벨기에·에스파냐·아이슬란드·영국·이탈리아·체코·캐나다·터키·포르투갈·폴란드·프랑스·헝가리 등이다. 프랑스는 나토 회원국으로는 계속 남아 있으나, 나토 통합군에서는 1966년 탈퇴했다.

영국 국민들은 환영했을 것이고, 노동당은 단기적으로 국내에서 정치적 이득을 쟁취할 수도 있었을 것이다.

실제로 1951년 10월 영국 선거에서는 AIOC분쟁이 가장 큰 이슈로 떠올랐다. 보수당은 애틀리 노동당 정부의 안이한 대응 때문에 AIOC분쟁이 해결되지 않고 모사데크가 오만방자해졌다고 공격했고, 노동당은 보수당을 '전쟁광Warmonger'이라고 되받아쳤다. 보수당은 이란에 대한 보다 단호한 대책을 촉구하며 노동당의 무능함을 비난했지만, 그렇다고 군사적 대응을 지지하는 것은 아니라고 한발 빼기 시작했다. 영국이 군사작전으로 아바단을 조속히 장악하지 못하고 영국군의 희생만 발생했을 경우, 보수당이 치러야 할 정치적 대가가 만만치 않았기 때문이다. 처칠은 이러한 정치적 대가가 군사작전을 실행에 옮기지 않았을 때 치러야 하는 정치적 대가보다 훨씬 더 클 수 있다는 것을 잘 이해하고 있었다. 10월 선거에서는 결국 보수당이 승리, 애틀리의 노동당 정부가 물러나고 처칠의 보수당 정부가 출범했다. 처칠은 수상 취임 후, "소총부대 하나 보내서 쉽게 끝장 볼 수 있는 문제를 애틀리는 질질 끌어왔다"며 애틀리 정부의 대이란 온건정책을 강하게 비난했다.[2] 그러나 이러한 처칠의 비난은 정치적 수사여구에 불과했다. 처칠은 여러 정황을 고려했을 때 군사적 대응이 비현실적이라는 것을 너무나 잘 알고 있었다. 애틀리 수상은 훗날 다음과 같이 술회했다.

"만약에 우리가 이란에서 무력을 사용했더라면 미국을 위시한 세계의 여론이 우리에게 등을 돌렸을 텐데, 이는 정치적인 측면에서나 도덕적인 측면에서나 매우 잘못된 선택이었다."[3]

처칠은 결국 비밀공작을 통해서 모사데크 정부를 전복시키기로 결정했는데, 이는 외교적 수단이 고갈되고 군사적 수단이 여의치 않은 상황에서 영국이 선택할 수 있었던 가장 현실적인 방안이었다. 군사작전이 실패하면 정책결정권자들은 혹독한 정치적 대가를 치러야 한다. 특히 국민들이 집권세력이 내린 정책 결정을 선거를 통해 평가할 수 있는 민주주의 국가에서는 더욱더 그렇다. 그 한 예로 1956년 수에즈 운하Suez Canal의 운영권을 놓고 이집트와 심한 갈등을 겪고 있던 영국의 이든Eden 정부는 이집트를 공격하여 수에즈 운하를 장악하고 나세르Nasser 정권을 전복시키기 위한 군사행동을 감행했다. 그러나 이 군사작전은 1951년 이란의 아바단 장악을 위한 군사작전만큼이나 비현실적이었다. 당시 영국은 수에즈 장악에 필요한 작전수행능력을 보유하지 못한 상황이었고, 야당이었던 노동당은 물론 미국을 포함한 세계여론 역시 영국의 수에즈 군사작전에 반대하고 있었다. 결국 이든 정부의 수에즈 군사작전은 대실패로 끝이 나고 말았다. 그 결과 이든은 수상 자리에서 물러나야 했고, 보수당은 엄청난 정치적 대가를 치러야 했다. 하지만 처칠은 후일의 이든보다 훨씬 정치적 감각이 뛰어난 인물이었다. 처칠은 아바단 유전지역 장악을 목적으로 하는 영국의 군사작전이 여의치 않음을 잘 알고 있었고, 군사작전이 초래할 정치적 후폭풍 역시 예견하고 있었다. 처칠은 군사작전 대신 비밀공작에 몰두하기 시작했다.

1951년 모사데크가 이란의 수상으로 선출되자 애틀리 정부는 영국에 우호적인 이란의 정치인 사이드 지아Sayyid Zia와 카밤Quavam을 지원하는 등, 이미 일련의 정치공작에 착수하기 시작했다. 1951년 9월 모사데크가 AIOC의 영국인 직원을 추방하자, 당시 영국의 외무장관 모리슨 Morrison은 MI6* 요원 로빈 제너Robin Zaehner에게 모사데크 제거를 위한 비밀공작에 착수할 것을 지시했다. 이러한 비밀공작은 처칠 정부가 출범하면서 본격화되기 시작했다. 그러나 문제는 MI6을 위시한 영국의 정보기관이 모사데크를 무력화할 수 있는 비밀공작 수행능력을 보유하고 있지 못했다는 점이다. 2차대전 이전까지 세계 최강의 첩보강국임을 자처했던 영국이었지만 전후의 사정은 그렇지 못했다. 전후 악화된 경제사정 때문에 군사부문 예산을 삭감해야 했고 이러한 조치는 정보활동의 위축으로 나타났다. 처칠은 영국 단독으로는 비밀공작을 성공리에 수행할 수 없다는 판단을 하고 미국의 도움을 구하기로 결정했다. 전임 트루먼 민주당 행정부에 비해 1953년 집권한 공화당 아이젠하워 행정부가 영국의 입장에 훨씬 더 동조적이라는 것을 간파하고 있었던 것이다.

이란과 미국의 국제정치학

애초부터 AIOC분쟁을 바라보는 영국과 미국의 시각은 큰 차이가 있었다. 영국의 관심이 AIOC분쟁의 피해를 최소화하여 자국의 경제적 이익

---

* MI6는 영국의 해외 정보활동을, MI5는 국내 정보활동을 책임지고 있다.

을 지켜내는 것이었다면, 미국의 최대 관심사는 AIOC분쟁의 파장으로 이란의 국정이 불안정해진 틈을 타 역내 소련의 영향력이 증대하는 상황을 방지하는 것이었다. 당시 이란에는 소련의 조종을 받고 있던 '투데Tudeh'라는 공산당이 무시할 수 없는 정치세력으로 성장하고 있었는데, 트루먼 행정부는 모사데크 정부가 공산당에 맞설 수 있는 이란의 유일한 정치세력이라는 인식을 가지고 있었다. 이란의 공산화를 방지하기 위해서는 영국이 AIOC의 국유화를 받아들이고 모사데크와 협상을 통해 문제를 해결해야 한다는 것이 트루먼 행정부의 일관된 입장이었다. 후에 아이젠하워 행정부가 처칠의 제

CIA 국장 앨런 덜레스

안을 받아들여 모사데크를 제거하기로 한 결정도 어떻게 보면 이란의 공산화를 예방하기 위한 조치였다고 할 수 있다. AIOC분쟁이 장기화되자 이란의 정황은 혼란스러워졌고 경제사정도 악화되기 시작했다. 이란의 정국이 불안정해지자 처칠은 모사데크를 제거하고 친미정권을 옹립하는 것만이 이란의 공산화를 예방할 수 있는 유일한 대안이라고 아이젠하워를 설득할 수 있었다.

그렇지만 이러한 해석과는 달리 아이젠하워 행정부가 미국의 상업

적 이익을 증진시키기 위해 모사데크를 제거했다는 분석도 제기되고 있다. 역사학자 제임스 빌James Bill에 의하면 영국은 만약 미국이 모사데크 제거를 도와준다면 이란의 석유개발권의 40%를 미국에게 보장해주기로 약속했다고 한다.⁴ 공교롭게도 당시 아이젠하워 행정부의 국무장관과 CIA 국장을 역임하고 있던 덜레스 형제(존 포스터 덜레스 국무장관과 앨런 덜레스 국장)는 당시 AIOC의 변호를 맡고 있던 설리번앤크롬웰 Sullivan & Cromwell 법률회사의 변호사 출신이었다. CIA 내 이란 비밀공작을 책임지고 있던 커밋 루스벨트 역시 모사데크가 실각하고 난 후 이란 정유사업에 많은 혜택을 받은 걸프석유회사Gulf Oil Corporation의 부사장으로 영입되었다. 미국 내 에이잭스의 주역들이 모두 석유회사와 끈끈한 연을 맺고 있었던 것이다. 비밀이 해제되어 일반에게 공개된 영국의 비밀 정부문서에 의하면, 처칠 정부는 "새로운 아이젠하워 행정부가 전임 트루먼 행정부에 비해 미국의 석유이익을 보호하는데 훨씬 더 관심이 많을 것"이라고 분석하고 있었다.⁵ 실제로 모사데크 정부가 전복되고 난 후 가장 큰 혜택을 본 장본인은 다름 아닌 미국의 석유회사였다. 약속했던 대로 영국은 여태까지 자국이 독점하고 있던 이란의 석유개발권의 40% 이상을 미국 회사에 양도해 주었다.

   덜레스 국무장관은 훗날 석유이익 때문에 미국이 모사데크를 제거했다는 것은 '어불성설Nonsense'이라고 회고했다.⁶ 당시 석유시장에서는 석유가 넘쳐나고 있었는데 미국이 이란의 석유에 관심을 가질 이유가 없었다는 것이다. 루스벨트 역시 미국이 개입한 것은 이란의 공산화를 방지하기 위해서이지 석유이익 때문은 아니었다고 회고록에서 술회하고 있다.7 그러나 한 가지 짚고 넘어가야 할 사실은 당시 이란의 정황을 소상히 파악하고 있었던 미 국무부의 실무급 관리들이나 CIA 직원들은 투데(이란 공산당)가 정권을 잡아 이란이 공산화될 가능성을 매우 낮게 보고 있었다는 점이다. 아마도 미국이 모사데크를 제거하기로 한 결정에는 냉전시대의 전략적 고려와 경제적 이익에 대한 고려가 복합적으로 작용했던 것으로 보인다.

에이잭스 비밀공작의 과녁

••••

결국 아이젠하워는 모사데크를 제거해 달라는 처칠의 요청을 받아들이기로 결심했다. 당시 미국의 막강한 군사력을 감안한다면 이란을 침공하여 모사데크를 제거하는 것이 그다지 어려운 일은 아니었을 것이다. 그렇다면 아이젠하워가 굳이 비밀공작을 통해 모사데크를 제거하기로 한 이유는 무엇일까? 우선 영국과 마찬가지로 미국도 이란을 상대로 공공연한 무력을 행사했을 때 발생할 수 있는 국내 정치적 파장과 국제여론의 악화를 고려하지 않을 수 없었다. 1950년대 초 미국에는 '냉전의 국민적 합의Cold War Consensus'가 형성되어 있었다. 냉전의 안보위기를 헤쳐 나가기 위해서는 대통령을 위시한 소수의 정책 엘리트들에게 외교안보정책의 수립과 실행의 전권을 부여해야 한다. 즉, 견제와 균형의 원칙이나 공개된 토의는 정책의 효율성을 떨어뜨릴 수 있으니, 소수의 정책 엘리트들의 판단을 믿고 따라야 한다는 것이었다. 적어도 1950년대 초부터 1960년대까지의 미국에서는 국민뿐 아니라 의회와 매스미디어도 이러한 '합의'에 동참하고 있었다.

이러한 냉전의 합의를 감안한다면 만약 아이젠하워가 이란을 상대로 군사행동을 감행했더라도 미국 국민들의 지지를 이끌어 내는 것이 가능했다. 그렇지만 막상 군사행동을 감행하기에는 당시 모사데크에 대해 우호적이었던 미국 내의 여론이 상당한 부담으로 작용했을 수 있다. 영국의 여론이 모사데크에게 매우 악의적이었던 것과는 달리 적어도 AIOC분쟁 초기에는 미국의 여론은 모사데크의 입장을 지지하고 있었다. 대부분의 미국인들은 모사데크를 합리적이고 민주적 정통성을 가지고 있는 이란의 지도자로 인식하고 있었고, 모사데크의 민족주의 운동과 AIOC의 국유화를 지지하고 있었다.

미국은 이란과 같이 영국 식민지였다가 독립을 쟁취한 비슷한 역사적 경험을 공유하고 있는 나라다. 1951년 당시 미국 주요 신문의 기사를 살펴보면 모사데크는 미국의 독립을 위해 일생을 바친 토머스 제퍼슨Thomas Jefferson이나 토머스 페인Thomas Paine 같은 인물과 비견되고 있었다. 《뉴욕 타임스》는 영국을 비난하며 미국이 국제사회에서 위신을 지키려면 모사데크를 지지해야 한다는 주장을 펼쳤고(1951년 9월 11일), 《워싱턴 포스트Washington Post》 역시 건성으로 협상에 임하는 영국을 나무라며 모사데크를 지지하는 논조를 펴고 있었다(1951년 8월 27~28일). 《월스트리트 저널》은 영국이 아바단 무력침공을 계획하자 '19세기 제국주의 시대'의 협박이라며 맹비난을 하기도 했다(1951년 4월 7일). 1951년 10월 모사데크가 유엔 총회 참석차 뉴욕을 방문했을 당시 미국의 언론과 국민들은 모사데크를 열렬히 환영했다. 모사데크는 AIOC 국유화는 영국의 식민지 통치를 상대로 미국이 벌인 독립투쟁과 성격이 비슷하다는 요지의 연설을 했고, 미국 언론들은 이러한 연설 내용을 대서특필했다. 1952년 《타임Time》은 모사데크를 '올해의 인물Man of the Year'로 선정하고, 그를 '이란의 조지 워싱턴Iranian George Washington'으로 표현했다.

하지만 우호적이었던 미국의 여론이 1953년 초부터 악화되기 시작했다. 처칠 정부는 영국에 우호적이지 않은 미국 언론과 국민을 대상으로 대규모 반모사데크 캠페인을 전개했다. 모사데크의 완고한 태도 때문에 AIOC 협상이 결렬되고, 모사데크 정부가 공산주의 위협에 안이하게 대처하고 있다는 내용의 자료를 미국 정부와 언론매체에 지속적으로 전해 주었다. 이러한 영국의 홍보정책은 미국 내 여론이 반전하는 데 큰 역할을 한 것으로 알려졌다. 또한 미국의 대이란 정책이 점차 영국과 보조를 맞추는 쪽으로 선회하자 정부의 외교안보정책 기조를 추종하던 당시 미국의 언론도 모사데크를 비방하기 시작했다. 시간이 지나면서 모사데크는 신뢰할 수 없는 지도자이며 이란은 불량국가로 묘사되기 시작했다.

모사데크에 대한 미국 내 여론이 악화되고 미국 국민들이 아이젠하워에게 외교정책의 전권을 부여하고 있었던 사실을 감안하더라도, 군사력을 동원하여 이란을 침공하고 모사데크를 제거하는 정책은 아이젠하워에게 여전히 정치적으로 부담스러운 선택이었다. 우선 국무부와

미 국무장관 딘 애치슨(오른쪽)이 이란 수상 모하마드 모사데크(왼쪽)와 논의하는 모습. (워싱턴 D.C, 1951년)

CIA의 중간급 관리들이 모사데크를 제거하는 정책에 반대하고 있었다. 아이젠하워는 소련의 사주를 받고 있는 투데당의 집권을 막기 위해서는 모사데크를 제거하고 친미정권을 옹립해야 한다는 생각을 하고 있었지만, 테헤란 주재 국무부 관리들과 CIA 정보원들은 모사데크가 실각하고 투데당이 집권할 가능성은 희박하다고 평가하고 있었다. 아이젠하워의 절친한 친구였던 로버트 테일러Robert Taylor도 이란이 공산화될 가능성은 희박하다며 영국의 입장을 지지하는 정책을 철회할 것을 아이젠하워에게 촉구했다. 당시 상원의 민주당 원내총무였던 린든 존슨Lyndon Johnson도 같은 생각을 하고 있었다.

특히 트루먼 행정부 시절 주요 정책결정권자였던 인사들은 모사데크를 제거하는 정책에 명확한 반대 입장을 표명하고 있었다. 트루먼 행정부에서 국무장관을 역임한 딘 애치슨Dean Acheson은 모사데크의 정당성을 인정하고 AIOC분쟁을 외교적으로 해결하는 것만이 이란의 공산화 예방을 위한 최선의 선택이라는 주장을 굽히지 않고 있었다. 애치슨뿐 아니라 국무부 차관 조지 맥기George McGhee, 이란 주재 미국대사 그레이디Grady, 대통령특사 해리슨Harrison 등 트루먼 행정부 주요 외교정책권자들은 민주적 정통성을 가지고 있는 모사데크 정부를 전복시키는 정책은 미국의 위신을 추락시키고 궁극적으로는 국익에 아무 도움이 되지 않는다는 입장을 피력하고 있었다. 이러한 사실을 잘 알고 있던 아이젠하워는 대통령 취임 전 모사데크 제거 공작을 논의하는 과정에서 트루먼 행정부 인사들을 철저하게 배제했다. 에이잭스는 미국의 국민들과 대중매체, 그리고 트루먼 행정부의 핵심인사들마저도 그 존재를 까맣게 모른 채 베일에 가려져 비밀스럽게 진행되었다.

MI6와 CIA의
초기 비밀공작

● ● ● ● ●

영국의 이란 비밀공작은 연원이 깊다. 모사데크의 성향을 파악한 영국은 이미 1950년대 초부터 모사데크의 집권을 막기 위해 영국에 우호적인 이란의 정치인들을 비밀리에 지원하고 있었는데, 그중 사이드 지아라는 친영파 정치인을 수상에 당선시키려는 공작을 벌이기도 했다. 그러나 1951년 마즐리스(이란 의회)는 모사데크를 압도적인 표차로 이란

왼쪽 파졸라 자하디(왼쪽)와 무하마드 리자 샤 팔레비. (1955년 4월)

오른쪽 이란 국왕 무하마드 리자 샤 팔레비와 악수하는 수상 모하마드 모사데크

의 수상으로 선출했다. 모사데크 집권 후에는 이란의 국왕, 무하마드 리자 팔레비Muhammad Rizá Pahleví를 부추겨 모사데크를 해임할 것을 종용하기도 했다. 샤Sháh* 팔레비는 모사데크가 왕실의 정치권한을 제한하고 입헌주의를 강조하는 정책을 매우 못마땅하게 생각하고 있었다. 그렇지만 팔레비는 선뜻 결정을 내릴 수 없었다. 국민의 압도적 지지를 등에 업고 있는 모사데크를 해임한다는 것은 엄청난 정치적 부담이었기 때

---

* 이란 왕의 칭호. '샤' 라는 칭호는 이란 외에 아프가니스탄에서도 1973년 군주제가 붕괴될 때까지 사용되었고, 중앙아시아나 남아시아의 여러 나라에서 통치자나 군소群小 왕들의 칭호로 사용되었다. 세습 총독이나 수피종단의 지도자들도 때로 이름에 이 칭호를 붙였다.

문이다. AIOC 협상이 돌파구를 찾지 못하자 영국은 본격적인 비밀공작에 착수하여 모사데크의 정치기반을 흔들어대기 시작했다. 이 시기 영국의 비밀공작에 핵심적 역할을 한 스파이는 이란인 라시디안 Rashidian 형제였다. 이들은 오래 전에 MI6에 포섭되어 1940년대부터 이란에서 영국의 스파이 역할을 하고 있었다. 그 외에도 MI6 스파이로서 이란에서 맹활약을 한 인물로는 옥스퍼드 대학교 University of Oxford 의 교수 로빈 제너를 빼놓을 수 없다.

이란 군부의 실력자로 후일 수상이 되는 파졸라 자하디. 그는 부도덕하고 무능한 기회주의자로 이름뿐인 수상이었고, 모든 정치적 실권은 샤 팔레비가 장악했다.

제너의 증언에 의하면 국민전선이 분열되기 시작한 데에는 라시디안 형제의 정치공작이 결정적인 역할을 했다.⁸ 당시 국민전선 내에는 모사데크의 독주를 못마땅하게 생각하는 세력이 있었다. 라시디안 형제의 주요 임무 중 하나는 국민전선 내의 불만세력을 결집하여 당내 분열을 조장하는 것이었다.

국민전선의 전열이 흐트러지자 라시디안 형제는 군부에 일정세력을 확보하고 있던 파졸라 자하디 Fazlollah Zahedi 에게 접근하여 그의 지지를 확보한 후, 국민전선 내 불만세력을 결집하여 세를 불리며 쿠데타를 모의하기 시작했다. 계획이 순조롭게 진행되자 MI6는 자하디 세력에게 쿠데타에 필요한 무기를 지원했다. 그러나 모사데크의 정치기반은 이들의 생각보다 훨씬 더 견고했다. 모사데크가 이란에서 가동하고 있던 정보채널은 이미 자하디 세력의 음모를 간파하고 있었던 것이다. 모사데크는 신속하게 행동했다. 1952년 10월 라시디안 형제에게 체포영장을 발부하고 군부 내 자하디 세력들을 모두 숙청했다. 라시디안 형제는 잠적하고 국회의원이었던 자하디는 면책권이 적용되어 가까스로 구속을 면할 수 있었다. 하지만 이 사건으로 인해 MI6가 이란에서 확보한 비밀공작조직은 대부분 와해되고 말았다. 영국이 쿠데타 음모의 배후에 있다는 것을 확신한 모사데크는 곧바로 영국과의 외교관계를 단절하는 결정을 내렸다. MI6가 독자적인 비밀공작으로 모사데크를 제거하는 것은 이제 불가능해 보였다.

1952년 집권한 처칠은 취임 전부터 이미 비밀공작으로 모사데크를 제거하는 것만이 AIOC분쟁을 해결할 수 있는 유일한 방법이라고 생각하고 있었다. 비밀공작으로 모사데크를 제거하기 위해서는 무엇보다도 CIA의 도움이 절실했다. 하지만 트루먼 행정부에게 도움을 청할 수 있는 상황이 아니었다. 앞에서 지적한 바와 같이 트루먼은 모사데크가 투데당(이란 공산당)에 대항할 수 있는 유일한 대안이라는 생각을 하고 있었기 때문이다. 물론 트루먼 행정부도 1940년대 말부터 이란 내 CIA 비밀공작 네트워크를 가동하고 있었지만, 이들 비밀공작의 주된 임무는 이란 내 소련의 활동과 투데당의 정황을 정탐하고 이들의 세력을 약화시키는 것이었다. '베댐(BEDAMN)'이라는 암호명으로 알려진 비밀공작팀은 정치공작팀과 선전팀으로 나뉘어 투데당의 활동과 이란 내 친소세력을 약화시키는데 큰 역할을 했다. 베댐에서 중요한 역할을 한 CIA 스파이는 '네렌Nerren'과 '실리Cilley'라는 암호명으로 활약한 이란인이었다. CIA는 이들에게 매년 100만 달러 정도의 활동비를 지원했다. 베댐의 선전팀은 이란의 주요 언론을 매수하여 소련과 공산주의를 비난하는 기사와 풍자만화를 게재하고, 투데당을 비판하는 책을 출판하게 하는가 하면, 소련과 투데당을 비난하는 광고전단을 살포하기도 했다. 베댐의 정치공작팀은 거리의 시정잡배들을 동원하여 투데당의 집회를 방해했고, '솜카Somka'라는 극우반공정당을 조직하고 지원하여 투데당의 활동을 견제했다. CIA가 고용한 불량배들은 투데당원으로 가장하여 양민을 괴롭히고 회교사원을 약탈하여 투데당의 위신을 추락시켰다. 베댐의 활동은 상당한 효과를 보았다. 곧 테헤란 시가지에는 투데당에 대한 온갖 악의를 품은 소문이 돌기 시작했다. 1952년부터 베댐 조직은 이란 내 공산주의를 약화시키는 비밀공작 대신, 모사데크와 국민전선을 무력화시키는 비밀공작에 착수하기 시작한다. 이러한 비밀공작은 트루먼 행정부의 재가 없이 독자적인 판단으로 추진되었다. 국민전선의 불만세력을 매수하여 모사데크에 대한 지지를 철회하라고 부추겼고, 이러한 공작은 11월 들어 서서히 효과를 보기 시작하면서 국민전선은 분열되어갔다.

CIA 주연, MI6 조연
에이잭스의 실체

● ● ● ● ● ●

1952년 11월 처칠은 MI6 요원 크리스토퍼 우드하우스$^{Christopher\ Woodhouse}$를 미국에 파견하여 영미 공동의 비밀공작에 착수할 것을 제의했다. 대통령 선거에서 공화당의 아이젠하워가 당선되자 미국의 이란 정책에 변화가 발생할 것을 감지한 것이다. 우드하우스는 CIA 기획본부장 프랭크 위즈너$^{Frank\ Wisner}$와 CIA 중동지역 담당 커밋 루스벨트를 만나 처칠의 의사를 전달했다. 이들의 반응은 매우 긍정적이었다. 그러나 위즈너와 루스벨트는 트루먼 행정부가 모사데크 제거를 목적으로 하는 비밀공작을 재가하지 않을 것이니, 이듬해 아이젠하워 행정부가 공식 출범하면 그때 정식으로 다시 제의하는 것이 어떻겠냐고 우드하우스에게 귀띔해 주었다. 1952년 후반부터는 그동안 잠시 중단되었던 MI6의 비밀공작이 재개되었다. 라시디안 형제와 자하디가 다시 활동을 시작했고, MI6는 이들을 사주하여 모사데크의 측근인 아샤터스^{Afshartous} 경찰청장을 납치해 살해했다. 강직, 청렴하고 용맹무쌍한 충복 아샤터스의 사망은 모사데크에게 큰 정치적 손실이었다. 모사데크는 자하디를 암살의 배후세력으로 의심했지만 결정적인 물증이 없었다. 이즈음 CIA가 MI6 비밀공작에 본격적으로 합류하기 시작했다.

1953년 2월 3일, 새로운 아이젠하워 행정부가 출범한지 2주도 채 안 되었을 때 미국과 영국은 MI6와 CIA가 공동으로 모사데크를 제거하고

친모사데크 시위

자하디를 수상으로 옹립하는 비밀공작에 착수한다는 기본원칙에 합의했다. 커밋 루스벨트는 테헤란을 수차례 방문하여 이란의 정황을 탐지하고 쿠데타 성공 가능성을 저울질하기 시작했다. 가능성은 충분해 보였다. 루스벨트는 자하디와 라시디안에게 거액의 자금을 지원해주는 등 쿠데타 정지(整地)작업에 들어갔다. 비밀공작을 본격적으로 실행하려면 CIA 국장 등 고위 정책결정권자의 공식적인 재가가 필요했다. 루스벨트는 쿠데타 계획을 담은 보고서를 작성하여 국무장관과 CIA 국장에게 전달했다. 1953년 6월 25일 국무장관 존 포스터 덜레스는 극비리에 회의를 열어 CIA 비밀공작을 최종 결정했다. 비밀공작 암호명은 '에이잭스(AJAX)'. 그 책임자는 커밋 루스벨트였다.

에이잭스는 신속하게 진행되었다. 루스벨트는 테헤란에 상주하며 공작을 직접 진두지휘했다. 곧바로 라시디안 형제 등 MI6 비밀공작팀이 CIA 조직에 합류했다. 1952년 10월 MI6 주도의 쿠데타가 무산된 후 이란 내 MI6 조직은 독자적으로 쿠데타를 조장할 수 있는 능력을 상실한 상태였다. 루스벨트가 이란에 상주하면서부터 에이잭스는 전적으로 CIA 조직 위주로 운영되었다. 에이잭스 팀에는 한국전 참전 경험이 있는 CIA의 준군사행위팀 인원이 보강되었다. 기존의 CIA 베담 조직의 정치공작팀과 선전활동팀 역시 에이잭스에 곧바로 합류, 모사데크를 무력화시키는 작업에 돌입하기 시작했다. CIA의 우선 관심사는 모사데크의 의회 내 기반을 무력화하는 것이었다. 모사데크가 이끌고 있었던 국민전선은 다양한 정파들이 민족주의의 기치 아래 모여 만들어진 정치연합이었다. 국민전선 내에는 모사데크와 정치적 견해를 달리하는 계파 지도자들이 있었는데, CIA는 이들에게 접근하여 모사데크 이후의 정치적 미래를 보장해주고 두둑한 활동비를 제공했다. 국민전선은 분열되고 마즐리스(이란 의회)는 친모사데크와 반모사데크 진영으로 양분되어 극한 대립의 장으로 전락하고 말았다. CIA는 또한 이란의 종교지도자(물라Mullah)들을 매수하는데도 성공했는데, 이들은 곧 모사데크가 모하메드Mohammed를 부정하는 무신론자라고 비난하기 시작했다.

CIA 선전활동팀은 빠른 속도로 이란의 대중매체를 장악했다. 신문에는 CIA로부터 거액의 뇌물을 받은 언론인들이 작성한 허위성 기사들이 넘쳐나기 시작했다. 루스벨트는 이란 군부에 영향력이 있던 자하디를 통해 네크워크를 구축, 경찰과 군부 내 인사들을 매수하는데 성공했다. 쿠데타를 위한 정지작업이 상당히 진전된 것이다. CIA 비밀공작의 백미는 길거리 시위대를 조직하여 혼란을 부추기는 것이었다. CIA는 거리의 조직폭력배들을 매수하여 불법시위를 하며 약탈행위를 일삼게 했는데, 이로 말미암아 이란 국민들은 모사데크가 통치능력을 상실했다는 느낌을 받기 시작했다. 한 번은 이 조직폭력배들이 테헤란 시가를 휘젓고 다니며 지나가는 무고한 시민들을 구타하기 시작했다. 상점의 유리창을 깨기도 하고 회교사원에 난입하여 총질을 하며, "우리는 모사데크를 지지한다!"는 구호를 외쳐댔다. 그리고 바로 다른 폭력배들을 동원하여 모사데크 지지세력으로 가장한 폭력배들과 난투극을 벌이게 하여 극도의 사회적 불안감을 조성하기도 했다. 커밋 루스벨트가 본격적으로 활동을 시작한 1953년 6월경부터 이란의 정황은 매우 어지러워지기 시작했다. 국민전선이 분열되며 정치상황이 불안정해지자 이란의 경제도 나빠지기 시작했고, 국민들은 불안에 떨기 시작하며 모사데크의 통치능력에 의심을 품게 되었다. 아울러 모사데크의 입지도 크게 약화되었다. 특히 국민전선의 분열로 인해 모사데크의 정치적 기반은 크게 흔들리기 시작했다. 쿠데타가 발생할 수 있는 사회적 분위기가 무르익은 것이다.

1953년 8월 15일은 CIA가 쿠데타를 감행하기로 한 디데이$^{D-Day}$였다. 그러나 우선 쿠데타에 대한 국왕의 승인을 받는 것이 급선무였다. 그러나 예전만은 못하더라도 모사데크는 여전히 상당한 대중적 인기를 누리고 있는 이란의 영웅이었기 때문에, 샤 팔레비는 CIA의 제안에 쉽게 결정을 내리지 못하고 있었다. CIA는 샤 팔레비에게 모사데크 제거 후에 자하디를 수상으로 임명하면 국민들의 동요가 심하지 않을 것이라 안심시켰고, 쿠데타 후 미국의 대규모 경제적 지원이 있을 것이라 암시했다. 그래도 샤 팔레비는 확신이 서지 않았다. 샤에게는 그가 총애하는 쌍둥이 여동생, 아쉬라프^{Ashraf} 공주가 있었다. 루스벨트는 프랑스의 카지노에서 도박을 즐기고 있던 아쉬라프 공주에게 MI6 요원을 보내 쿠데타에 동의하도록 샤를 설득하여 줄 것을 부탁하기도 했다. 팔레비의 망설임이 계속되자 결국 에이잭스의 총책임자였던 루스벨트가 직접 샤 팔레비를 만나 설득에 나섰다.

끈질긴 설득에 드디어 모사데크를 해임하기로 마음을 먹은 샤 팔레비는 모사데크를 해임하고 자하디를 수상으로 임명한다는 칙령을 작성했고, 8월 15일 저녁 왕궁 호위대장 나시리^{Nassiri}를 시켜 칙령을 모사데크에게 전달하려 했다. 당시 이란에서는 오직 마즐리스(이란 의회)만이 수상을 해임하고 선출할 수 있는 헌법적 권한이 있었으므로, 이를 근거로 모사데크가 칙령을 거부했을 때 나시리의 병사가 바로 그 자리에서 모사데크를 체포하는 것이 CIA의 계획이었다. 그러나 모사데크는 이러한 CIA의 계획을 이미 간파하고 있었다. 나시리가 칙령을 가지고 자정쯤 모사데크의 저택에 도달했을 때, 매복해있던 모사데크 측 병사들이 오히려 나시리를 체포해 버렸다. 모사데크는 곧바로 배후세력 수색에 나섰고 자하디를 체포하기 위해 1만 리알^{Rial}(이란의 화폐단위)의 현상금을 내걸었다. 카스피 해$^{Caspian Sea}$ 연안의 별장에서 쿠데타 성공 소식만을 애타게 기다리던 샤 팔레비는 쿠데타가 무산되었다는 소식을 듣고 혼비백산하여 루스벨트에게 알리지도 않은 채 바그다드를 거쳐 로마로 줄행랑을 쳤다.

제2차 쿠데타

●●●●●●●

쿠데타 실패 소식을 접한 CIA 국장 앨런 덜레스는 루스벨트에게 모든 계획을 취소하고 귀국하라고 명령했다. 그러나 루스벨트는 집요했다. 그는 조금만 더 시간을 준다면 모사데크를 충분히 제거할 수 있다고 덜레스를 설득했고, 바로 제2차 쿠데타 계획에 착수했다. 우선 모사데크를 해임한다는 샤 팔레비의 칙령 복사본을 만들어 시민들에게 유포하여 이란의 국왕이 모사데크를 극도로 불신하여 해임하려 한다는 사실을 알렸다. 그리고 군부 내 자하디 지지세력을 결집하여 이란의 군대는 샤 팔레비의 결정을 존중한다는 결의문을 작성하여 유포했다. 이란 각지에 흩어져 있던 수비대의 지지도 이끌어 냈다. 그중 커만샤^Kermanshah 장군이 이끌고 있던 수비대는 전차와 장갑차를 몰고 테헤란으로 진군하기 시작했다. 그와 동시에 폭력배들을 동원하여 '투데당' 지지세력인 양 가장하여 공산주의 구호를 외치며 과격 시위를 벌이게 했다. 혼란을 야기하기 위한 CIA 공작인 것을 모르고 있던 '진짜' 투데당 지지 시위대는 흥분하여 CIA가 고용한 폭력배들과 테헤란 시내에서 난투극을 벌였다.

　루스벨트는 쿠데타를 감행하기 위해서는 시민들이 자발적으로 참여하는 대규모의 반모사데크 시위가 필요하다고 판단하고 있었다. 그러기 위해서는 대중에게 영향력 있는 종교 지도자 카샤니^Kashani의 도움이 필요했다. 카샤니는 CIA의 제안에 선뜻 동의하지 못했지만 곧 그들이 건네준 1만 달러의 미화에 마음이 흔들렸다. 당시 이란 주민의 연평균 소득이 미화 500달러 정도였다는 점을 감안하면 1만 달러는 매우 큰 금액이었다. 8월 19일 카샤니가 이끄는 대규모 반모사데크 시위대가 테헤란 시가를 행진하기 시작했고, 이 시위에 CIA가 매수한 군인과 경찰이 동참했다. 시위대는 정부청사와 모사데크에 우호적이었던 신문사 건물들을 공격했고, 테헤란 시가지는 각종 시위와 난투극으로 극도의 혼란 속으로 빠져들었다. 모사데크 측근들은 시위를 진압하고 질서를 회복하려면 군대나 경찰을 동원해야 한다고 했지만, 대규모 유혈사태를 두

려워한 모사데크는 측근들의 제의를 거절했다. 그사이 군부 내 자하디 지지세력은 이란의 공영 라디오 방송국을 장악하여 자하디의 집권이 임박했음을 방송하기 시작했고, 곧이어 육군본부 장악에도 성공했다. 언론매체와 육군본부를 장악한 자하디의 병사들은 반모사데크 시민 시위대와 합류하여 모사데크의 수상관저로 진군했다. 자하디의 쿠데타군과 모사데크 관저를 지키고 있던 병사들 사이의 치열한 교전은 9시간 이상 계속되었다. 하지만 모사데크의 관저는 쿠데타군의 전차와 대포 공격에 결국 파괴되고 말았다. 모사데크는 관저의 지붕을 통해 가까스로 도망쳤지만, 그 다음날 자하디에게 투항했다. 이 와중에 300명 이상의 이란인이 사망한 것으로 알려졌다.

로마에서 이 소식을 전해들은 샤 팔레비는 한동안 충격에서 벗어나지 못했다고 한다. 얼굴은 창백해지고 손은 부들부들 떨고 있었다. 정신을 차리고 나서 그는 "알고 있었어. 이란의 국민들은 나를 사랑한다니까!" 라는 말을 남기고 곧바로 이란으로 귀국했다. 며칠 후 루스벨트를 환송하는 만찬에서 샤 팔레비는 보드카로 축배를 들며, "내가 왕위에 복귀할 수 있었던 것은 신과 이란 국민, 군대, 그리고 당신, 루스벨트 덕이오"라고 말했다.[9] 그러나 굳이 수훈의 서열을 따진다면 루스벨트가 신보다 앞서 언급되었어야 하지 않았을까?

호메이니와
이슬람 원리주의의 등장

●●●●●●●●

1953년 8월 22일 모사데크는 반역혐의로 군사재판에 회부되어 유죄 판결을 받고 3년간 투옥생활을 했으며, 석방 후에도 가택연금을 당하는 신세가 되었다. 1967년 3월 5일 이란의 민족주의 지도자이자 독립 영웅이었던 모사데크는 가택연금 중 외로운 죽음을 맞이했다. 샤 팔레비는 자하디를 새로운 수상으로 임명했다. 하지만 자하디는 부도덕하고 무능한 기회주의자였으며 이름만 수상이었을 뿐, 모든 정치적 실권은 샤 팔레비가 장악했다. 미국의 전폭적인 지지를 등에 업고 등장한 팔레비 독재정권은 미국의 비호 아래 무려 25년간 지속되었다. 서구 민주주의의 리더로 자처하는 미국과 영국이 공모共謀하여 합법적인 모사데크 정부를 친미 독재정권으로 교체한 것이다. 팔레비 통치기간 동안 투데와 국민전선 등 그동안 합법적 정치활동을 해왔던 정당들은 모두 해산되었고 자유로운 정당활동은 금지되었다. 투데와 국민전선의 수많은 정치인들이 투옥되어 심한 고문을 받았다. 또한 검열이 강화되어 언론과 표현의 자유가 박탈되었다. 1954년과 1956년에 열린 국회의원 선거는 관권이 개입한 완벽한 부정선거였다. 선거 후 새로 구성된 마즐리스(이란 의회)는 샤 팔레비를 위한 거수기로 전락했고, 샤 팔레비가 지명한 수상들은 아무런 정치적 실권을 행사하지 못했다. 샤 팔레비가 독재정권을 지탱할 수 있었던 것은 미국의 아낌없는 지원이 있었기에 가능했다. CIA는 쿠데타가 성공하자마자 샤 팔레비에게 200만 달러 이상을 지원하여 권력을 장악할 수 있도록 도와주었다. 또한 CIA는 '사박(SAVAK)'이라는 비밀경찰대를 조직하고 훈련하는데 앞장섰다. CIA는 사박 요원들에게 갖은 고문 기술을 전수해 주었는데, 이 악명 높은 비밀경찰대는 공산주의자를 토벌한다는 명목하에 수천 명의 반대세력을 잡아들여 살인을 자행했다. 1976년 국제사면위원회Amnesty International 사무총장은 인권보고서에서 "이란은 사형 집행률이 세계에서 가장 높은 나라이고, 독립적인 사법재판이라고는 찾아 볼 수 없으며, 고문이 공공연히 자행되고 인권이 유린되는 정도는 역사에서 유래를 찾아 볼 수 없을 정도"라고 비판했다.[10]

1979년 호메이니Khomeini가 주도한 이슬람 원리주의 혁명의 성공으로 25년간의 팔레비 독재왕정은 종식되었다. 1970년대 말까지만 해도 미국인들은 자국 정부가 이란에서 감행한 비밀공작에 대해서 까맣게 모르고 있었지만, 이란인들은 모사데크의 전복을 모의하고 팔레비의 압제壓制를 지원한 배후세력이 미국이라는 것을 잘 알고 있었다. 원리주의 혁명 후 탄생한 반미정권은 테헤란 주재 미국대사관을 급습하여 미국 외교관들을 납치하는 등 미국에 매우 적대적인 정책을 추진하여 카터Carter 행정부의 가장 큰 골칫거리가 되었고, 그때 형성된 이란과 미국의 적대관계는 오늘날까지 지속되고 있다. 사실 2차대전 이후 독립을 쟁취한 이란에게 자유와 민주주의, 독립의 상징이었던 미국은 선망의 대상이었다. 영국과 프랑스는 노쇠해 가는 제국주의 국가로 인식되었고, 소련식 공산주의는 이슬람 국가 이란에게 너무나 생소했다. 이란인들은 민주주의를 지원하겠다던 미국이 민주정부를 전복시키고 친미 독재정권을 옹립한 행위를 잊지 않고 있다. 미국의 비밀공작 에이잭스는 모사데크 제거라는 단기적인 목표를 달성하는 데는 성공했지만, 궁극적으로 현재 미국을 괴롭히는 이슬람 원리주의자들이 이란을 장악하고 극렬한 반미감정이 발생하는데 결정적 원인을 제공한 셈이다. 클린턴Clinton 행정부의 국무장관이었던 매들린 올브라이트Madeline Albright가 지적했듯이, 미국이 1953년 모사데크 민주정부를 쿠데타로 제거하지 않고 그 후 탄생한 팔레비 독재정권을 지원하지 않았더라면 이란은 터키와 같은 신·정 분리의 민주국가로 발전할 수 있었을 것이고, 중동지역에 팽배한 극단적 반미감정도 발생하지 않았을 것이다. 어떻게 보면 1953년 CIA의 에이잭스는 이슬람 원리주의가 이란에서 득세하는데 씨앗과 같은 역할을 했다고 할 수 있다.

에이잭스의 성공은
피비석세스로 이어지고

●●●●●●●●

에이잭스를 성공리에 마치고 돌아온 루스벨트는 아이젠하워와 덜레스 형제의 열화와 같은 환영을 받는다. 아이젠하워 행정부는 에이잭스의 성공으로 CIA와 비밀공작을 사용해 소위 '제3세계' 국가의 지도자들을

미 대통령 드와이트 D. 아이젠하워가 국무장관 존 포스터 덜레스와 회의하는 모습.
(백악관, 1956년 8월 14일)

미국의 입맛에 맞게 교체할 수 있다는 확신을 가지게 되었다. 1954년 6월 에이잭스를 종료한 지 일 년도 채 되지 않은 시점에 앨런 덜레스 CIA 국장은 새로운 비밀공작에 착수한다. 중앙아메리카의 작은 나라 과테말라의 하코보 아르벤스Jacobo Arbenz 정권을 전복시키는 공작이었다. 비밀공작의 암호명은 '피비석세스(PBSUCCESS)'. 아르벤스는 1951년 민주적으로 치러진 대통령 선거에서 압승을 거두며 집권한 과테말라의 합법적 대통령이었다. 아이젠하워 행정부는 아르벤스를 소련의 사주를 받고 있는 공산주의자로 의심하고 있었지만 그는 소련 공산주의와 아무런 사상적·외교적 유대관계를 갖고 있지 않았고, 소련이나 다른 공산권 국가들로부터도 어떠한 지원도 받고 있지 않았다. 이란의 모사데크와 같이 아르벤스의 주된 관심사는 외세의 개입으로부터 자유로운 독립적인 정치·경제 체제를 확립하는 것이었다. 집권 후 아르벤스는 그동안 외세에 의해 강점당해 온 경제구조를 개혁하기 위해 일련의 조치를 단행하기 시작했다. 우선 토지개혁을 단행하여 대지주와 다국적 기업이 소유하고 있던 사유지를 소작인에게 나누어주려고 했다. 과테말라 전체인구의 2.2%밖에 되지 않는 대지주들이 유효 경작지의 70% 이상을 소유하고 있는 당시 상황을 감안한다면, 아르벤스의 토지개혁은 반드시 필요한 경제개혁 조치 중 하나였다. 문제는 토지개혁 대상에 미국의 다국적 기업 유나이티드 프루트 컴퍼니United Fruit Company: UFC가 포함되어 있었다는 것이다. 아르벤스는 UFC에게 전년도 세금정산 당시 UFC가 책정한 가격으로 UFC가 소유하고 있던 유휴지遊休地를 매도할 것을 권유했다. 하지만 UFC는 전년도 세금정산에 사용한 부동산 가격이 너무 낮게 책정되었다는 이유로 아르벤스의 권유를 거부했다. UFC의 거부의사에도 불구하고 아르벤스 정부는 매도를 강권했고, 이에 UFC는 본국의 아이젠하워 행정부에게 아르벤스 정부를 제거해달라는 로비를 하기 시작했다.

　UFC는 아이젠하워 행정부의 핵심인사들과 특별한 인연을 맺고 있었다. 덜레스 형제는 물론 유엔 주재 미국대사, 영향력 있는 상·하원 의원들과 긴밀한 관계를 형성하고 있었던 것이다. 당시 국무부 차관이었던 월터 베델 스미스는 CIA 국장 시절부터 아르벤스의 제거에 심혈을 기울여 온 인사로 UFC의 이사직을 노리고 있었다. 또한 UFC의 홍보담당 총책 에드먼드 휘트먼Edmund Whitman의 부인은 아이젠하워의 개인 비서

출신이었다. 이러한 연을 이용하여 UFC는 아르벤스를 제거하려는 자신들의 의사를 관철시키려 했다. UFC는 아르벤스의 토지개혁 정책의 부당성을 강조하는 것 외에도, 아르벤스가 소련의 사주를 받고 있어서 미국이 손을 쓰지 않으면 과테말라가 중앙아메리카에서 소련이 공산주의를 전파할 수 있는 전초기지가 될 수 있다고 설득했다. UFC의 로비는 주효했다. 아르벤스 제거를 위한 쿠데타, '피비석세스'의 서막이 오른 것이다.

카를로스 카스티요 아르마스

피비석세스는 크게 두 갈래로 나뉘어 전개되었다. 첫째는 반아르벤스 여론을 조장하여 정권교체의 분위기를 조성하기 위한 선전활동이었다. CIA는 고도의 심리전을 통해 아르벤스가 소련과 밀접한 관계를 유지하고 있는 공산주의자이며 무능한 지도자라는 것을 부각시키려 했다. 이러한 선전활동에는 CIA 외에 미국공보처United States Information Agency: USIA 역시 중요한 역할을 했다. 둘째는 군사적 지원의 준군사행위였다. UFC는 CIA의 준군사행위에 6만 4,000달러가량을 지원한 것으로 알려졌다. CIA는 과테말라의 전직 대령, 카를로스 카스티요 아르마스Carlos Castillo Armas에게 쿠데타의 주역을 맡긴다. 카스티요 아르마스는 미국 캔자스주 소재 육군지휘참모학교에서 군사훈련을 받기도 한 인물로, 반아르벤스 역모를 기획하다 발각되어 과테말라를 탈출하여 미국에 거주하고 있었다. 카스티요 아르마스의 CIA 암호명은 '칼리제리스Calligeris.' CIA의 전폭적인 신임과 지원을 받고 있던 칼리제리스는 과테말라의 이웃나라 온두라스에서 700여 명의 반란군을 훈련시키며 쿠데타를 준비했다. 1954년 6월 27일 CIA의 '고go' 사인을 받은 카스티요 아르마스는 미국대사관 비행기를 타고 수도에 입성해 권력을 장악했다. 아르벤스는 멕시코로 탈출했고, 카스티요 아르마스는 군의 추대를 받아 과테말라의 새로운 대통령이 되었다. 카스티요 아르마스는 집권하자마자 절반 이상의 과테말라 국민들로부터 투표권을 박탈하는 등 정치자유를 억압하기 시작했다. 카스티요 아르마스는 1957년 암살되었지만 과테말라의 독재정치는 계속되었다. 이러한 미국의 비밀공작은 중남미 국가들에 반미감정의 원인을 제공해 주었다.

아이젠하워 행정부는 1950년대 초 CIA의 비밀공작을 이용하여 이란과 과테말라의 합법적인 정부를 전복시키고 미국의 외교정책 기조를 맹목적으로 추종하는 독재정권을 옹립했다. 이란의 모사데크나 과테말라의 아르벤스는 합법적이고 민주적인 절차를 통해 집권한 지도자였다. 훗날 에이잭스와 피비석세스의 실체가 밝혀졌을 때 아이젠하워 행정부의 정책결정권자들은 공산화의 위협을 예방하기 위해서 미국이 개입할 수밖에 없었다고 주장했다. 그러나 당시 이란이나 과테말라가 공산화될 가능성은 매우 희박했다는 것이 정설이다. 이러한 상황에서 미국이 군사력을 동원하여 정권의 전복을 도모했다면 국내외의 반대여론이 만만치 않았을 것이다. CIA의 비밀공작은 아이젠하워 행정부가 이러한 반대여론을 우회해 갈 수 있는 수단을 제공해 주었다. 에이잭스와 피비석세스는 CIA 비밀공작의 모범사례가 되었고, 이들의 성공으로 미국의 대통령들은 저렴한 비용으로 미국의 개입사실을 비밀에 붙이며 다른 나라의 정권을 교체할 수 있다는 확신을 가지게 되었다. 케네디 대통령이 망명한 쿠바인들을 지원하여 쿠바^{Cuba}의 카스트로 정권을 전복하려한 피그스 만 공격은 피비석세스 사례를 벤치마킹했다고 한다. 흥미로운 사실은 이란과 과테말라의 국민들이 모사데크와 아르벤스 정권의 전복에 미국의 CIA가 개입했다는 사실을 비교적 소상히 알고 있었다는 것이다. 하지만 미국 국민들은 1970년대 중반 의회 청문회를 통해 CIA 비밀공작의 실체가 어느 정도 밝혀지기 전까지 이란과 과테말라의 쿠데타에 미국이 개입한 사실을 까맣게 모르고 있었다. 에이잭스와 피비석세스는 아이젠하워 행정부 '최고의 비밀$^{best-kept\ secret}$'이었다.

1 CAB 128/20, Public Record Office
2 Brian Lapping, *End Of Empire* (London, UK: Granada, 1985), p. 264.
3 Kenneth Harris, *Attlee* (London, UK: Weidenfeld and Nicolson, 1995), p. 472.
4 James A. Bill, *The Eagle and the Lion: The Tragedy Of American-Iranian Relations* (New Haven, CT: Yale University Press, 1988), p. 92.
5 FO 371/98703, Public Record Office
6 Transcript of a recorded interview with Loy W. Henderson (December 7, 1964), John Foster Dulles Oral History Project, The Princeton University Library.
7 Kermit Roosevelt, *Countercoup, the Struggle for the Control of Iran* (New York, NY: McGraw-Hill, 1979), p. 3.
8 Mark J. Gasiorowski, "The 1953 Coup D'etat in Iran," *International Journal of Middle East Studies*, 19 (1987), p. 265.
9 Stephen Kinser, *All The Shah's Men: An American Coup and the Roots of Middle East Terror* (Hoboken, N.J.: John Wiley & Sons, Inc., 2003), p. 191.
10 William Blum, *Killing Hope: U.S. Military and CIA Interventions Since World War II* (Monroe, ME: Common Courage Press, 1995), p. 72.

민주주의 확장정책 VS 미국의 국익

케네디 대통령의 비밀전쟁

산토도밍고에 있는 미국과 CIA 요원들이 우리의 민주정부를 전복시키려고 하고 있어!

미국은 도미니카 공화국의 내정에 간섭할 수 없다

1963년 9월 25일. CIA의 지원을 받은 엘리아스 웨신Elias Wessin 대령은 수천 명의 병사를 이끌고 도미니카 공화국Dominican Republic의 수도 산토도밍고Santo Domingo에 위치한 대통령 관저를 급습했다. 1962년 12월 민주선거로 당선된 도미니카 공화국의 대통령 후안 보슈Juan Bosch는 웨신 대령이 이끌던 병사들에게 체포되고, 곧바로 의회는 해산되었다. 보슈는 이웃 국가 푸에르토리코Puerto Rico로 망명길에 오르고, 도미니카

도미니카 공화국 대통령 후안 보슈

공화국에서 CIA의 정보원 노릇을 하던 자동차 판매상 도널드 리드 카브랄Donald Reid Cabral이 공화국의 새로운 지도자로 옹립되었다. 도미니카 공화국의 민주주의 실험은 채 1년도 되지 못해 끝이 나고 말았다.

1965년 9월 30일. 여섯 구의 시체가 인도네시아Indonesia 동東 자카르타Jakarta 지역의 한 우물가에서 발견된다. 의문의 죽음을 당한 그 여섯 명

은 모두 인도네시아의 현역 육군대장으로 밝혀졌으며, 확고한 반공反共주의자였다는 공통점이 있었다. 인도네시아 육군의 실력자 수하르토Suharto 장군은 인도네시아 공산당(PKI)이 이 사건의 배후에 있다고 주장하며 대대적인 공산주의자 토벌작전에 나선다. 이 과정에서 수하르토는 실질적인 권력을 장악했으며, 수카르노Sukarno 대통령은 권좌에서 축출되었다. 이러한 군사 쿠데타의 와중에 수하르토는 공산주의자들을 척결한다는 명목하에 무려 100만 명가량의 인도네시아인을 학살한다. 1967년 3월 12일 쿠데타로 실각한 인도네시아의 독립 영웅 수카르노는 가택연금을 당했고 1970년 69세의 일기로 외롭게 생을 마감한다. 일반적으로 CIA의 비밀공작은 주로 공화당 소속 대통령이 즐겨 사용하던 미국의 외교정책수단이었던 것으로 인식되고 있다. 하지만 1960년대 초 케네디 민주당 행정부는 쿠바 비밀공작(제6장 참조)을 주도했을 뿐 아니라, 도미니카 공화국과 인도네시아에서 발생한 쿠데타에도 적잖은 공헌을 한 것으로 알려져 있다.

위 인도네시아 육군의 실력자 수하르토. 쿠데타로 권력을 장악한 그는 이후 30여 년 동안 인도네시아를 철권통치했다.
아래 인도네시아의 독립 영웅 수카르노 대통령

1961년 1월. 존 F. 케네디^{John F. Kennedy} 대통령은 취임사에서 '진보를 위한 동맹 Alliance for Progress'이라는 새로운 외교정책 슬로건을 내세우며, 자유민주주의와 시장경제제도의 확산이 민주당 행정부의 새로운 외교정책의 근간이 될 것이라 천명했다. 전임 아이젠하워의 공화당 행정부는 제3세계 국가의 중립주의 외교노선을 친(親)공산주의 노선과 동일시했던 경향이 있었다. 이란과 과테말라에서 중립주의 외교노선을 표방하던 모사데크와 아르벤스 정부를 친공세력으로 간주하고, CIA 비밀공작으로 이들 정부를 전복시켰다(제2장 참조). 이러한 강경 일변도의 외

미국 제25대 대통령 존 F. 케네디

교정책과는 달리 케네디는 제3세계 국가의 중립주의 외교노선에 보다 관용적인 시각을 가지고 대할 것이며, 대신 이들 국가의 정치·경제적 발전을 유도하는데 외교정책의 초점을 맞출 것임을 피력했다. 실제로 보슈와 수카르노가 민주적인 절차로 도미니카 공화국과 인도네시아의 대통령에 당선되어 집권하자, 케네디 대통령은 이들 정부에 대한 적극적인 지지의사를 표명하기도 했다. 하지만 케네디 행정부는 얼마 지나지 않아 CIA의 비선(秘線)을 가동하여 이들 정부를 무력화시키는 정책으로 선회한다. 케네디 행정부가 이들 정부에 대한 지원을 철회하고 비밀스

런 방법으로 보슈와 수카르노를 무력화시키게 된 동기는 무엇일까? 케네디 대통령의 비밀공작은 보슈와 수카르노를 어떻게 제거할 수 있었을까? 우선 도미니카 공화국의 사례부터 살펴보기로 하자.

'진보를 위한 동맹'과 민주주의 확장정책

도미니카 공화국은 카리브 해Caribbean Sea 연안의 작은 도서島嶼국가다. 케네디 행정부는 무슨 이유로 이 작은 나라의 대통령 후안 보슈를 암암리에 제거하려 했을까? 미국이 도미니카 공화국에 관심을 가지게 된 이유를 살펴보기 위해서는 19세기 말로 시간을 거슬러 올라가야 한다. 에스파냐와의 전쟁에서 승리를 거둔 미국은 전리품으로 파나마Panama 운하의 관할권을 차지하게 된다. 파나마의 지협을 가로질러 태평양과 대서양을 연결하는 길이 82km의 파나마 운하는 미국의 중요한 전략적 요충지였다. 미국은 파나마 운하를 효율적으로 관할하기 위해서는 카리브 해 연안 국가들을 미국의 통제하에 두는 것이 필요하다고 판단했다. 이 지역의 지정학적 중요성을 최초로 강조한 인물은 미 해군함장 출신 앨프리드 세이어 머핸Alfred Thayer Mahan이었다. 머핸을 위시한 당시의 전략가들은 카리브 해 연안 국가들 중 도미니카 공화국이 지정학적 관점에서 가장 중요한 나라라고 인식하고 있었다. 도미니카 공화국은 카리브 해로 진입할 때 통과해야 하는 관문이고, 지리적으로도 파나마 운하와 매우 근접해 있다(지도 참조). 이러한 이유로 도미니카 공화국의 지정학적 가치는 냉전 시대에도 높게 평가 받고 있었다.

미국이 도미니카 공화국에 관심을 가지게 된 데에는 이러한 지정학적 가치 이외에도 미국의 상업적 이익에 대한 배려도 크게 작용했다. 19세기 말부터 미국은 카리브 해 지역 국가들, 특히 도미니카 공화국의 경제적 패권을 장악하고 있었다. 미국의 기업과 투자자들은 카리브 해 국가들을 대상으로 본격적인 투자를 시작했고, 특히 20세기 초 태프트

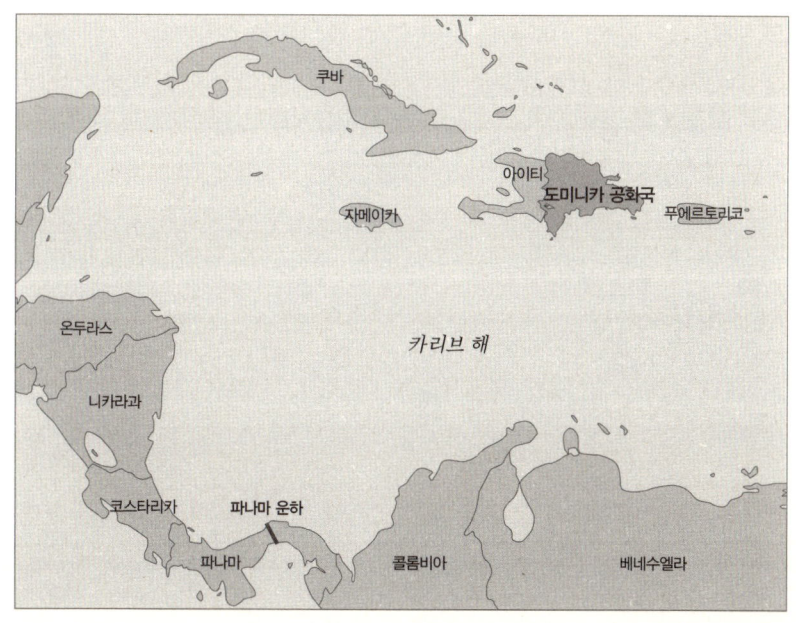

도미니카 공화국

Taft 행정부가 도미니카 공화국에서 미국의 관세 징수권을 관철시킨 후 미국의 기업들은 이 지역에서 커다란 상업적 혜택을 누려왔었다. 프랑스·독일·영국 등 유럽시장으로 수출되던 도미니카 공화국산 담배·카카오·설탕 등이 미국으로 헐값에 판매되기 시작했다. 특히 미국의 제당製糖회사는 도미니카 공화국의 은행과 교통수단을 장악했음은 물론, 공동소유의 토지를 헐값에 매입하여 부당한 이익을 취하고 있었다. 19세기 말부터 미국이 추진해온 도미니카 공화국 정책의 주안점은 '안정과 질서'의 유지였다. 이 지역에 진출해있는 미국의 기업이 활동하기 좋은 경제 환경을 조성하고 외세개입의 여지를 차단하기 위해서는 도미니카 공화국의 안정과 질서가 선결조건이었기 때문이었다. 미국은 냉전의 국제질서가 도래한 이후에도 자국 기업에게 우호적인 기업환경을 제공하고 공산세력의 침투를 예방하기 위해 안정과 질서를 강조하며 미국에 우호적인 독재정권을 지원했다.

트루히요의 등장과 몰락

1916년 계속되는 폭동으로 인해 도미니카 공화국의 혼란이 지속되자 윌슨Wilson 대통령은 해군을 파병하기에 이르렀고, 그 후 미군은 8년 동안 공화국에 주둔하면서 실질적인 통치를 책임지게 되었다. 하지만 미국의 개입정책은 1933년 프랭클린 루스벨트의 취임과 동시에 변화하기 시작했다. 루스벨트는 '우호적 이웃국가 정책Good Neighbor Policy'을 공표하며 더 이상 미국은 중남미 이웃국가들의 내정에 개입하지 않겠다는 입장을 천명했다. 이러한 정책변화의 상징으로 도미니카 공화국에 주둔한 미군이 철수하면서 도미니카 공화국의 군대 및 경찰 관할권을 라파엘 트루히요Rafael Trujillo 장군에게 위임했다. 트루히요는 미국의 지원을 등에 업고 도미니카 공화국의 정치권력을 서서히 장악해 나

도미니카 공화국 전 대통령 라파엘 트루히요. 트루히요 독재정권이 저지른 온갖 만행은 국제사회의 지탄의 대상이 되었다.

갔다. 30년 이상 지속된 트루히요 독재정권은 당시 제3세계 국가에서 흔히 목격할 수 있었던 독재정권의 유형 중 최악의 케이스로 역사는 평가하고 있다. 트루히요에 반대하는 인사들은 실종되거나 피살당하고 국부國富의 대부분은 트루히요 일가가 장악했다. 하지만 미국은 이 기간 동안 트루히요의 범죄행위를 묵인했을 뿐 아니라 사실상 트루히요가 권력기반을 강화하고 폭정을 이어가는데 일조했다. 루스벨트 대통령이 니카라과의 독재자 소모사Somoza를 빗대어 "비록 개자식이지만 (미국의 정책을 충실히 따르는) 미국의 개자식"이라고 말했는데, 트루히요 역시 소모사와 마찬가지였다.

하지만 케네디는 대통령이 되기 전부터 이미 트루히요에 대한 미국의 지지를 철회해야 한다고 판단하고 있었다. 트루히요 독재정권이 저지른 온갖 만행이 국제사회의 지탄의 대상이 되면서, 트루히요는 그의 후견국가 역할을 하던 미국에게 커다란 부담으로 작용하게 되었다. 더군다나 1959년 미국이 지원한 쿠바의 바티스타^{Batista} 우익 독재정권이 카스트로 공산주의 혁명으로 무너지는 것을 목격한 케네디는, 부패하고 무능한 제3세계 국가의 독재자들을 단지 미국의 반공주의 외교노선을 맹목적으로 추종한다는 이유만으로 묶인·지원하는 정책은 오히려 대다수 민중이 동참하는 공산주의 혁명의 발발과 같은 부작용을 일으킬 수 있다고 믿게 되었다. 30년 넘게 지속되었던 도미니카의 독재정권은 1961년 5월 트루히요가 암살되면서 종지부를 찍었다. 트루히요의 암살은 그의 정적들이 계획하고 실행한 것으로 알려져 있으나, 1990년대 초 공개된 CIA의 내부 문건에 의하면 이들에게 암살에 필요한 무기를 제공하는 등 CIA가 상당히 중요한 역할을 했다고 한다.[1]

민주주의 확장정책과
냉전시대의 국익

"우리는 중남미의 모든 국가들이 적절한 생활수준을 영위하고 자유를
누릴 수 있도록 지원하겠다!"

1961년 '진보를 위한 동맹' 정책을 선언한 케네디 대통령 연설의 일부이다. 진보를 위한 동맹은 미국의 적극적인 경제원조정책을 통해 중남미 국가들의 경제발전을 유도하고 민주주의 정치발전을 지원한다는 것이었다. 마침 트루히요 독재정권이 사라진 도미니카 공화국은 곧 중남미를 대상으로 한 케네디의 민주주의 확산정책('진보를 위한 동맹')의 시연장試演場으로 간주되었다. 케네디 행정부는 도미니카 공화국이 자유주의 정치제도와 시장경제에 기초를 둔 민주주의 국가로 거듭날 수 있도록 적극적으로 지원할 것을 약속했으며, 실제로 도미니카 공화국의 민주화 과정에 적지 않은 도움을 주었다. 트루히요가 암살당한 후 도미니카가 다시 군부독재로 회귀하는 것을 예방하기 위하여 민간인 지도자들로 구성된 임시정부를 수립하도록 조치를 취했고, 선거가 민주적이고 자유로운 분위기 속에서 치러질 수 있도록 행정적·경제적 지원을 아끼지 않았다. 초기 케네디의 정책이 도미니카의 민주화에 큰 기여를 한 것은 사실이다.

1962년 12월 20일. 국제기구가 파견한 참관인들의 감시하에 도미니카 공화국 역사상 최초로 민주적이고 공정한 선거를 치렀다. 도미니카 공화국 국민들이 보슈에게 보낸 지지는 압도적이었다. 보슈는 60%에 육박하는 득표율로 30% 득표에 그친 트루히요 정파의 후보 피아요[Fiallo]에게 압승을 거두며 대통령에 당선되었다. 보슈의 정당은 27명의 상원 중 22명의 당선자를 내었고, 하원에서도 3분의 2가량의 의석을 확보했다. 케네디 행정부는 도미니카 공화국에서 치러진 민주선거를 '동맹을 위한 진보' 정책의 쾌거로 해석했고, 보슈 행정부의 민주주의 개혁정책을 적극 지지하겠다는 의사를 표명했다. 하지만 안타깝게도 보슈 정부는 출범 후 채 1년도 지나지 않아 1963년 9월 발생한 쿠데타로 전복되고 만다. 케네디 행정부는 쿠데타를 비난하고 쿠데타로 등장한 카브랄 군사정부를 도미니카 공화국의 합법적인 정부로 인정하지 않았다. 하지만 이러한 공식적인 입장과는 달리 케네디 행정부는 CIA 비밀공작을 통해 보슈 정부의 전복을 암암리에 도모하고 있었다. 케네디가 민주주의 지원정책을 포기하고 보슈를 제거하는 정책으로 선회한 이유는 과연 무엇일까? 또한 굳이 CIA 비밀공작을 이용해 보슈를 제거하려고 한 이유는 무엇일까?

보슈는 도미니카 공화국이 트루히요 독재정권 시기와 마찬가지로 미국의 예속국가로 전락하지 않고 자주적인 민주국가로 거듭나기 위해서는 기존의 정치·경제 제도를 획기적으로 개혁해야 한다고 판단하고 있었다. 대통령 취임 후 보슈는 그가 계획했던 일련의 개혁정책을 본격적으로 추진하기 시작한다. 새로운 헌법을 반포하여 공산당을 포함한 모든 정파의 정치활동을 인정했고, 노동자의 권익을 향상시키기 위하여 노조활동을 허용했으며, 여성과 어린이 등 사회적 약자 층을 보호하기 위한 법안을 제정했다. 보슈가 추진했던 정책의 철학적 토대는 어떻게 보면 케네디가 추진했던 1960년대 미국의 '인권운동Civil Rights Movement'에 반영된 이념과 매우 흡사했다고 할 수 있다. MIT대학의 언어학 교수 놈 촘스키Noam Chomsky가 지적했듯이 "보슈는 케네디와 비슷한 정치적 철학을 가진 진보적 성향의 정치인이었다."[2] 특히 보슈는 정부의 공권력 남용을 민주주의의 최대의 적으로 생각하고 있었다. 실제로 보슈 집권기간 동안 법을 초월한 공권력 행사는 한 건도 발생하지 않았다.

보슈는 탈법적 요소가 없는 한 공산주의자들을 포함한 모든 정파의 정치활동을 허용했다. 이러한 결정은 법치주의에 대한 보슈의 신념을 반영하고 있었다. 보슈는 공산주의자들의 활동을 금지하고 탄압하는 정책은 오히려 공산주의의 뿌리를 강하게 만들어 공산주의 혁명의 원인으로 작용할 수 있다는 판단을 하고 있었다. 보슈는 반공주의자였고 자유민주주의를 신봉하는 학자 출신의 정치인이었다. 하지만 공산당을 포용하는 보슈의 개혁정책은 차츰 케네디 행정부의 우려를 자아내기 시작했다. 지정학적으로 중요한 도미니카 공화국이 보슈의 정책 때문에 공산화될 수도 있다고 생각하기 시작한 것이다. 보슈의 경제정책도 케네디 행정부의 눈살을 찌푸리게 했다. 보슈는 소수의 부자들이 소유하고 있던 토지의 공유화를 골자로 하는 토지개혁을 단행했고, 일부 사기업을 국유화했다. 가난한 이들에게는 적은 임대료를 받고 주택을 임대해주는 등 소수 기득권 계층의 이익보다는 대중의 필요에 부합하는 공공사업을 추진했다. 이러한 정책은 카리브 해 지역에서 활동하고 있던 미국 기업들의 이익을 위협하게 되었다. 도미니카 공화국은 미국에게 중요한 설탕 공급지로, 케네디 행정부는 미국에 유리한 설탕 쿼터 Quota*를 확보하기 위해 적잖은 노력을 기울이고 있었다. 그러나 보슈는 트루히요 암살 후 수립된 과도정부가 미국 기업과 체결한 설탕수입에 관한 협정**의 불공정성을 비난하며 새로운 협상을 요구했다. 미국 자

---

* 수출입 등에 공식적으로 허용되는 할당량

본의 무분별한 유입에 일정한 제약을 가하려고 한 것이다. 이러한 정책 때문에 미국 기업이 도미니카 공화국에서 추진하려던 사업계획은 심각한 차질을 빚게 되었다. 공산당의 활동을 허용한 보슈의 정책은 미국의 지정학적 안보이익을 위협하는 것으로 인식되었고, 국가 기간산업의 국유화와 토지 공개념을 기초로 하는 국토개발정책 등은 미국이 이 지역에서 누리고 있던 경제적 이익을 위협하는 행위로 해석되기 시작되었다. 케네디가 도미니카 공화국에서 민주주의 지지정책을 철회하게 된 이유는 역설적으로 보슈의 민주주의가 '지나치게' 민주적이었기 때문이다.

여론과 비밀공작

••••

결국 케네디는 미국의 국익에 부담으로 작용하게 된 보슈를 제거하기로 한다. 그런데 굳이 CIA를 동원하여 비밀리에 보슈를 제거하려 한 이유는 무엇이었을까? 무엇보다도 '진보를 위한 동맹' 정책의 시연장이였던 도미니카 공화국에서 보슈 민주정부에 대한 지지를 공식 철회하

** 미국 기업은 과도정부와 도미니카 공화국에 대규모 정제소를 건설한다는 이른바 '에소 계약Esso Contract'을 이미 체결한 상태였다.

고 공공연한 방법으로 정권교체를 추진하는 것은 케네디에게 정치적으로 큰 부담이 되었을 것이다. 당시 미국의 여론은 케네디의 민주주의 전파정책과 보슈 민주정부를 매우 긍정적으로 평가하고 있었다. 그러한 평가의 가장 큰 이유는 보슈 정부가 자유민주주의 원칙에 입각하여 수립되었다는데 있었다. 트루히요 독재정권의 만행에 환멸을 느끼고 있었던 미국 내 여론 주도세력들은 도미니카 공화국의 민주화 과정에 전폭적인 지지를 보내고 있었고, 1962년 치러진 민주적 선거와 보슈 대통령의 당선을 '진보를 위한 동맹'의 가시적 성과로 평가하고 있었다. 당시 미국의 주요 언론매체들의 논조와 보도태도를 살펴보면 이러한 여론의 흐름을 알 수 있다. 예를 들어《뉴욕 타임스》는 사설에서 다음과 같이 주장했다. "보슈 대통령의 민주화운동과 개혁정책은 공정한 기회가 주어지면 성공할 수 있을 것이며, 도미니카 공화국의 민주화 과정은 중남미에서도 시장경제를 바탕으로 하는 자유민주주의가 성공할 수 있다는 선례가 될 수 있다(1962년 12월 27일)."《워싱턴 포스트》역시 케네디 행정부가 보슈의 민주화 과정이 성공할 수 있도록 전폭적인 지지를 보내야 할 것이라 주장했다(1962년 12월 25일). 이러한 미국의 초기 여론은 보슈가 공산주의에 지나치게 관대하다는 시각이 대두되면서 점점 악화되기 시작한다. 일부 언론매체들은 보슈를 '교수 출신의 맹목적 이상주의자 starry-eyed idealist professor'라고 묘사했으며, 민주주의 원칙에 대한 보슈의 집착은 카스트로와 같은 공산주의 세력이 도미니카 공화국에 뿌리내릴 수 있는 토양을 만들어 줄 수 있다고 경고했다. 특히《시카고 트리뷴 Chicago Tribune》은 "만약 보슈 대통령의 개혁정책이 계속된다면 도미니카 공화국이 공산화될 날도 그리 멀지 않았다"(1963년 7월 12일)고 주장하는 등, 보슈를 비난하는데 앞장서고 있었다.

그러나 한 가지 확실한 사실은 이러한 비판적인 시각의 등장에도 불구하고, '진보를 위한 동맹'에 반영된 정신에 입각하여 도미니카 공화국 민주정부와 보슈의 정책을 계속 지지해야 한다는 것이 미국 여론의 지배적인 흐름이었고, 이러한 흐름이 보슈가 쿠데타로 실각할 때까지 지속되었다는 것이다. 미국 의회도 보슈에 대해 전반적으로 우호적인 시각을 가지고 있었다. 특히 당시 상원의원이었던 휴버트 험프리Hubert Humphrey*는 '진보를 위한 동맹'과 보슈 정부에 적극적인 지지를 보내고 있었다. 보슈 집권 말기 도미니카 공화국에 군사 쿠데타의 조짐이 보이자, 대부분의 미국 언론매체들은 군의 정치개입 움직임을 비판하기 시작했다. 당시 맥스 프리드먼Max Freedman과 태드 슐츠Tad Szulc와 같은 영향력 있는 칼럼니스트들은 보슈 정부와 '동맹을 위한 진보'를 지지하는 사설과 칼럼을 《워싱턴 포스트》와 《뉴욕 타임스》에 기고했다. 결국 군사 쿠데타가 발생하고 보슈가 실각하자 미국의 여론은 케네디 정부가 군사 쿠데타로 중단된 도미니카 공화국의 민주적 헌정 질서를 회복하고 보슈가 복권할 수 있도록 외교역량을 집중해야 한다고 촉구했다.

쿠데타 발생 사흘 후 《뉴욕 타임스》에 실린 사설은 이러한 여론을 대변하고 있다. "1963년 2월 실시된 도미니카 공화국의 민주선거는 30년

---

* 존슨 행정부 시절 부통령을 역임했고 1968년 대통령 선거에서는 민주당의 대통령 후보로 출마해 공화당 리처드 닉슨에게 패배했다.

넘게 자행되어 왔던 포악한 전제정치의 막을 내리는 계기가 되었고, 이 선거로 탄생한 보슈 정부는 중남미의 희망이자 자유민주주의의 상징이었다. 군은 보슈가 공산주의자였다는 근거 없는 주장을 하고 있다. 쿠데타는 중남미의 민주화운동과 케네디의 '진보를 위한 동맹' 정책에 결정적인 타격을 가한 사건이다(1963년 9월 28일)." 《크리스천 사이언스 모니터Christian Science Monitor》와 《유에스에이 투데이USA Today》 같은 신문의 논조도 이와 다르지 않았다. 언론매체뿐 아니라 어니스트 그루닝Ernest Gruening, 스티븐 영Stephen Young, 프랭크 처치Frank Church 상원의원 등, 다수의 미국 의회 지도자들도 케네디 행정부가 군사적 개입의 위험을 감수하고라도 보슈를 복권시키고 민주주의를 복원하는데 도움을 주어야 한다고 주장했다.

도미니카 비밀공작의 실체

케네디 행정부가 도미니카 공화국의 초기 민주화 과정에 결정적 기여를 했다는 것은 주지의 사실이다. 트루히요 암살 정국의 혼돈 속에서 과도정부를 수립하여 군사정부의 재등장을 예방하고, 과도정부가 평화적으로 정권을 이양할 수 있도록 압력을 행사했다. 하지만 케네디는 보슈 정부의 '지나친' 민주주의가 미국의 국익에 해가 될 수 있다는 판단을 한 후로는 보슈에 대한 지지를 점진적으로 철회하기 시작한다. 보슈 집권 초기 의욕적으로 추진되었던 지원정책들이 하나둘씩 중단되기 시작했다. 이러한 정책의 변화는 국내외 여론을 의식하여 조용히 추진되었다. 보슈 집권 말기에는 미국의 도미니카 공화국 원조정책이 모두 중단되어 버렸다. 당시 도미니카 공화국 주재 미국대사를 역임했던 존 바틀로 마틴^{John Bartlow Martin}이 회고록에서 술회하고 있듯이, "원조의 중단은 케네디가 보슈 정권 지원정책을 철회했음을 시사"했다.[3] 케네디 행정부는 겉으로는 보슈 집권 말기까지 도미니카 공화국의 민주주의를 지지하고 보슈 정부를 지원하는 것이 미국의 정책이라는 공식적인 입장을 계속 견지하고 있었다. 하지만 보슈를 제거하기 위한 CIA의 비밀공작은 이미 소리 없이 진행되고 있었다.

우선 CIA는 보슈의 정치적 입지를 약화시키기 위한 선전활동을 시작했다. CIA는 보슈가 공산주의자들과 결탁하고 있다는 보고서를 작성하여 미국의 언론에 유출시켜 미국 내 보슈 반대 여론을 조성하는데 큰 역할을 했다. 보슈를 비난하는 일부 미국의 신문기사의 배후에는 CIA가 있었다. 예를 들어 핼 헨드릭스^{Hal Hendrix}라는 기자가 《마이애미 뉴스^{Miami News}》에 보슈 때문에 도미니카 공화국이 급속히 공산화되고 있다는 기사를 여러 차례 게재한 적이 있는데, 나중에 헨드릭스는 CIA 요원인 것으로 드러났다. CIA 선전활동은 미국에서뿐 아니라 도미니카 공화국 내에서도 보슈에 반대하는 여론을 조성하는데 결정적인 기여를 했다. 도미니카 공화국의 일부 언론이 보슈를 공산주의자로 매도한 배후에는 어김없이 CIA가 있었다. CIA는 선전활동 외에도 다양한 방법으로 보슈를 괴롭혔다. 특히 CIA가 조직하고 배후에서 조종하고 있던 '콘트랄 Contral'이라는 도미니카의 노동조합은 조직적인 파업을 일삼아 경제 불안을 증폭시키는데 결정적인 역할을 했다. CIA는 콘트랄을 통해 보슈가 도미니카 노동자 계급에 가지고 있던 영향력을 감소시켰고, 통합된 노조 결성을 희망하던 보슈의 정책을 무력화시켰다. 콘트랄은 쿠데타가 발발하기 며칠 전 '도미니카 공화국을 공산주의자로부터 수호해야 한다'는 내용의 광고를 주요 현지 신문에 게재하여, 군사 쿠데타를 정당화하는데 기여하기도 했다. CIA 외에도 미국노총American Federation of Labor and Congress of Industrial Organization: AFL-CIO이 1962년 조직한 '미국자유노동발전연구소American Institute for Free Labour Development: AIFLD'는 콘트랄의 배후에서 적잖은 재정적 기여를 하는 등 상당히 중요한 역할을 하고 있었다.

아울러 CIA는 도미니카 공화국 내 극우파 군 장성들과 긴밀한 관계를 형성해 나가기 시작했다. 보슈 정부에 대한 미국의 공식적인 차관과 원조는 점진적으로 중단되었지만, 군부의 실세들에게는 비공식 채널을 통해 현금과 군사물자가 전폭적으로 지원되었다. CIA가 1963년 쿠데타를 직접 계획하고 진두지휘했다는 결정적 단서는 찾기 어렵다. 하지만 CIA가 쿠데타가 발생할 수 있는 여건을 마련하고 쿠데타 주도세력을 암암리에 지원하고 있었다는 사실을 확인하는 것은 그리 어렵지 않다. 당시 도미니카 공화국 주재 미국대사 마틴은 보슈를 제거할 수 있는 다양한 계획을 검토한 CIA 보고서를 여러 번 목격할 수 있었다. 보슈 역시 자신을 제거하기 위한 CIA의 비밀공작이 진지하게 진행되고 있음을 감지하고 있었다. 보슈는 마틴에게 말했다.

미국 제36대 대통령 린든 존슨

"산토도밍고에 있는 자네 나라의 군인들과 CIA 요원들이 우리의 민주정부를 전복시키려고 하고 있다네!"⁴

당시 산토도밍고의 거리에는 CIA가 보슈를 제거하려 한다는 소문이 파다하게 퍼져 있었다. 반면 마틴 대사는 여러 가지 결함에도 불구하고 케네디가 보슈를 끝까지 지켜주어야 한다는 생각을 하고 있었다. CIA의 보슈 제거설이 돌자 마틴은 딘 러스크Dean Rusk 국무장관에게 케네디 행정부는 보슈 정부와 도미니카 공화국의 민주주의를 지지한다는 내용의 성명서를 작성, 발표할 것을 공식 요청했다. 하지만 러스크 국무장관은 마틴의 제안에 무응답으로 일관했다. 러스크의 태도는 케네디 행정부가 이미 보슈에 대한 지지를 철회하고 보슈 정권의 교체를 위한 비밀공작에 착수했다는 사실을 시사해준다. 미국과 도미니카 공화국의 역학관계를 고려했을 때 당시 도미니카 군부가 케네디 행정부의 협조나 사전 동의 없이 쿠데타를 감행한다는 것은 불가능했다. 《타임》의 한 기자의 말대로 "도미니카의 쿠데타는 미

국의 윙크^{Wink}를 받은 후" 감행되었다.⁵

　미국산 첨단 무기로 무장한 웨신의 반란군 앞에서 보슈 정부는 이렇다 할 저항도 없이 정권을 내줄 수밖에 없었다. 보슈는 체포된 후 푸에르토리코로 망명길에 오르고, CIA의 하수인 카브랄이 주도하는 군사독재가 시작되었다. 보슈는 민주주의 복원을 위해 미국의 도움을 간절히 요청했지만, 케네디 행정부는 "미국은 도미니카 공화국의 내정에 간섭할 수 없다"는 국무부 성명을 통해 이러한 요청을 묵살했다. 케네디는 외교적 파장을 고려하여 카브랄 군사정부를 도미니카 공화국의 합법적 정부로 인정하지는 않았지만, 보슈의 복권과 민주주의 회복을 위한 어떠한 노력도 보여주지 않았다. 케네디가 암살당한 후 대통령직을 승계한 린든 존슨은 결국 1964년 12월, 도미니카 공화국의 카브랄 군사정권과 공식적인 외교관계를 수립했다. 그러나 보슈와 그를 지지하던 민주세력도 가만히 당하고만 있지는 않았다. 쿠데타로 실각한 지 1년 7개월 만에 보슈는 군사정권 타도와 민주주의 회복의 기치를 내걸고 혁명을 일으켰다. 이 입헌주의^{constitutionalist} 혁명은 국민들의 적극적인 지원과 참여로 민중봉기의 성격을 띠고 있었다. 혁명 주도세력의 대부분은 노동자 계급이었으나 중산층의 폭넓은 지지도 받고 있었다. 대규모 민중봉기에 카브랄 정권의 운명도 풍전등화인 것처럼 보였다.

　하지만 혁명의 성공으로 보슈가 복권할 것을 우려한 존슨 행정부는 미국의 해병과 공수부대를 파견하여 혁명을 진압했다. '내정간섭'이라며 쿠데타에 개입하지 않은 1963년 케네디의 결정과 너무나 상반된 상황이었다. 존슨의 군사작전은 성공리에 끝이 났고, 보슈의 입헌주의 혁명은 무위로 돌아갔다. 이 와중에 2,000명 정도의 무고한 도미니카 국민이 희생되었다. 존슨은 군사행동을 정당화하기 위해 공산주의자들이 혁명을 주도했다고 주장했지만, 실제로 혁명에 가담한 수많은 사람들 중 공산주의자로 활동한 경력이 있는 사람은 극소수였다. 혁명 진압 후 도미니카 공화국에는 민심을 잃은 카브랄 대신 호아킨 발라게르$^{Joaquin\ Balaguer}$ 친미 독재정권이 수립되어 12년간 통치한다. 혁명진압은 공산주의로부터 민주주의를 수호하기 위하여 내린 조치라는 것이 존슨 행정부의 변명이었다. 하지만《뉴스위크^{Newsweek}》의 한 기사가 지적했듯이, "민주주의를 공산주의로부터 수호하려는 미국의 노력은 도미니카 공화국의 민주주의를 말살하는 결과를 초래하고 말았다(1963년 10월 7일)." 합법적 민주정부를 전복시키고 미국의 하수인 노릇을 하는 독재정권을 지원한 미국의 비밀공작은 단기적 정책목표 달성에는 성공했을지 모르나, 중남미의 반미감정을 악화시키는 단초를 제공했다.

　케네디의 비밀공작은 중미의 작은 도서국가 도미니카 공화국뿐 아니라 아시아에서도 친미 독재정부 수립에 결정적 기여를 한다. 당시 아시아에서 미국의 초미의 관심사는 베트남 전쟁이었다. 1960년대 미국의 베트남 군사개입은 일반에 잘 알려져 있으나, 인도네시아에는 어떻게 개입하였고 어떠한 결과를 초래했는지는 철저히 비밀에 부쳐져 있다. 인도네시아의 친미 수하르토 독재정권의 탄생에 미국의 비밀공작이 어떠한 기여를 했는지 알아보자.

인도네시아와 미국의
지정학적 이익

● ● ● ● ● ●

태평양과 인도양이 만나는 지점에 위치하고 있는 인도네시아는 세계에서 가장 큰 도서국가다. 동남아시아는 지리적으로 인도차이나Indo-China 반도와 말레이Malay 제도 두 권역으로 나뉜다.* 냉전 당시 동남아시아는 미국에게 전략적으로 중요한 지역이었다. 그중 인도네시아는 미국 본토와 동맹국들에게 석유를 수송·공급하는 유조선과 미국의 군함이 자유롭게 회항回航할 수 있는 해상교통로에 위치하고 있었다. 또한 당시 인도네시아는 세계에서 다섯 번째로 인구가 많은 나라였다. 이러한 지정학적 위치와 나라의 크기 때문에 인도네시아는 동남아시아 국가 중에서도 전략적으로 매우 중요한 지역으로 간주되고 있었다. 1960년대 미국이 아시아 지역에서 베트남 다음으로 많은 시간과 에너지를 투입한 국가가 인도네시아였을 것이다. 미국의 급선무는 인도네시아가 공산주의자들의 손아귀에 넘어가는 것을 방지하는 것이었다. 미 합동참모본부(JCS)가 로버트 맥나마라Robert McNamara 국방장관에게 제출한 보고서에서 지적했듯이, 인도네시아가 공산화되면 말레이시아와 필리핀 같은 주변 국가들도 공산화의 위험에 노출되고, 오스트레일리아와 뉴질랜드

---

* 인도차이나 반도에는 베트남·타이·라오스·캄보디아·미얀마 등, 말레이 제도에는 필리핀·말레이시아·싱가포르·인도네시아와 같은 나라들이 위치하고 있다.

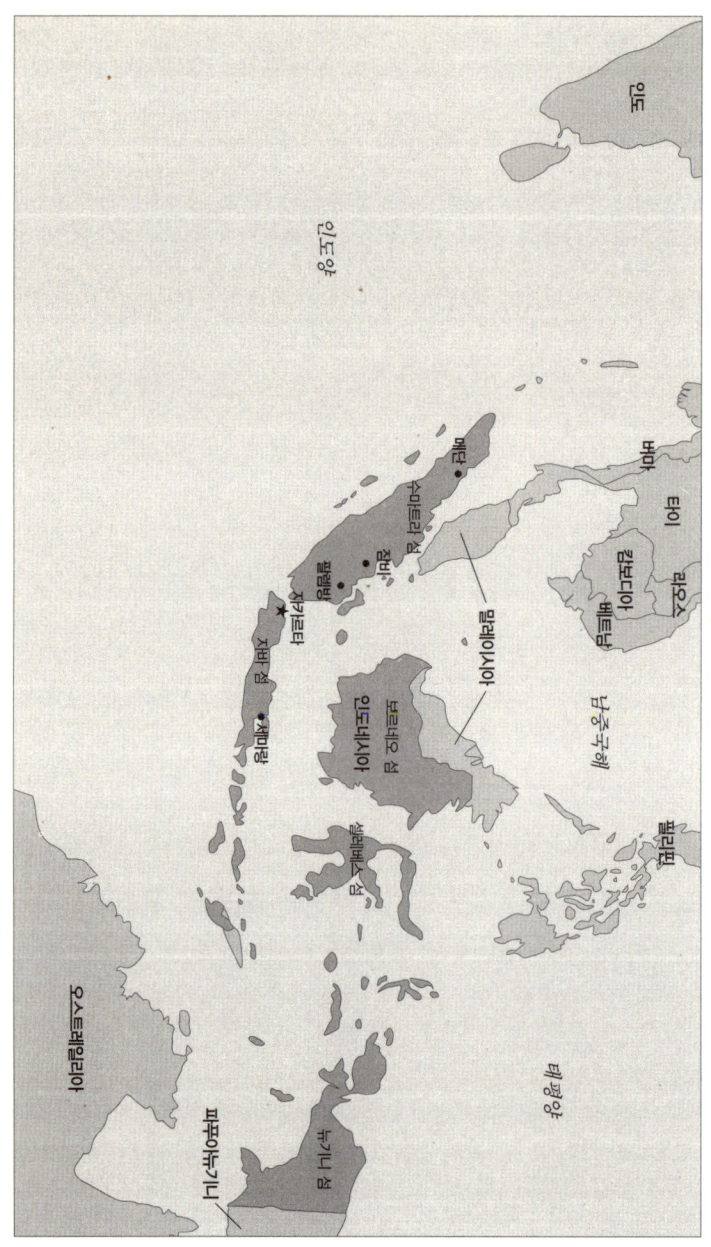

인도네시아

는 자유세계로부터 고립될 수 있었기 때문이다.6 이러한 지정학적 가치 외에도 인도네시아는 미국에게 경제적으로도 매우 중요한 국가였다. 인도네시아는 석유·주석·고무와 같은 천연자원의 보고寶庫였고, 2차 대전이 끝날 즈음 이미 미국의 기업들이 인도네시아에 대거 진출하여 석유 및 고무 사업에 대규모 투자를 시작했다. 그 결과 전후 인도네시아의 석유 및 고무공장은 대부분 미국 기업의 손으로 넘어갔다. 1940년대 초 미국이 소비하는 15개 천연자원 중 절반 이상을 인도네시아 수입원에 의존하고 있었다.

수카르노는 네덜란드로부터 인도네시아의 독립을 쟁취해낸 민족 영웅이자 인도네시아 국민의 아버지 같은 인물이었다. 수카르노는 1945년 인도네시아의 초대 대통령으로 추대되었다. 그는 집권 초기 인도네시아 공산당(PKI)이 주도하던 토지개혁운동을 저지하는 정책을 추진했고, 이로 인해 미국은 초기 수카르노 정부에 대해서 상당히 우호적인 시각을 가지고 있었다. 그러나 수카르노는 곧 비동맹 중립주의 외교노선을 표방하여 아이젠하워의 심기를 불편하게 하기 시작했다. 더군다나 군부를 견제하고 자신의 정치기반을 다져나가기 위해 PKI와 정치적 협력관계를 유지하기도 했다. 물론 수카르노는 공산주의자가 아니었다. 하지만 수카르노의 비동맹 중립주의 외교노선과 PKI와의 정치적 협력관계는 아이젠하워 행정부로 하여금 인도네시아가 공산화되지 않을까 하는 우려를 자아내게 했다. PKI는 당시 인도네시아의 정당 중 가장 큰 영향력을 가지고 있었고, 세계적으로는 소련과 중국 공산당 다음으로 규모가 큰 공산주의 정당이었다. 그만큼 PKI는 인도네시아 국민들의 전폭적인 지지를 받고 있었다. 만약에 세계에서 다섯 번째로 인구가 많은 나라인 인도네시아가 공산화 된다면 미국은 1949년 중국의 공산화를 예방하지 못했을 때만큼의 큰 타격을 받을 수 있었다.

수카르노가 독자행보를 고집하고 PKI의 세가 커지면서 아이젠하워 행정부의 고민은 깊어갔다. 1950년대 중반부터는 인도네시아에 진출한 미국의 기업들도 수난을 받기 시작했다. 특히 소작농들과 저임금 노동자들이 미국 기업이 소유하고 있는 석유공장과 고무농장을 공격, 강탈하는 사건이 자주 발생했다. 하지만 수카르노는 이러한 사태에 미온적으로 대처하고 있었다. 1963년 미국의 석유회사와 인도네시아의 석유협상이 결렬되자 수카르노는 미국의 석유회사를 국유화할 것이라고 으름장을 놓았다. 미국 기업들은 짐을 싸고 인도네시아를 떠날 준비를 하기에 이르렀다. 한때 미국의 친구로 여겨졌던 수카르노는 아이젠하워 행정부의 눈엣가시와 같은 존재가 되어버렸다. 아이젠하워는 이러한 수카르노를 제거할 방법을 모색하기 시작했다.

1955년은 인도네시아에서 선거가 열리는 해였다. 아이젠하워는 수카르노의 집권을 방해하기 위하여 CIA 비밀정치공작에 착수했다. CIA는 보수 우익 성향의 마주미 Masjumi 당에 미화 100만 달러가 넘는 자금을 지원하여 수카르노의 대안세력으로 키워보려고 했다. 하지만 공정하고 민주적으로 치러진 1955년 선거에서 마주미당은 대패하고 수카르노가 승리하여 오히려 수카르노 정권의 민주적 정통성이 강화되었다. 1957년 수카르노는 서구형 의회·민주주의는 인도네시아 상황에 적합하지 않다고 하며 촌락민주주의 전통에 입각한 '교도민주주의 Guided Democracy*'를 제창하여 사실상 독재체제로 권력을 강화해 간다. 비밀정치공작에 실패한 아이젠하워는 CIA 준군사행위 비밀공작으로 정권을 전복시킬 방안을 모색하기 시작했다. 마침 1958년에 인도네시아의 몇몇 지역에서 수카르노 반대세력들이 무장봉기하는 사건이 발생했다. CIA는 반정부세력에게 B-26 폭격기를 포함한 군사물자를 대거 제공했다. 하지만 미국인 전투기 조종사 앨런 포프Allen Pope가 반정부세력을 도와주다가 오히려 수카르노의 병사들에게 생포되는 사건이 발생하며 아이젠하워의 비밀공작은 들통이 나고 말았다. 아이젠하워 행정부는 포프가 수카르노를 반대하는 반란세력이 고용한 용병이었다고 강변했지만 수카르노는 믿지 않았다. 인도네시아와 미국의 관계는 급속히 악화되어 갔다.

케네디와 인도네시아

● ● ● ● ● ● ● ●

인도네시아와 미국의 관계는 케네디 대통령이 취임하면서 호전될 기미를 보이기 시작했다. 앞서 언급했듯이 케네디는 전임자와는 달리 제3세계 국가의 중립주의 외교노선에 보다 융통성 있게 대처할 것이라고 시

＊ 정치 엘리트의 지도적인 역할을 강조하는 민주주의. 수카르노는 많은 문제를 일시에 해결해야 할 인도네시아에서는 여러 측면에서 분열을 조장하기 쉬운 서구식 자유민주주의가 적합하지 못하다고 평가하고, 고유의 민주주의를 개발해야 한다고 주장했다.

사한 적이 있었다. 실제로 케네디의 초기 인도네시아 정책은 이러한 정책변화를 반영하고 있었다. 1962년 네덜란드와 인도네시아가 서西뉴기니New Guinea의 영유권을 두고 분쟁을 벌였을 때,* 케네디는 인도네시아의 손을 들어줌으로써 수카르노의 환심을 살 수 있었고, 미국과 인도네시아의 관계도 어느 정도 복원할 수 있었다. 아이젠하워의 정책이 CIA의 비밀공작으로 수카르노를 전복시키는 것이 목적이었다면, 케네디의 정책은 대규모의 원조를 통해 인도네시아의 정치·경제·군사 등 다양한 부문에서 미국의 영향력을 확보하는 것을 목적으로 하고 있었다. 이러한 원조정책이 케네디의 새로운 인도네시아 정책, '액션플랜Action Plan'의 핵심이었다. 어떻게 보면 '진보를 위한 동맹'이 케네디의 인도네시아 정책에도 반영되었다고 할 수 있었다. 그러나 잠시 회복되었던 미국과 인도네시아의 관계는 미국의 입장을 고려하지 않는 수카르노의 정책 때문에 다시 악화되어 갔다. 특히 말레이시아를 적대시하는 수카르노의 '대결정책Konfrontasi'은 케네디를 매우 당혹스럽게 만들었다. 수카르노는 애초부터 말레이시아라는 신생국가의 탄생을 반대하고 있었다. 하지만 말레이시아는 영국의 적극적인 후원으로 건국했고, 수카르노는 이를 역내 제국주의적 이익을 보호하려는 영국의 신新식민주의 정책이라며 맹비난했다. 미국의 지지 아래 말레이시아가 유엔의 정식

---

* 1949년 인도네시아는 네덜란드로부터 독립을 쟁취했지만 서뉴기니는 네덜란드가 계속 통치했다. 이후 1961년 네덜란드가 서뉴기니 주민에게 주권을 이양하려 하자, 인도네시아가 이를 자국 영토로 편입하려고 무력을 행사하여 네덜란드와 인도네시아 사이에 분쟁이 발생했다.

회원국으로 가입하자 미국과 인도네시아의 관계는 더욱더 악화되어 갔다.

　이러한 상황에서 케네디는 인도네시아에 대한 원조정책을 지속할 수 없었다. 그렇지 않아도 교도민주주의 체제를 강화하고 공산당(PKI)과 제휴하는 행동 등으로 이미 수카르노는 미국 여론의 지탄의 대상이 되고 있었다. 결국 케네디의 후임 존슨 행정부에 와서 인도네시아에 대한 미국의 공식적인 지원정책은 모두 중단되었다. 평화봉사단^{Peace Corps}과 같은 미국의 자원봉사자 단체도 인도네시아에서 철수하기 시작했다. 하지만 공식적인 지원정책을 중단했다고 미국이 인도네시아에서 완전히 손을 뗀 것은 결코 아니었다. 케네디는 원조정책을 철회하면서 동시에 수카르노를 무력화시키기 위한 CIA 비밀공작에 착수했고, 존슨 역시 케네디가 물려준 비밀공작 프로그램을 적극 활용했다. 공식적인 원조는 중단되었어도 인도네시아 군부에 대한 지원은 암암리에 계속되었고, CIA의 비밀선전활동은 더욱 활발해졌다. 존슨 행정부는 이러한 인도네시아 정책을 '저자세^{Low Posture}' 정책이라고 불렀다.

　케네디와 존슨이 미국의 군대 대신 CIA를 동원하여 수카르노를 전복시키려 한 이유는 군사행동에 수반되는 엄청난 비용 때문이었다. 수카르노에 적대적이었던 당시 미국의 여론을 감안한다면 대다수 미국 국민들이 자국의 군대를 파병하여 수카르노 정부를 전복시키는 정책을 지지했을 수도 있다. 실제로 케네디와 존슨의 인도네시아 원조 정책은 대對수카르노 강경정책을 요구하던 미국 국내여론의 질타를 받고 있었다. 하지만 수카르노 제거를 위한 군사작전은 미국의 능력 밖의 일이었다. 1960년대 초는 미국이 베트남 내전에 적극적 군사개입을 시작한 시기였다. 이미 베트남에 많은 군사자원을 투입한 상황에서, 만약 수카르노 정부를 상대로 한 무력사용이 양국 간의 전면전으로 치닫게 된다면 미국은 확실한 승리를 장담할 수 없는 처지였다. 동남아 지역에서 치러야 할 또 하나의 전면전은 미국이 감당할 수 있는 인적·재정적 한계를 벗어나는 엄청난 모험이었다. 이러한 상황을 고려했을 때 CIA 비밀공작은 군사작전의 매우 현실적인 대안이었던 것이다.

게스따뿌 사건과 수하르토의 등장

1965년 9월 30일. 인도네시아에서는 운퉁Untung 중령 휘하의 장교들이 육군참모총장 야니Yani 중장을 포함한 여섯 명의 장성들을 체포하여 처형하는 사건이 발생했다. '게스따뿌(GESTAPU)' 또는 '9·30사태'라고도 알려진 이 사건은 수하르토가 인도네시아의 권력을 장악하고 수카르노 정권을 전복시킨 단초가 되었다. 운퉁과 그를 따르던 장교들은 야니 등을 처형한 후 '혁명위원회Revolutionary Council'를 발족시켰다. 혁명위원회는 야니를 위시한 군 내부의 수카르노 반대세력이 CIA의 사주를 받아 군사 쿠데타를 준비하고 있었고, 자신들이 이들을 처단한 것은 쿠데타를 예방하기 위한 조치였다고 설명했다. 하지만 인도네시아 육군의 최고 실력자 수하르토 장군은 인도네시아 공산당(PKI)이 사건의 배후에서 모든 것을 조종하고 있다고 주장하며 반란세력을 진압하기 위한 대규모 군사작전을 감행했다. 수하르토는 사건 발생 하루 만에 혁명위원회를 소탕하고 수도 자카르타를 장악했다. 권력을 장악한 수하르토는 PKI에 대한 잔인한 숙청을 시작했다. 수카르노는 실각했고, 수하르토는 1968년 3월 인도네시아의 대통령으로 공식 취임했다. 수하르토는 1998년 아시아 금융위기의 혼란으로 야기된 대규모 반정부 시위로 하야(下野)할 때까지 30년이 넘는 세월동안 인도네시아를 철권 통치했다. 2008년 1월 수하르토는 86세의 일기로 세상을 떠났지만 그의 공과(功過)에 대한 논란은 지금도 계속되고 있고, 게스따뿌 사건의 전모와 진실은 아직도 안개에 가려져 있다.

게스따뿌 사건은 과연 누가 계획한 것일까? 수하르토 정권이 내놓은 설명은 다음과 같았다. 야니를 위시한 장성들이 수카르노를 제거하기 위한 쿠데타를 계획한 것은 사실이다. 그러나 이들은 CIA의 사주를 받은 것이 아니라, 인도네시아 공산당(PKI)의 조종을 받고 있었다. 즉, 야니가 계획한 쿠데타는 PKI가 정권을 장악하기 위한 음모의 일환이었다는 것이다. 그러나 이러한 설명에는 분명 석연치 않은 구석이 있다. 당시 수카르노 정권은 PKI에게 정치적 방패와 같은 역할을 하고 있었다. PKI가 굳이 자신의 후원자 역할을 하고 있던 수카르노를 제거할 이유가 있었을까? PKI가 사건의 배후에 있었다고 한 주장은 PKI를 숙청하고 수카르노를 축출해 정권을 장악하기 위한 수하르토의 변명이 아니었을까? 그렇다면 운퉁 대령과 혁명위원회가 주장했듯이 야니가 CIA의 지원을 받아 수카르노를 제거하려고 한 것이었을까? 그러나 야니는 수카르노가 신임하는 군의 최측근 인사 중 하나가 아니었던가. 야니가 자신의 정치적 후견인인 수카르노에 항명할 근거는 그리 많지 않았다.

이런 이유 때문에 아예 쿠데타 음모 자체가 없었다는 주장도 대두했다. 운뚱이 자신의 쿠데타를 합리화하기 위하여 죄 없는 야니와 다섯 명의 장성을 죽였다는 것이다. 그러나 운뚱이 쿠데타로 권력을 장악할 의도가 있었다면 최대 장애물인 수하르토를 먼저 제압하지 않은 이유는 과연 무엇일까? 결국 수하르토는 사태를 장악하면서 인도네시아의 권력을 쟁취하여 게스따뿌 사건의 최대 수혜자가 되었다. 혹시 그렇다면 수하르토가 일련의 사태를 배후에서 기획하여 조종한 것은 아닐까? 수하르토의 죽음으로 게스따뿌 사건의 진실을 밝혀내기는 더욱 어렵게 되었다. 그러나 게스따뿌 사건의 전모를 둘러싼 기존의 다양한 해석들이 놓치고 있는 부분이 있다. 미국과 CIA의 역할이 바로 그것이다. 기존의 해석들은 게스따뿌와 수하르토의 집권과정을 순전히 인도네시아 국내정치적인 시각에서 설명하고 있는 오류를 범하고 있다.

최고의
비밀

●●●●●●●●●●

케네디와 존슨의 '저자세' 인도네시아 정책의 핵심은 인도네시아 군부의 우익세력을 지원·양성하여 수카르노를 무력화하는 것이었다. 이를 위해 케네디와 존슨 행정부는 반수카르노 성향의 군인들에게 무기와 여타 군사물자를 제공해 주었을 뿐 아니라, 반란이나 폭동을 진압하는 방법과 군대를 효율적으로 관리하는 기법 등을 전수해 주었다. 1959년부터 1965년까지 어림잡아 6,400만 달러의 자금이 군부의 반수카르노 세력에게 전달된 것으로 알려져 있다. 물론 이러한 지원은 CIA의 비밀 채널을 이용해 극도의 보안 속에 이루어졌다. CIA는 군부 내 반수카르노 세력을 육성하는 임무 외에도 국무부 산하 미국공보처(USIA)와 협력하여 인도네시아 내에서 비밀선전활동에 주력하고 있었다. 선전활동의 목적은 물론 미국에게는 우호적이고, 공산당과 수카르노에게는 불리한 여론을 조성하는 것이었다. 인도네시아의 주요 언론매체에는 상당한 액수의 CIA 자금이 흘러 들어갔다. 수카르노를 무력화하려는 선전활동은 다양하게 진행되었다. CIA는 수카르노의 이미지를 추락시키기 위해서 수카르노와 닮은 배우를 고용하여 포르노 비디오를 만들어 유포하기도 했다.

이렇듯 CIA는 1960년대 미국의 인도네시아 정책에서 가장 중추적인 역할을 하고 있었다고 할 수 있다. CIA의 비밀공작이 기대 이상의 성과를 거두고 있는 상황에서 의회의 요구에 의해 인도네시아 지원정책이 공식적으로 중단되자, 미국 정부는 혹시 CIA의 비밀활동에 지장을 초래하지나 않을까 걱정했다. 인도네시아에서의 CIA의 활동은 쿠데타가 발생한 1965년 최정점에 이르게 된다. 쿠데타가 발생하기 15일 전 인도네시아 주재 미국대사 마셜 그린Marshall Green은 러스크 국무장관에게 전보를 보내 심리전psy-war, 즉 CIA 선전활동을 가속화하라고 촉구했고, 게스따뿌 사건이 발생하자 CIA는 수하르토에게 무선 교신기와 지프Jeep차 등 통신 및 운송장비를 제공해 주었다. 이러한 군사물자 지원은 물론 수하르토가 '혁명위원회'의 반란을 진압하고 정권을 장악하는데 큰 도움이 되었다.

CIA가 1965년 쿠데타를 기획하고 주도했다는 증거는 찾아보기 어렵다. 그러나 CIA의 비밀선전활동은 쿠데타가 발생할 수 있는 사회 분위기를 조장했고, CIA의 군사적 지원은 반수카르노 성향의 군인들의 세를 불려 결국 수카르노를 제거하는 쿠데타가 성공할 수 있는 계기가 되었다. 전직 CIA 요원인 랠프 맥기히Ralph McGehee에 의하면 CIA는 당시 쿠데타를 전후해 자신들이 벌인 인도네시아 비밀공작을 상세히 기록한 책자를 가지고 있었다. 이 책자에는 CIA가 인도네시아의 군부를 부추겨 쿠데타를 일으키게 한 과정이 소상히 기록되어 있었고, CIA는 인도네시아 비밀공작의 성공을 매우 자랑스럽게 생각하며 향후 CIA 비밀공작의 모범이 될 수 있을 것이라고 평가하고 있었다고 한다. CIA 책자는 파기되어 내용을 확인할 길이 없고, 책자의 내용을 언급한 맥기의 저서,『치명적인 기만Deadly Deceits』(1983년 출간)도 CIA의 검열에 걸려 많은 부분이 삭제되어 출판되었다. 하지만 CIA가 쿠데타에 '직접' 개입하지 않았다고 하더라도 CIA가 인도네시아에서 오랜 기간 동안 벌여온 비밀공작이 아니었다면 1965년 수하르토의 쿠데타는 발생하지 않았을 것이고 혹시 발생했더라도 성공하기 어려웠을 것이다.

수하르토는 쿠데타로 권력을 장악한 후 대대적인 공산주의자 색출

작전을 벌인다. 색출작전에서 공산주의자로 파악된 사람들은 바로 무참하게 학살되었다. 이 무자비한 학살극에 희생된 인도네시아인의 수는 공식적인 집계로만 50만 명이며, 일부 통계자료에서는 사망자의 수가 무려 100만 명에 이른다고 추정하기도 한다. 나치 독일이 저지른 홀로코스트Holocaust 이후 최악의 대량 양민학살극이었다. 이때 CIA는 사살해야 할 사람들의 명단을 작성하여 수하르토에게 전달했고, 명단에 오른 사람들을 실제로 사살했는지를 수시로 확인했다고 한다.[7] 미국은 PKI와 공산주의를 척결한다는 명목하에 수하르토가 저지른 대학살극의 공범이 된 것이다. CIA의 살생부는 인도네시아 주재 미국대사관 직원 로버트 마튼Robert Martens이 인도네시아 외무장관 말릭Malik에게 전달해 주었고, 말릭은 이 명단을 수하르토에게 전달해 주었다. CIA의 살생부 작성을 주도한 사람은 당시 CIA 극동지역 담당책으로 후일 닉슨 행정부에서 CIA 국장을 역임하게 되는 윌리엄 콜비William Colby였다. 세계의 언론은 인도네시아에서 벌어지고 있는 대량학살극을 대서특필했지만, 이상하게도 미국의 언론은 쿠데타가 발생하고 3개월 정도 지나서야 인도네시아의 참극에 관한 기사를 다루기 시작했다. CIA가 1965년 쿠데타와 대량학살에서 정확히 어떠한 역할을 했는지를 살펴볼 수 있는 미국의 정부문서는 아직도 대부분 국가기밀로 되어있고, 비밀이 해제된 문서 역시 파기되거나 영구히 삭제된 부분이 많아서 비밀공작의 정확한 실체를 알 수는 없다. 미국 정부는 미국의 개입을 아직도 부인하고 있다. 성공한 비밀공작은 공작을 주도한 주체가 자신의 개입사실을 부인할 수 있어야 한다. 이러한 관점에서 본다면 1965년 CIA의 인도네시아 비밀공작은 가장 성공적인 미국의 비밀공작 중 하나가 아니었을까? 하지만 1965년도에 자행된 대규모 양민 학살의 참극은 지금도 인도네시아 국민들에게 지우지 못할 아픈 상처로 남아있다.

케네디 대통령은 투철한 반공주의자였던 것으로 알려져 있다. 케네디는 공산주의에 대항하기 위해서는 군사적 봉쇄정책도 중요하지만, 미국의 적극적 '개입engagement'과 자유주의 정치·경제제도의 '확장enlargement'을 통해 공산주의를 원천적으로 예방할 수 있다는 생각을 가지고 있었다. 이러한 생각은 케네디의 신외교정책 노선, '진보를 위한 동맹'에서도 엿볼 수 있다. 하지만 미국 판 '햇볕정책'이라고 할 수 있는 신외교정책은 도미니카 공화국과 인도네시아의 합법 정부가 중립노선을 표방하자 CIA 비밀공작을 통해 쿠데타를 도모하여 교체하는 쪽으로 변질되어 갔다. 보슈와 수카르노가 취한 일련의 정책과 독자노선이 미국의 안보·경제 이익을 위협하는 것으로 판단되었고, 이러한 판단은 결국 케네디 행정부가 민주주의 확장정책을 포기하는 계기가 되었다. 이러한 사실은 확장정책에 반영된 미국의 민주적 규범과 자유주의적 사상이 소수의 미국 외교정책 결정권자들이 자의적으로 규정한 '국익'에 우선하지 못한다는 일반적 평가를 재확인해 주고 있다.

1 William Blum, *Killing Hope: U.S. Military and CIA Interventions Since World War II* (Monroe, ME: Common Courage Press, 1995), p. 176.
2 Noam Chomsky, *Turning the Tide: U.S. Intervention in Central America and the Struggle for Peace* (Boston, MA: South End Press, 1985), p. 98.
3 John B. Martin, *Overtaken by Events: The Dominican Crisis from the Fall of Trujillo to the Civil War* (New York, NY: Doubleday, 1966), p. 470.
4 *Ibid.*, p. 221.
5 Sam Halper, "The Dominican Upheaval," *The New Leader* (May 10, 1965), p. 4.
6 U.S. State Department, *Foreign Relations of the Unitied States(FRUS)*, Vol. XXII. 1961-63 (Washinton, DC: U.S. Government Printing Office, 1995), p. 198.
7 Gabriel Kolko, *Confronting the Third World: United States Foreign Policy 1945-1980* (New York, NY: Pantheon Books, 1988), p. 64.

CIA, 원수의 지휘봉을 넘겨받다

프로젝트 퓨벨트(FUBELT)

4장

어떻게든 아옌데는 무력 그가 주장했던 민주주의 신봉자였는가?

그가 진정으로 칠레의 민주주의 전통을 존중했는가?

"저는 칠레의 운명에 대한 확신이 있습니다. 지금은 반역자들이 준동을 하고 있지만 (제가 아니라도) 다른 민주투사들이 이 어둡고 힘든 시기를 극복해낼 수 있을 것이라 믿습니다. 여러분 명심하십시오. 조만간 자유시민이 밝은 미래를 건설할 수 있는 기회가 다시 올 것입니다. 칠레여 영원하라! 칠레 국민이여 영원하라!"

1973년 9월 11일 정오 즈음, 칠레의 공영 라디오에서는 살바도르 아옌데Salvador Allende 대통령의 고별 연설이 흘러나오고 있었다. 대통령의 고별사는 반란군의 총성과 폭음에 뒤섞여 극적인 분위기를 자아내고 있었다. 아옌데는 자신의 운명을 직감하고 있었던 것일까? 그는 고별사에서 자신을 과거의 인물로 표현하고 있었다. 아옌

칠레 제29대 대통령 살바도르 아옌데

4장 | CIA, 원수의 지휘봉을 넘겨받다 139

반라군의 폭격을 받은 모네다 궁전 (1973년)

데가 연설을 마친 후 얼마 되지 않아 아우구스토 피노체트Augusto Pinochet 장군이 지휘하던 반란군이 대통령 관저인 모네다 궁전Palacio de la Moneda을 장악했고, 몇 시간 후 아옌데는 싸늘한 시체로 발견되었다. 아옌데의 시신 옆에는 피델 카스트로Fidel Castro 쿠바 대통령이 선물한 AK-47 라이플이 발견되었다. 라이플에는 "나의 친우 살바도르에게, 피델"이라고 새겨진 금판이 박혀있었다. 당시 일부 목격자들은 그가 자살했다고 증언하고 혹자는 피노체트의 반란군이 그를 살해했다고 주장하는 등 진술이 엇갈리고 있어, 아옌데의 사망원인은 아직도 풀리지 않은 미스터

왼쪽 집권에 성공한 피노체트와 키신저. (1974년)
오른쪽 미국 제37대 대통령 리처드 닉슨

리로 남아있다.

 1973년 칠레의 군사 쿠데타는 국민의 손으로 선출된 아옌데 대통령을 제거했을 뿐 아니라 유서 깊은 칠레의 헌정을 중단시키고 15년 이상 지속된 피노체트 군사독재정권을 탄생시켰다. 1973년 쿠데타는 칠레 내부사정으로 인해 자생적으로 발생한 사건이 아니었다. 닉슨 행정부는 아옌데를 제거할 목적으로 수년간 CIA 비밀공작을 펼쳐왔고, 1973년 쿠데타는 이러한 비밀공작의 귀결점이었다.

아옌데와 닉슨,
그리고 미국의 국익

미국의 정치학자들은 1960년대 말에서 1970년대 초 칠레를 당시 중남미에서 가장 안정적이고 유서 깊은 민주주의 국가로 평가하고 있다. 1932년 이후부터는 군이 정치에 개입한 적이 없었고, 정기적으로 치러진 민주적 선거를 통해 줄곧 민간인 출신 대통령을 선출해왔다.* 법치주의와 민주주의는 국민정서에 깊이 정착되어 있었고, 이런 이유로 칠레는 '남미의 영국England of Latin America'이라는 별칭을 가지고 있었다. 그렇다면 미국이 남미의 영국, 칠레의 내정에 개입하여 쿠데타를 도모한 이유는 과연 무엇이었을까?

우선 경제적 이유를 들지 않을 수 없다. 미국의 기업이 당시 칠레에서 소유하고 있었던 자산의 가치는 약 15억 달러에 달했다. CIA의 계산에 의하면 15억 달러 중 미국 기업이 칠레에 직접투자Foreign Direct Investment: FDI**한 금액은 약 8억 달러가량으로, 그중 4억 5,000만 달러 정도가 채

---

* 칠레에서는 1924년 쿠데타가 발생해 1932년까지는 군사독재와 정치적으로 불안정한 상황이 지속되었다. 하지만 1932년 헌정 질서가 복원되었고, 이후 1973년 다시 쿠데타가 발생할 때까지 민주 선거를 통한 평화적인 정권교체로 문민정부의 전통이 지속되었다.
** 한 나라의 기업이 다른 나라에서 새로운 사업체의 설립 혹은 기존 사업체의 인수를 통하여 장기적인 관점에서 직접 경영에 참여하는 것을 목적으로 투자하는 것을 말한다. 지적재산권과 부동산 등 모든 형태의 유·무형 자산이 이전되어 부를 창조할 목적으로 이루어지는 투자를 포함한다.

대통령 선거운동 중 살바도르 아옌데의 모습. (1958년)

광산업과 제련산업에 투자되었다고 한다. 칠레는 구리^{Copper}를 캐어 팔아서 먹고 산다고 할 정도로, 구리 채광산업은 칠레의 주요 수입원이다. 현재도 구리는 칠레 수출의 약 절반 정도를 차지하고 있고, 칠레는 세계 구리 소비량의 약 35% 정도를 공급하고 있다. 이러한 칠레의 채광산업을 미국의 구리 회사 아나콘다^{Anaconda}와 케네콧^{Kennecott} 등이 장악하고 있었다. 구리회사 외에 미국의 국제전신전화회사^{International Telephone and Telegraph: ITT}도 2억 달러의 자산을 칠레에서 운용하며 칠레의 통신산업을 장악하고 있었다. 이러한 미국 기업의 입장에서 사회주의자를 자처하

왼쪽 대통령 리처드 닉슨, 부통령 제럴드 포드, 국무장관 헨리 키신저, 대통령 수석보좌관 알렉산더 헤이그.
오른쪽 헨리 키신저의 최근 모습

는 아옌데가 대통령에 당선된 사건은 악몽과 같은 일이었다. 아옌데의 당선은 칠레의 기간산업이라 할 수 있는 채광산업과 통신산업 부문의 국유화를 의미하는 것이었기 때문이다.

이들 미국 기업들은 미국 정부에 강력한 로비를 전개하여 아옌데의 당선을 방지하려 했다. 이들의 호주머니에서 나온 돈이 CIA의 비밀공작에 사용되었음은 물론이다. 이들 기업은 아옌데가 칠레의 대통령으로 당선된 후 보다 강력한 로비를 전개한다. ITT가 좌장을 맡고 아나콘다, 케네콧, 파이저 Pfizer, 베들레헴 철강 Bethlehem Steel 등의 미국 기업이 참여하여 조직한 '칠레특별위원회 Chile Ad Hoc Committee'는 워싱턴의 미국 정부에 압력을 가하며 아옌데 실각을 도모하려 한 로비단체였다. 칠레에서 ITT의 위상은 실로 대단했다. ITT는 그들만의 외교정책과 정보정책을 가동할 수 있을 정도의 막강한 힘을 가지고 있어서, 실제로 그들은 칠레 안의 또 다른 주권국가와 같은 행세를 하고 있었다.

하지만 당시 미국 외교정책을 쥐락펴락하고 있던 헨리 키신저Henry Kissinger에 의하면 닉슨 행정부가 칠레의 내정에 개입하게 된 이유는 미국 기업의 상업이익을 보호하기 위해서가 아니라 미국의 안보이익을 수호할 필요가 있었기 때문이었다. 키신저는 회고록에서 "미국 기업의 국유화는 이슈가 아니었다"고 술회하고 있고[1], 당시 키신저의 지근거리에 있었던 인사들도 키신저가 "기업의 이익 따위는 신경도 쓰지 않았다"고 증언하고 있다. 아마 키신저는 칠레가 제2의 쿠바로 전락하여 쿠바와 함께 남미의 공산주의 전초기지로 전락하는 상황을 우려했던 것 같다. 실제로 키신저는 아옌데 당선 후에 열린 기자 간담회에서 다음과 같이 말했다.

"남미의 주요 국가인 칠레가 공산화되면 아르헨티나가 뒤를 이을 수 있고, 페루와 볼리비아도 같은 길로 갈 수 있다(《뉴욕 타임스》, 1974년 9월 11일)."

키신저는 남미에서 도미노 이론domino theory*이 현실화되는 것을 우려했던 것일까? 그러나 당시 국무부나 CIA에서 작성한 보고서를 읽어보면 미국 외교정책 서클 내에서도 키신저와는 다른 의견을 가지고 있던 인사들이 상당수 포진하고 있었음을 알 수 있다. 아옌데 당선 후 작성된 CIA와 국무부 보고서는 "칠레에 미국의 결정적인vital 국익이 걸려 있지

---

* 한 나라의 정치체제가 공산화되면 그 파급효과가 이웃나라에도 미친다는 이론. 미국의 아이젠하워 대통령이 도미노의 첫 번째 말을 넘어뜨리면 전체 말이 전부 쓰러지고 마는 현상에 빗대어 베트남에 이은 동남아시아 전역의 공산화 위험을 설명한 데서 비롯되었다.

않다"고 단정 짓고 있었다. 또한 "아옌데의 당선으로 국제관계의 힘의 균형추가 미국에게 불리하게 작용하지 않을 것"이라 평가하고 있었다. 단지 민주적 정통성을 지닌 사회주의 정권의 탄생은 미국에게 심리적인 타격이 될 수 있다고 분석하고 있었다.[2]

미국 외교정책 서클 내에서도 과연 아옌데의 당선이 미국의 이해를 침해하는 사건이었는지에 대한 엇갈린 시각이 존재하고 있었던 것이다. 이런 상황에서 닉슨 행정부는 미국의 군사력을 동원하여 칠레의 내정에 개입할 수 없었다. 더군다나 1970년대 초, 막 베트남 전쟁의 실패를 경험한 미국인들은 공공연한 미국의 군사력 사용에 대해서 매우 회의적인 시각을 갖고 있었다. 실제로 베트남 전쟁의 실패는 냉전 초기 형성되었던 '냉전시대의 국민적 합의'가 붕괴되는 단초를 제공한 사건이었다. 1950년대 그리고 적어도 1960년대 초반까지는 냉전의 안보위기 상황을 헤쳐 나가기 위해서는 대통령을 위시한 소수의 엘리트들에게 외교정책의 전권을 부여해야 한다는 국민적 합의가 있었다. 이러한 합의하에 미국 국민은 백악관의 베트남 전쟁 참전과 확전 결정에 거의 맹목적으로 동의했다. 그러나 그 결과 미국이 얻은 것은 무엇인가? 6만 명에 가까운 미군 병사들이 희생되고 엄청난 경제적 손실이 발생했지만 뚜렷한 외교정책 목표를 달성하지 못했다. 오히려 미국의 위신은 땅에 추락하고 미국 사회는 분열되는 결과를 초래하고 말았다. 전쟁이 끝난 후 미국 국민과 언론은 대통령의 외교정책 결정에도 매우 까다로운 검증의 잣대를 들이대기 시작했다. 그리고 미국의 전반적 사회 분위기도 내부 지향적으로 바뀌기 시작했다. 한정된 국가자원과 역량을 외교안보 문제에 사용할 것이 아니라 이제는 산적한 국내문제를 해결하는 데 사용해야 한다는 여론이 일기 시작한 것이다. 후세의 역사가들은 이러한 미국의 사회 분위기를 '베트남 전쟁 증후군$^{Post-Vietnam\ Syndrome}$'이라고 일컫기도 했다. 미국의 군사력 사용에 대한 회의적인 사회 분위기를 감안했을 때 "닉슨 행정부가 칠레를 대상으로 사용할 수 있는 정책수단은 매우 제한적일 수밖에 없을 것(《뉴욕 타임스》, 1970년 11월 26일)"이라는 언론의 분석기사가 나오기도 했다.

닉슨이 칠레를 상대로 공개적인 군사개입을 하기 어려웠던 또 하나의 이유는 칠레가 독재국가가 아닌 민주주의 국가였기 때문이다. 민주국가를 상대로 군사력을 사용하는 것은 상당한 정치적 부담이었다. 앞서 지적한 바와 같이 칠레는 매우 유서 깊은 민주주의 전통을 가지고 있었다. 아옌데가 대통령으로 당선된 1970년 선거에는 80% 이상의 유권자들이 참정권을 행사했고, 이러한 민주적 선거과정과 국민들의 높은 정치의식은 아옌데 정권이 누리고 있던 정통성의 원동력으로 작용하고 있었다. 미국의 언론도 칠레의 민주주의를 매우 긍정적으로 평가하고 있었다. 1970년 칠레 대통령 선거결과를 접한 미국의 언론은 사회주의자를 자처하는 아옌데의 당선을 우려하는 시각을 일부 보이기도 했지만, 대체로 아옌데 정부의 출범이 칠레 민주주의의 결과물이라는 점을 강조하며 닉슨 행정부가 칠레의 내정에 간섭해서는 안 된다는 논조를 펴고 있었다. 《뉴욕 타임스》는 사설에서 다음과 같은 주장을 펼쳤다.

"혹시라도 (우리가) 칠레의 내정에 간섭한다면 남미지역의 국가뿐 아니라 전 세계 여론의 비난을 받을 것이다. 아옌데는 합법적이고 평화적인 방법으로 사회민주주의를 구현하겠다고 수차례 강조했고, 이러한 약속을 지키고 있다. 칠레의 내정에 간섭하지 않는 것이 우리의 국익을 위한 최선의 선택이다(1971년 1월 7일).”

신문의 독자투고란에는 "우리의 권리장전Bill of Rights에 보장된 것과 같은 정치적 자유로 선택된 아옌데 정권이 사회민주주의의 새로운 시험을 하고 있다. 우리는 이들이 성공하기를 기원해야 한다(1970년 10월 25일)"라는 글이 올라왔다. 1973년 쿠데타로 아옌데 정권이 전복되자 "민주주의의 뿌리가 깊고 군이 정치에 개입하지 않는 전통이 강한 칠레에서 이런 일이 발생했다는 것은 참으로 비극적인 일이다. 미국은 이러한 칠레의 상황에 절대로 개입하거나 개입했다는 오해를 받아서도 안 된다(1973년 9월 12일)"라고 주장하기도 했다.

이렇듯 당시 미국의 여론의 흐름은 닉슨 행정부가 민주주의 국가 칠레를 대상으로 공공연한 내정간섭을 해서는 안 된다는 것이었다. 하지만 이러한 반대 여론에도 불구하고 칠레의 내정에 개입해 아옌데를 제거해야 한다는 닉슨과 키신저의 입장에는 흔들림이 없었다. 국내외의 여론과 정치적 파장을 의식한 닉슨 행정부는 공공연한 개입정책 대신 미국의 개입을 드러내지 않고 CIA를 이용해 아옌데를 제거하기로 결정한다.

닉슨의 CIA 비밀공작은 매우 은밀하게 진행되어, 행정부의 극소수 최고 정책결정권자들을 제외하고는 CIA 비밀공작의 존재여부를 모르고 있었다. 미국의 언론매체들도 닉슨 행정부가 CIA를 동원해 칠레의 쿠데타에 깊숙이 개입하고 있었다는 사실을 전혀 모르고 있었다. 그러나 쿠데타가 발생한 다음 해, 당시 CIA 국장 윌리엄 콜비가 하원 군사위원회를 대상으로 한 정보활동 보고 내용 중 칠레 비밀공작에 관한 부분이 그만 언론에 유출되고 말았다. 콜비의 보고는 극도의 보안 속에서 진행되었지만 프리랜서 언론인으로 명성을 날리고 있던 시모어 허시가 보고내용을 입수해 칠레 비밀공작에 대한 연재기사를 내보낸 것이다. 미국 사회는 발칵 뒤집혔다. 미국 언론의 반응은 한결같았다. 민주주의 국가의 리더를 자처하는 미국이 어떻게 칠레 민주주의를 파괴하는 정책을 추진했냐는 것이었다. 칼럼니스트로 이름을 날리고 있던 톰 위커Tom Wicker와 앤서니 루이스Anthony Lewis 등도 앞다퉈 칠레의 민주주의에 개입한 닉슨의 정책을 비난했다.

비밀공작 1기(1958~1964년)와 2기(1964~1970년) : 정치공작의 개시와 확전

닉슨 행정부의 CIA 비밀공작은 아옌데의 몰락에 결정적인 기여를 했다. 하지만 미국이 칠레에서 벌인 비밀공작의 역사는 1950년대 말로 거슬러 올라간다. 미국의 칠레 비밀공작은 세 명의 칠레 대통령이 집권했던 시기로 나누어 검토해 볼 수 있다. 미국의 칠레 비밀공작 1기는 1958년부터 1964년까지 호르헤 알레산드리Jorge Alessandri 대통령의 집권기간과 시기를 같이하고 있고, 2기는 1964년부터 1970년까지 에두아르도 프레이Eduardo Frei 대통령이 집권했던 기간과 맞물려 있다. 3기 비밀공작은 1970년부터 1973년까지 아옌데가 칠레의 대통령이었던 기간에 행해졌다. 제1장에서 언급한 바와 같이 비밀공작은 정치공작, 선전활동, 준군사행위 등 세 가지 형태로 분류할 수 있다. CIA의 칠레 비밀공작은 이 세 가지 분야를 총망라하여 매우 광범위하게 진행되었다.

미국이 칠레의 민주정치 과정에 개입하기로 한 결정에는 1958년 칠레의 대통령 선거 결과가 결정적인 영향을 끼쳤다는 것이 정설이다. 1958년 선거에서 아옌데는 불과 3% 내의 차이로 아깝게 대권도전에 실패한다. 미국의 예상과는 달리 괄목할 만한 성적을 거둔 것이다. 자칫하면 6년 후에 다시 치를 대통령 선거에서 사회주의 성향의 아옌데가 대통령으로 당선될 수도 있었다. 아옌데 집권을 저지할 목적으로 케네디 행정부는 1961년 백악관, 국무부, CIA의 고위직 인사들로 구성된 비밀 '선거위원회Electoral Committee'를 조직했고, 선거위원회의 사무소를 칠레의 수도 산티아고Santiago에서 운영하기 시작했다. 미국의 우려대로 1963년 칠레의 국회의원 선거에서 아옌데가 이끌던 좌파연합 정당인 인민행동전선Frente de Acción Popular: FRAP이 대약진을 했다. 진보성향의 FRAP가 전통적으로 보수성향이 강한 지역에서도 좋은 성적을 거둔 것이다. 미국은 1964년 치를 대통령 선거를 걱정하기 시작했다. 케네디는 CIA 비밀공작을 주문한다. 아옌데의 당선을 저지하기 위해 CIA는 친미성향의 기민당Christian Democratic Party 대통령 후보 에두아르도 프레이에게 약 2,000억 달러 정도의 금전을 제공했고, 아옌데를 음해하는 선전공작에 착수했다. 이러한 사실은 상원 정보위원회의 칼 인더퍼스Karl Inderfurth가 청문회에서 증언함으로써 확인되었다. 인더퍼스의 증언에 의하면 CIA의 선

아옌데 지지 시위. 대통령 선거에서 살바도르 아옌데가 당선하기를 바라는 사람들이 행진하고 있다. (칠레 산티아고, 1964년 9월 5일)

전공작팀은 주요시간대에 방송되는 라디오 뉴스와 시사프로그램을 장악하고 하루에 3,000여 장의 포스터를 배포하여 아옌데에 불리한 여론을 조성했다고 한다. 1975년 발간된 상원 보고서에 의하면 CIA의 비밀공작은 칠레 국민의 선택에 지대한 영향을 끼쳤으며, 프레이의 당선에 결정적 기여를 했다.³ 당시 CIA 국장을 역임하고 있던 리처드 헬름스 Richard Helms 역시 이러한 CIA의 비밀공작이 "매우 성공적"이었다고 증언했다. 1964년 선거에서 프레이는 56% 득표로 대통령에 당선되었고, 반면 아엔데는 39%의 득표율을 기록하는데 그쳤다.

  2기 CIA 비밀공작의 목적은 1970년 치러지는 대통령 선거에서 아엔데의 당선을 저지하는 것이었다. 이를 위해 비밀공작 1기에 수행했던 대부분의 CIA 비밀공작 프로그램을 지속적으로 운영했다. 비록 1964년 선거에서 미국의 방해로 패배했지만 아엔데는 여전히 막강한 정치적 영향력을 가지고 있었고, 1970년 대통령 선거에서 당선 가능성이 가장 높은 정치인으로 평가받고 있었다. CIA는 우선 1965년과 1968년 국회의원 선거에 개입하여 칠레 의회에 친미 성향의 국회의원을 심어 놓았다. 상원 보고서에 의하면 1968년 선거에서만 22명의 국회의원 후보를 CIA가 지원했고, 이 중 9명의 후보가 CIA의 지원에 힘입어 당선되었다고 한다. 또한 13명의 FRAP 후보들이 CIA의 방해공작으로 낙선되었다고 상원 보고서는 결론짓고 있다. 2기 비밀공작 중 괄목할 만한 사항은 기존의 정치공작과 선전활동 외에 빈민층과 저소득 노동자, 소작농들로 구성된 반공단체를 조직하여 아엔데에 반대하는 폭력 시위와 집회를 조장하기 시작했다는 것이다. 1기의 선전활동도 한 단계 업그레이드 되었다. CIA는 특히 칠레의 언론매체에 침투하여 여론을 장악하는데 총력을 기울였고, 그 결과 칠레의 대표 일간지 《엘 메르쿠리오 El Mercurio》는 CIA의 수중에 들어오게 된다.

  앞에서도 지적했듯이 CIA는 1964년 대통령 선거에서 아엔데 당선을 막기 위해 기민당 후보 프레이를 적극 지원했다. 그러나 1970년 대통령 선거에서는 아엔데의 상대 후보 호르헤 알레산드리를 지원하는 대신, 아엔데 낙선 운동에 총력을 기울였다. 당시 국무부 관료들이 특정후보를 지원하는 정책에 적극 반대하고 있었기 때문이다. CIA는 그동안 칠레에서 축적해온 연줄을 이용하여 대규모 반아옌데 캠페인을 벌였지만, 1970년 대통령 선거에서 아옌데는 36%, 알레산드리는 35%의 득표율을 기록하게 된다. 칠레 헌법에 의하면 대통령 선거에서 후보자 중 아무도 과반 이상의 득표를 하지 못할 경우, 의회가 최고 득표를 한 두 명의 후보를 대상으로 결선투표를 실시해 당선자를 결정하게 되어 있었다. 보통 의회에서는 보다 많은 득표수를 기록한 후보를 대통령으로 선출하는 것이 칠레 정치의 전통이자 관행이었다.

1970년 칠레의 대통령 선거 결과가 발표되자 닉슨은 매우 실망했고, 당시 CIA 국장 헬름스를 호출하여 특별 지령을 내린다. CIA의 비밀공작으로 아옌데가 실제로 칠레의 대통령에 취임하는 것을 막으라는 지령이었다. 1970년 9월 15일, 닉슨 대통령을 면담하고 나온 헬름스 CIA 국장의 손에는 다음과 같은 내용을 담은 메모가 들려 있었다.

> One in 10 chance perhaps, but save Chile!
> (열 번 중 한 번의 기회, 칠레 구하기!)
> worth spending(돈 쓸 가치가 있음)
> not concerned risks involved(관련한 위험은 신경 쓰지 말 것)
> no involvement of Embassy(대사관 불개입)
> $10,000,000 available, more if necessary
> (1,000만 달러, 필요하다면 그 이상)
> full time job - best men we have(전력을 다함 - 최고의 요원)
> game plan(작전 계획)
> make the economy scream(경제 혼란 야기)
> 48 hours for plan of action(작전 계획에 48시간)

닉슨과 면담을 하며 급히 받아 적어서 그런지 헬름스의 메모는 일목요연하게 정리되어 있지 않았다. 하지만 닉슨이 헬름스 국장에게 내린 명령은 명확했다. 현재 1,000만 달러 정도를 지원해 줄 수 있으니 비용에 구애 받지 말고 최고의 요원들을 동원하여 아옌데 대통령 취임을 방지하라는 것이었다. 비밀공작에 적극적이지 않았던 칠레 주재 미국대사관 사람들이 개입하지 않도록 하고 칠레의 경제상황을 악화시키라는 내용도 들어있었다. 키신저는 훗날 회고록에서 헬름스의 메모를 문자 그대로 해석해서는 안 된다고 했다. 그러나 헬름스 역시 훗날 청문회와 인터뷰에서 아옌데의 취임을 저지하고 혹시 취임하게 된다면 통치가 가능하지 않도록 하라는 메시지를 닉슨이 자신에게 확실하게 전달했다고 밝혔다. 헬름스는 자신에게 주어진 임무의 막중함을 이해하고 있었다. 헬름스는 다음과 같이 증언했다.

"내가 백악관 대통령 집무실에서 원수元帥, Marshal의 지휘봉을 넘겨받은 날이 바로 그날이었다!"

프로젝트 퓨벨트의
두 트랙

∙∙∙

1970년 대통령 선거 후 아옌데의 취임을 저지하기 위한 CIA의 비밀공작 암호명은 프로젝트 퓨벨트Project FUBELT. 퓨벨트는 두 트랙track으로 나뉘어 진행되었는데, 트랙 I은 칠레의 의회를 회유하여 의회의 대통령 결선투표에서 아옌데 대신 알레산드리를 당선시키게 하려는 정치공작이었다. 사실 미국은 알레산드리보다 현직 프레이 대통령을 더 신임하고 선호하고 있었지만 칠레의 선거법은 현직 대통령의 연임을 금지하고 있었다. CIA의 복안은 의회의 투표에서 알레산드리가 당선되면 바로 사임하게 한 후 대통령 선거를 다시 치러 프레이의 당선을 도모하는 것이었다. 대통령의 연임은 금지하고 있지만 재임은 가능하다는 칠레의 선거법을 교묘히 이용하려고 한 것이다. 그러나 이러한 계획은 프레이의 반대로 무산되고 만다. 프레이는 대표적인 반(反)아옌데 성향의 정치인이었지만 칠레 민주주의의 전통은 지켜야 한다는 생각을 하고 있었다. 따라서 트랙 I은 수포로 돌아가고 아옌데는 의회의 투표에 의해 대통령으로 확정되었다. CIA는 바로 트랙 II에 돌입하기 시작했다. 트랙 II는 트랙 I이 실패해 아옌데가 대통령으로 취임하게 될 경우 바로 군사 쿠데타를 유발하여 정권의 전복을 도모하는 비밀공작 계획이었다. 트랙 II는 극도의 보안 속에 진행되었다. 닉슨과 키신저, 헬름스 등 극소수의 최고 정책결정권자들만이 트랙 II의 존재에 대해서 알고 있었을 뿐이다. 이들을 제외한 국무부와 국방부의 고위 관료들조차도 트랙 II에 대해서는 까맣게 모르고 있었는데, 특히 아옌데의 당선에 상당히 온건한 입장을 견지하고 있던 국무부는 철저하게 퓨벨트 프로젝트에서 배제되었다.

트랙 II의 성공을 위해 CIA는 칠레의 로베르토 비욱스(Roberto Viaux) 장군을 독려하여 쿠데타를 조장하려 했다. 쿠데타가 성공하기 위해서는 우선 슈나이더Schneider 장군을 숙청하는 것이 필요했다. 당시 칠레의 육군 참모총장이었던 슈나이더는 군의 정치적 중립에 대한 확고한 신념을 가지고 있던 인물이었다. 따라서 슈나이더는 쿠데타를 도모하려는 비옥스 장군과 CIA에게는 눈엣가시 같은 존재였다. 비옥스는 1970년 10월 19일과 20일, 두 차례에 걸쳐 슈나이더를 납치하려 했지만 슈나이더가 관용차 대신 자가용을 이용하여 수포로 돌아갔다. 22일 산티아고 시가지 사거리에서 매복하고 있던 비옥스 일당은 슈나이더의 관용차를 급습, 납치를 감행하려 했으나 슈나이더는 권총을 뽑아들고 저항했다. 이 와중에 발생한 총격전으로 네 발의 총상을 입은 슈나이더는 급히 병원으로 후송되었으나 그만 숨을 거두고 말았다. 미 상원 보고서에 의하면 CIA가 슈나이더를 납치하는 계획에는 개입했지만 암살을 기도하지는 않았다고 한다.[4] 하지만 CIA는 비옥스 장군에게 납치에 사용할 무기와 군사물자를 원조해 주었을 뿐 아니라 슈나이더 체포에 20만 달러의 '몸값'을 비옥스에게 제시했던 것으로 알려졌다. 프리랜서 언론인 허시에 의하면 CIA는 아옌데의 암살까지 심각하게 고려했다고 한다. 훗날 키신저는 비옥스의 쿠데타 계획이 실현가능성이 낮다고 판단하여 비옥스와의 관계를 청산하고 트랙 II를 종료시켰다고 주장했다. 국민에게 신망이 높았던 슈나이더의 암살사건으로 인해 아옌데에 대한 국민적 지지는 오히려 공공해지고 말았다. 아옌데는 드디어 1970년 11월 3일 칠레의 대통령에 취임했다. 9월 4일 대통령 선거에서 승리를 거두고 두 달이 지난 후였다.

비밀공작 3기(1970~1973년) : 쿠데타의 배후는?

아옌데가 대통령에 취임한 후 진행된 미국의 3기 비밀공작은 칠레의 정치와 경제를 교란시켜 아옌데 정권의 통치능력에 타격을 입히고, 또 다른 한편으로는 칠레 군부와의 관계를 돈독히 하며 이들을 독려하여 쿠데타를 획책하는데 초점을 맞추고 있었다. 닉슨과 키신저는 CIA의 비밀전쟁은 아옌데 대통령의 취임과 함께 종결되었으며, 아옌데 정부 전복을 목적으로 했던 미국의 비밀공작은 결코 존재하지 않았다고 강력히 부인했다. 예를 들어 닉슨은 회고록에서 "1970년, 군사 쿠데타를 지원하고자 했던 우리 비밀계획의 성공가능성이 희박하다는 보고를 받은 후, CIA에게 그 계획을 취소하라고 지시했다"고 주장했다.[5] 키신저 역시 아옌데를 제거하려는 미국의 비밀공작은 1970년, 아옌데의 대통령 취임과 동시에 취소되었다고 했다.

"그 공작은 나의 지시에 따라 (1970년) 10월 15일 중단되었다. CIA는 1964년 선거에 깊이 관여했을지 몰라도, 1970년 선거에는 거의 개입하지 않았다. 그 이후로 우리는 아옌데 전복을 위한 어떠한 공작에도 개입하지 않았다."[6]

하지만 최근 공개된 미국의 비밀정부문서에 의해 닉슨과 키신저의 이러한 주장들은 모두 새빨간 거짓말로 드러났다. 키신저는 1970년 10월 15일, 아옌데 제거를 위한 비밀공작을 중단할 것을 지시했다고 주장했지만, 바로 그날 작성된 CIA 메모에는 키신저가 실제로는 다음과 같은 사항을 지시했다고 기록되어 있다.

"CIA는 (나의) 다른 지시가 없으면, 아엔데 세력의 약화를 위해 그의 모든 약점을 이용해 지속적인 압력을 가해야 한다."

키신저의 지시는 바로 칠레의 현장으로 전달되었다. 다음날 작성되어 칠레로 전달된 CIA 메모에는 다음과 같은 기록이 있다.

"향후에도 쿠데타를 조장, 지원하여 아엔데 정부를 전복해야 한다는 것이 우리(정부)의 확고한 정책이다. 이를 위해서 우리는 이날(10월 15일) 이후에도 지속적인 노력을 경주해야 할 것이다. 아엔데 정부의 전복을 위해서라면 모든 방법을 동원해야 할 것이며 최대한의 압력을 행사해야 한다. 이러한 공작은 미국 정부의 개입 사실을 숨기기 위해서 반드시 비밀리에 진행해야 한다." 7

당시 칠레의 CIA 요원으로 활약했던 토머스 캐러머신스(Thomas Karamessines) 역시 상원 청문회에서 "CIA는 (아엔데의 전복을 목적으로 한) 트랙 II 정책을 철회한 적이 없고, 오히려 트랙 II의 목적달성을 위해 계속해서 매진하라는 명령을 받았다"고 증언했다.8 닉슨과 키신저의 주장과는 달리, 닉슨 행정부는 아엔데가 칠레의 대통령으로 취임한 이후에도 아엔데 정부의 전복을 목적으로 한 CIA 비밀전쟁을 중단하지 않았던 것이다. '퓨벨트(FUBELT)' 프로젝트는 다방면에 걸쳐 더욱 교묘하게 진행되었고, 아엔데 정권의 몰락에 결정적인 기여를 했다. 미국이 칠레에서 벌인 비밀공작의 성격과 규모를 주도면밀히 살펴보면 이러한 사실을 확인할 수 있다.

비밀경제전쟁

사실 CIA를 통해서 진행되었던 비밀정치공작과 선전활동은 아옌데 정부를 겨냥한 미국 비밀전쟁의 일부에 지나지 않았다. 닉슨 행정부가 벌인 칠레 비밀전쟁의 중요한 요소 중 하나는 암암리에 경제적인 압력을 행사하여 칠레의 경제를 파탄 지경으로 몰아넣는 것이었다. 칠레의 경제를 파탄시킴으로써 칠레 국민들로 하여금 아옌데 정부로부터 등을 돌리게 하는 것이 미국의 비밀경제전쟁의 목적이었다. 물론 키신저는 회고록에서 미국의 비밀공작이 아옌데 집권기간 칠레가 겪었던 경제대란과는 아무런 상관관계가 없다고 장황하게 밝히고 있다. 키신저는 칠레의 경제가 파탄으로 치닫게 된 이유는 외부세력이 개입해서가 아니라 아옌데 정부의 잘못된 경제 정책의 결과라고 주장한다.

"미국은 아옌데 집권기간 동안 칠레의 정치·경제에 큰 영향을 끼치지 않았다. 칠레의 정치와 경제 체제가 붕괴되는데 결정적인 책임이 있는 사람은 다름 아닌 아옌데 자신이었다."

오히려 키신저는 "미국이 아옌데 정부에 도움을 주기 위해 미주개발은행Inter-American Development Bank의 칠레 대출을 적극 지원했다"고 주장했다.[9] 결국 아옌데 정부가 국제금융기관의 대출을 받지 못했던 이유는 미국의 개입 때문이 아니라 칠레의 지불 능력에 대한 국제사회의 신용도가 떨어졌기 때문이라는 것이다.

하지만 최근 공개된 국가안전보장회의(NSC) 자료와 메모를 살펴보면, 닉슨 행정부는 아옌데 정부 출범 이후 비밀리에 그리고 매우 신속하게 국제부흥개발은행International Bank for Reconstruction and Development: IBRD과 미국수출입은행(EXIMBANK) 등에 개입하여 칠레에 대한 대출이나 신용 거래를 모두 중단시켰고, 기존에 진행되어왔던 양자 간 혹은 다자 간 칠레 원조프로그램을 전부 폐기했다. 키신저는 NSC 메모에서 새로 출범한 아옌데 정부에 대한 미국의 경제 정책은 기존의 경제원조와 투자프로그램을 줄여나가는 것이라고 자신의 의사를 명백히 밝히고 있다.

〈표 8〉에서 볼 수 있듯이, 닉슨 행정부(1969~1973년) 동안 미국의 칠레에 대한 경제지원 프로그램은 대폭 축소된 반면, 군사지원은 상대적으로 증가했다. 케네디와 존슨 행정부(1961~1968년)는 '진보를 위한 동맹'이라는 남미 지원정책의 커다란 틀 안에서 칠레에 대한 경제지원을 강화했다. 하지만 이러한 원조프로그램은 닉슨 행정부 시기에 들어서 급격히 감소되었다. 이바녜스Ibáñez와 알레산드리 정권이 받았던 미국의 경제원조에 비하면 아옌데 정부에 대한 미국의 경제지원이 매우 미미했음을 〈표 9〉에서 알 수 있다. 경제원조의 삭감과는 달리 미국의 군사지원은 아옌데 정부 집권하에서 큰 폭으로 증가했는데, 이러한 지표의 변화는 닉슨 행정부가 칠레의 경제 사정을 악화시켜 아옌데를 곤경에 처하게 하는 동시에 군사지원으로 칠레 군부와는 긴밀한 관계를 유지하여 쿠데타를 독려했다는 사실을 시사한다. 상원 보고서에 나와 있듯이 닉슨 행정부의 이러한 경제정책은 "칠레의 경제를 파탄에 빠뜨리고 폭력시위를 조장하여 쿠데타를 유도할 것"으로 기대되고 있었다.

〈표 8〉 1953~1984년 미국의 대칠레 원조와 대출 : 미 행정부를 기준으로

단위: 미화 100만 달러

	경제지원			군사지원			수출입 은행 등을 통한 대출
	대출	원조	누계	대출	원조	누계	
아이젠하워(53-60)	53.1	58.9	112.0	-	47.0	47.0	95.1
케네디(61-63)	239.8	53.2	293.0	-	58.5	58.5	91.0
존슨(64-68)	386.3	70.9	457.2	9.1	33.3	42.4	249.3
닉슨(69-73)	57.3	40.3	97.6	38.4	7.2	45.6	33.4
포드(74-76)	159.7	23.9	183.6	15.0	1.7	16.7	141.8
카터(77-80)	14.3	54.6	68.9	-	-	-	46.0
레이건(81-84)	0.1	23.3	23.4	-	-	-	-

〈표 9〉 1953~1984년 미국의 대칠레 원조와 대출 : 칠레 행정부를 기준으로

단위: 미화 100만 달러

	경제지원			군사지원			수출입 은행 등을 통한 대출
	대출	원조	누계	대출	원조	누계	
이바네스(53-58)	40.3	28.8	69.1	-	34.0	34.0	50.7
알레산드리(59-64)	350.2	97.5	447.7	0.7	80.2	80.9	150.7
프레이(65-70)	346.0	77.2	423.2	19.4	26.2	45.6	262.7
아옌데(69-73)	-	19.8	19.8	27.4	5.6	33.0	4.7
피노체트(74-84)	174.1	101.8	275.9	15.0	1.7	16.7	187.8

■ 출처: Office of Public Affairs, Agency for International Development, *U.S. Overseas Loans and Grants and Assistance from International Organizations, Obligations and Loan Authorizations*. (Washington, DC: 1989)

아옌데 집권기 동안 칠레가 직면했던 경제 위기는 본질적으로 국제수지 악화로 야기된 것이다. 실제로 아옌데 정부가 출범한 후 약 7개월 동안 칠레의 경제는 상당히 양호한 상태를 유지했다. 생산량은 증가했고 실업률은 감소했으며 상대적으로 물가도 안정되었다. 물가상승률은 1971년 말까지 5% 수준에 머물렀는데, 이는 전임 프레이 대통령 집권기간 물가상승률의 3분의 1에 해당하는 수치였다. 1971년 국회의원 선거에서 아옌데 정부가 압도적 승리를 거둘 수 있었던 이유도 아옌데 정부 출범 후 호전된 칠레의 경제상황에 힘입은 바가 크다고 할 수 있다. 그러나 1971년 선거 이후 칠레의 국제수지는 악화일로를 걷게 되는데, 이는 악성 인플레이션을 유발시키는 요인이 되었다. 대외원조와 대출 등을 차단하는 등 미국의 경제봉쇄정책이 칠레의 국제수지를 악화시키는데 큰 역할을 했다.

미국의 비밀공작 때문에 역동적인 칠레의 경제가 파탄 났다는 주장에는 어폐가 있다. 하지만 미국의 비밀공작이 칠레 경제의 기능을 마비시키는데 큰 기여를 했고, 이러한 경제상황이 쿠데타의 구실을 제공했다는 사실에는 논란의 여지가 없다.

닉슨의 비밀전쟁과
칠레의 민주주의

● ● ● ● ● ●

훗날 칠레 비밀공작의 실체가 일반에 공개되자 미국의 지도자들은 CIA 활동의 목표는 아옌데에 의해 붕괴되고 있던 칠레 민주주의 체제와 질서를 보호하는 것이었다고 강변했다. 예를 들어 키신저는 회고록에서 다음과 같이 주장하고 있다.

"그 당시 칠레의 민주 체제는 우리(미국)의 도움이 없었다면 붕괴되었을 것이라고 확신한다. 칠레의 민주주의는 우리의 개입 때문이 아니라 칠레의 대통령(아옌데)에 의해 파괴되고 있었다. 우리의 비밀전쟁은 민주세력을 보호하고 언론의 자유를 보장하기 위한 노력의 일환이었다." [10]

그러나 키신저의 주장과는 달리, 아옌데는 민주주의 질서를 파괴하려한 '독재자dictator'가 아니라, 폭력이 아닌 법의 테두리 안에서 변화를 도모했던 '개혁가reformer'였다. 키신저는 아옌데가 언론을 통제했다고 주장하지만, 당시 《뉴욕 타임스》는 사설에서 "칠레는 남미 국가들 중 언론의 자유가 가장 잘 보장된 국가"였다고 논하며 "사회 어느 부문을 막론하고 국민들이 정치적 의견을 자유스럽게 표현할 수 있었다"고 주장했다(1971년 1월 31일). 이는 당시 아옌데에 매우 비판적인 시각을 가지고 있던 테드 카펜터Ted Carpenter(현재 미국의 대표적인 싱크탱크 중 하나인 카토 연구소Cato Institute 부소장)도 동의하는 바였다. 군사 쿠데타가 일어나

자마자 작성된 CIA 보고서 역시 아옌데가 칠레 민주주의를 위협하는 요인은 아니라고 분석하고 있었다. 1973년 당시 칠레 주재 미국대사였던 너대니얼 데이비스Nathaniel Davis는 회고록에서 아옌데를 다음과 같이 평가하고 있다.

"아옌데는 과연 그가 주장했듯이 민주주의 신봉자였는가? 그가 진정으로 칠레의 민주주의 전통을 존중했는가? 나는 그렇다고 믿는다. 그의 행동들은 대부분 그의 주장과 일치했다고 생각한다."[11]

키신저와 닉슨의 주장과는 달리 CIA 비밀전쟁은 칠레 민주주의를 정조준하고 있었다. 닉슨 행정부의 비밀정치공작, 선전활동, 준군사행위, 비밀경제전쟁은 반아옌데 세력의 지원에만 국한하지 않고 칠레 사회 전반을 겨냥하고 있었다. 그리고 이러한 비밀전쟁행위는 칠레의 합법적 대통령을 죽음에 몰아넣었을 뿐 아니라 키신저의 주장과는 정반대로 칠레 민주주의 체제를 파괴시키는 결과를 초래했다. 언론을 조작한 당사자는 아옌데가 아니라 닉슨 행정부였다. 예를 들면 CIA가 매수한 《엘 메르쿠리오》 신문은 난데없이 생필품이 부족해질 것이라는 기사를 내보내곤 했는데, 그 기사를 접한 칠레 국민들은 서둘러 생필품을 사재기할 수밖에 없었고, 이는 결국 칠레의 정황을 어지럽게 하는 요인으로 작용했다.

폭력으로 얼룩진 데모와 시가전, 파업의 현장에는 대부분 CIA가 그 배후에 있었다. 세계에서 가장 긴 나라 칠레는 남북으로 길게 뻗은 지형地形으로 인해 연안과 도시 간의 생필품 수송을 대부분 트럭에 의존하고 있었는데, 칠레 트럭노조는 CIA에게 매수되어 있었다. CIA가 획책하고 트럭노조가 주도한 '10월 대파업 October Stoppage'은 칠레의 경제를 거의 마비시킬 정도로 커다란 타격을 입혔다. CIA가 조직한 극우단체 '조국과 자유 민족전선 Patria y Libertad'은 민간인을 대상으로 테러를 자행한 것으로 기록되고 있다. 1973년 아옌데 정권을 전복시킨 군사 쿠데타에서 정확히 CIA가 어떠한 역할을 했는지, 닉슨 행정부가 어느 정도 개입했는지는 알 수 없다. 이와 관련된 미국의 정부문서가 아직도 국가기밀로 분류되어 있기 때문이다. 하지만 미국의 비밀공작은 언론을 매수하고 폭력을 조장했을 뿐 아니라 정치과정에 개입하고 경제를 악화시켜 쿠데타의 환경을 조장했다. 클린턴 Clinton 행정부는 2000년 11월 백악관의 보도자료를 통해 미국이 칠레 쿠데타를 직접 계획하고 사주하지는 않았더라도, 쿠데타의 환경을 조성하는데 큰 기여를 했다는 사실을 인정했다.

아옌데가 칠레 대통령 선거에서 승리를 거두고 며칠 후, 닉슨은 캔자스 주립대학 Kansas State University에서 다음과 같은 연설을 했다.

> "민주적 과정을 통해 도출된 선택이 자신의 이익에 부합하지 않는다는 이유만으로 민주주의 체제 자체가 잘못된 것이라고 주장하는 이들이 있다. 자신의 의사가 관철되지 않으면 버스를 태우거나 건물을 폭파하는 이들이 있다."[12]

하지만 미국의 이익에 부합하지 않는다는 이유로 '민주적 과정을 통해 도출된 (칠레의) 선택'에 역행하여 '버스를 태우고 건물을 폭파한' 이들은 바로 닉슨과 키신저였다. 쿠데타로 정권을 잡은 피노체트는 의

정권에서 물러난 후의 피노체트

회와 정당을 해산하고 일반 시민의 기본권을 침해하기 시작했다. 피노체트는 1991년 퇴임할 때까지 무려 17년 동안 칠레를 철권통치했다. 이 기간 동안 약 3,200명이 학살당하고, 1,200명 정도가 실종되었으며, 고문을 당한 사람은 수만 명에 이른다. 하지만 칠레 민주주의 보존이 목적이었다던 닉슨 행정부의 모든 비밀전쟁 프로그램은 피노체트 정부의 등장과 함께 종결된다. 1991년 권좌에서 물러난 피노체트는 1998년 영국에서 요양 중 에스파냐 정부의 요청으로 가택연금된다. 에스파냐 정부가 집권기간 동안 그를 비판하던 80여 명의 에스파냐 사람들을 납치한 혐의로 피노체트를 국제적으로 수배했기 때문이다. 에스파냐 정부는 피노체트의 신병인도를 요청했지만, 1999년 영국 정부는 건강악화를 이유로 이를 거부하고 피노체트의 칠레 귀국을 허용한다. 귀국 후 피노체트는 종신 상원의원직과 면

책특권을 박탈당하고 가택연금되었다. 그는 2006년 자신의 집권기간 통치행위에 대한 '완전한 정치적 책임'을 인정하고 91세의 일기로 세상을 뒤로 했다. 칠레 정부는 국장國葬을 치르지도 애도일을 선포하지도 않았다. 이와는 달리 아옌데는 2008년 칠레 국민들에 의해 칠레 역사상 가장 위대한 인물 1위로 선정되었고, 그의 동상은 산티아고의 모네다 궁전 앞에 지금 이 순간에도 우뚝 서있다.

모네다 궁전 앞에 서 있는 살바도르 아옌데 동상

1 Henry Kissinger, "Nationalization of American-owned property was not the issue." *White House Years* (Boston, MA: Little, Brown and Company, 1979), p. 656.
2 *Interim Report: Alleged Assassination Plots Involving Foreign Leaders*, The Select Committee to Study Governmental Operations with Respect to Intelligence Activities (U.S. Senate) (Washington, DC: U.S. Government Printing Office, 1976), p. 229에서 발췌.
3 *Hearings: Covert Action*, the Select Committee to Study Governmental Operations with Respect to Intelligence Activities (U.S. Senate), Vol. 7 (Washington DC: U.S. Government Printing Office, 1975~76), p. 11. 훗날 미국의 칠레 비밀전쟁의 실체가 알려지자, 미국의 상·하원 모두 특별위원회를 구성하여 칠레 비밀전쟁 등 미국의 정보정책 전반에 관한 특별조사와 청문회를 실시했고, 그 결과를 14권의 보고서로 출간했다. 물론 이 보고서는 CIA의 최종 검열을 거쳤지만, 그래도 상당히 신뢰도가 높다고 할 수 있다.
4 *Ibid.*, p. 8.
5 Richard Nixon, *RN, the memoirs of Richard Nixon* (New York, NY: Warner Books, 1979), p. 490.
6 Kissinger, *op. cit.*, pp. 674, 676.
7 CIA, Memorandum of Conversation of Meeting with Henry Kissinger, Thomas Karamessines, and Alexander Haig (October 15, 1970), p. 2.
8 *Alleged Assassination Plots Involving Foreign Leaders*, p. 254.
9 Henry Kissinger, *The Years of Upheaval* (Boston, MA: Little, Brown and Company, 1982), p. 380.
10 Kissinger, *op. cit.* (1979), p. 659; (1982), pp. 382-383.
11 Nathaniel Davis, *The Last Two Years of Salvador Allende* (Ithaca, NY: Cornell University Press, 1985), p. 51.
12 *Public Papers of the Presidents, Nixon 1970* (Washington, DC: U.S. Government Printing Office, 1971), p. 758.

5장

콘트라 자유의
전사들을 지원하라!

레이건 독트린과 콘트라 비밀전쟁

우리는 적과 국민여론을 상대로 두 전쟁을 동시에 치를 수는 없었다

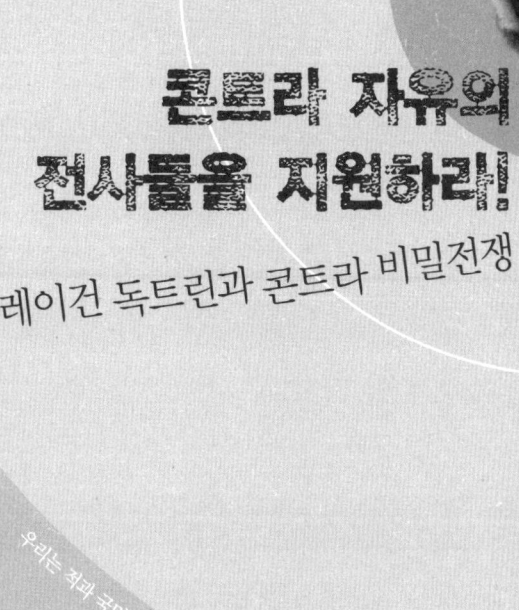

"콘트라Contra군은 '자유의 전사'들입니다. 이들은 우리의 형제와 같은 사람들이죠. 우리는 이들에게 많은 빚을 지고 있습니다. 그래서 이들을 도와줘야 합니다. 이들이 왜 니카라과에서 투쟁을 하는지, 누구를 대상으로 항전을 하는지 잘 아시죠? 콘트라는 미국 건국의 아버지들Founding Fathers과 같은 사람들입니다. 2차대전 당시 나치 독일에 대항해 싸우던 프랑스의 레지스탕스Resistance와 같은 존재들이죠. 콘트라를 지원하는 정책은 보수냐 진보냐의 문제가 아닙니다. 옳고 그름의 문제죠."¹

1985년 3월 1일, 미국의 한 보수단체가 주관하는 연례행사에서 훗날 '위대한 소통자Great Communicator'로 칭송받게 되는 로널드 레이건Ronald Reagan 대통령이 특유의 호소력 깊은 목소리와 표정으로 연설하고 있었다. 레이건은 1981년부터 중앙아메리카에 위치한 작은 나라, 니카라과Nicaragua의 산디니스타 사회주의 정권을 전복시키기 위해 콘트라 반군을 조직, 지원하는 비밀전쟁을 벌였었다. 콘트라 비밀전쟁에서는 CIA가 중추적 역할을 하고 있었다. 그러나 1982년 말 《뉴스위크》는 "미국의 비밀전쟁: 타깃은 니카라과American Secret War: Target Nicaragua"라는 기사를 통해 니카라과 비밀전쟁의 실체를 폭로했고, 이에 레이건은 니카라과 비밀전쟁의 내용을 공개할 수밖에 없는 상황에 봉착하고 말았다. 이날 레이건의 연설은 콘트라 반군을 지원하는 자신의 정책을 지지해 달라는 내용이 주를 이루고 있었다.

콘트라 비밀전쟁의 역사

미국이 중앙아메리카의 소국 니카라과를 상대로 CIA 비밀공작에 착수하기 시작한 시점은 1979년경, 그러니까 레이건 대통령이 당선되기 1년 전이었다. 1970년대 말 니카라과에는 소모사^{Somoza} 독재정권의 폭정이 극에 달했고, 이에 대한 국민들의 불만이 최고조에 이르러 있었다. 소모사 세습정권은 43년 동안 니카라과의 정치·경제 권력을 독점하며 온갖 전횡을 일삼았다. 미국은 1970년대 후반까지만 해도 미국의 반공 외교정책 가이드라인을 충실하게 추종하고 있던 소모사 우익독재정권을 지지했다. 그러나 소모사 독재정권에 저항하는 민중혁명운동이 거세지고 소모사 가문의 정권유지가 더는 불가능하다는 판단이 들자, 소모사 정권에 대한 지지를 철회하기로 결정한다. 소모사 정권의 몰락이 임박해지자 지미 카터$^{Jimmy\ Carter}$ 행정부는 사회주의를 표방하는 산디니스타 혁명세력이 집권하는 상황이 걱정되기 시작했다. 도덕주의 외교정책을 내세웠던 카터도 CIA의 도움이 필요했다. 1979년 카터는 소모사를 대체할 수 있는 친미성향의 대안세력을 양성하는 CIA 비밀공작에 착수했지만, 이러한 노력에도 불구하고 산디니스타는 혁명에 성공하여 소모사를 몰아내고 산디니스타 민족해방전선Frente de Sandinista Liberation National: FSLN* 사회주의 정권을 출범시켰다. 카터 행정부는 친미보수 대안세력을 양성하는 비밀공작을 유지했지만, 다른 한편으로는 산디니스타 정부를 외교적으로 인정하고 이들에게 적지 않은 경제원조를 제공하는 등 유화정책을 병행하기 시작했다.

미국 제39대 대통령 지미 카터

하지만 레이건은 카터와 달리 사회주의 정권과는 타협이 불가능하며 중미의 사회주의 정권은 무슨 수를 써서라도 교체해야 한다는 생각을 가지고 있었다. 따라서 미국의 니카라과 정책은 1981년 레이건 공화당

---

* 니카라과 정치단체 중 하나로 1979년 아나스타시오 소모사 데바일레Anastasio Somoza Debayle 대통령을 몰아내고 46년간이나 계속된 소모사 가문의 독재를 종식시켰으며, 1979~1990년 니카라과를 통치했다.

미 국무장관 알렉산더 헤이그. 그는 미군을 직접 파병하여 결연한 의지를 보여야만 산디니스타를 척결할 수 있다는 생각을 가지고 있었다.

행정부가 출범하면서 강경노선으로 급선회하가 시작한다. 취임 직후 레이건은 전임 카터 행정부가 산디니스타 정부에게 제공했던 모든 유형의 원조 프로그램을 중단 또는 취소하는 조치를 단행했다. 1981년 2월 당시 알렉산더 헤이그Alexander Haig 국무장관의 특별보좌관을 역임하고 있던 로버트 맥팔레인Robert McFarlane은 산디니스타 정부를 전복시킬 포괄적인 비밀전쟁계획을 백악관에 건의했다. 이 건의가 받아들여져 레이건 행정부는 CIA 주도하에 '콘트라'라고 알려진 니카라과 반군을 조직하여 지원하는 비밀전쟁에 착수했다. '콘트라 전쟁'이라고 알려진 니카라과 내전은 처음부터 미국이 비밀리에 개입한 미국의 '대리전쟁proxy war'이었다.

대부분의 미국 국민들에게 니카라과는 생소한 나라였다. 1987년 미국에서 실시한 한 여론조사 결과에 의하면 조사 응답자의 반 이상이 니카라과가 어디에 위치한 나라인지도 모르고 있었을 뿐만 아니라, 미국

이란–콘트라 사건이 터진 후 참모들과 상의 중인 레이건

이 산디니스타를 지원하는지 아니면 콘트라를 지원하는지도 모르고 있었다. CBS와 《뉴욕 타임스》가 공동으로 실시한 여론조사에 의하면 7% 미만의 응답자들만이 니카라과의 정황이 미국의 국익에 영향을 줄 수 있는 사안이라고 인식하고 있었다. 흥미로운 사실은 이러한 일반 국민들의 인식과는 달리, 레이건 대통령은 임기 8년 내내 니카라과 문제를 미국의 다른 어떠한 외교현안보다 더 중요한 정책사안으로 간주했다는 것이다. 레이건 행정부의 니카라과에 대한 집착은 이란–콘트라 사건 Iran-Contra Affair*으로 불거졌고, 이로 인해 레이건은 거의 대통령직을 잃을 뻔한 위기에 처하기도 했다. 《뉴욕 타임스》는 레이건 행정부가 니카

라과에 얼마나 집착했는지를 지적하며, 1980년대를 '니카라과 시대 Nicaragua Decade'라고 부르기도 했다. 도대체 중미의 그리 크지 않은 나라 니카라과의 정치상황이 미국의 국익과 무슨 관련이 있었던 것일까?

콘트라 전쟁을 주도한 레이건 행정부의 고위 인사들의 설명에 의하면, 산디니스타가 집권한 니카라과는 미국의 안보에 심각한 위협이 될 수 있는 존재였다. 이들에게 산디니스타 사회주의 혁명은 소련과 쿠바가 미국의 뒷마당 격인 중앙아메리카에 공산주의 전파의 전초기지를 마련하고자 하는 음모의 일환으로 인식되었다. 이러한 음모는 어떠한 수단과 방법을 동원해서라도 제지해야 할 중차대한 국가적 사안이었던 것이다. 콘트라 비밀전쟁을 기획한 맥팔레인은 다음과 같이 언급했다.

"우리가 뒷마당에서 벌어지는 소련과 쿠바의 음모를 제지하지 못한다면, 우리와 멀리 떨어져 있는 지역에서는 이러한 일들이 발생할 가능성이 훨씬 더 높아질 것이며, 이러한 상황에 우리가 효율적으로 대처할 수 있는 가능성은 낮아질 것이다."[2]

레이건 역시 회고록에서 다음과 같이 술회하고 있다.

"소련과 카스트로는 엘살바도르를 (공산화의) 다음 표적으로 생각하고 있었다. 이들은 결국 중미의 모든 국가들을 대상으로 공산혁명을 전파하려 하고 있다. 엘살바도르와 니카라과는 단지 시작에 불과할 뿐이다. 온두라스, 과테말라, 멕시코가 다음 표적이다."[3]

---

* 미국 레이건 행정부 당시 국가안전보장회의(NSC)가 적성국가인 이란에 무기를 불법적으로 판매하고 그 이익으로 니카라과의 콘트라 반군을 지원한 사건.

니카라과

    이들의 주장은 그 유명한 도미노 이론에 근거를 두고 있었다. 즉 미국이 산디니스타 혁명을 저지하지 못한다면 니카라과는 중남미 지역에서 공산주의의 교두보가 될 것이며, 산디니스타 정권은 군사물자를 지원하고 게릴라 군대를 동원하여 인근국가에 공산주의 혁명을 전파해 나갈 것이라는 주장이었다.

    하지만 니카라과가 소련의 교두보가 되어 공산주의를 서반구에 전파할 것이라는 레이건 행정부의 주장은 구체적 사실에 근거를 두고 있지 않았다. 산디니스타 혁명은 소련이나 쿠바의 사주에 의해 조장된 것이 아니라 소모사 독재라는 니카라과 고유의 상황이 빚어낸 민중혁명이었다. 물론 산디니스타 혁명이 마르크스주의Marxism의 이데올로기에 바탕을 두고 있었고, 혁명 주도세력들도 마르크스주의자Marxist를 자처하고 있었음은 부인할 수 없는 사실이다. 하지만 산디니스트 혁명이 마르크스주의를 지향했던 이유는 소모사 독재의 폭정에 맞선 분배정의의 차원에서였지, 소련식의 군사적 공산주의 국가를 동경했기 때문은 아니었다. 산디니스타 정권은 소련과 일정한 거리를 유지하는 외교노선을 택했고, 소련 역시 니카라과가 제2의 쿠바가 되는 상황을 원치 않았다. 소련의 전직 외교관 세르게이 타라센코Sergei Tarasenko는 다음과 같이 증언했다.

"조금이라도 이성적인 판단능력을 가지고 있는 사람이라면 소련이 중남미에 거점을 마련할 수 있을 것이라 생각하지 않을 것이다. 소련이 이 지역에서 반미운동을 조장할 능력과 의사가 있으리라 생각하지도 않을 것이다."⁴

이란-콘트라 사건으로 언론의 주목을 받게 되는 올리버 노스Oliver North 중령도 《워싱턴 포스트》와의 인터뷰에서 "소련은 니카라과에서 미국과 힘겨루기를 하지 않을 것"이라고 잘라 말했다(1987년 5월 22일). 소련이 중미가 미국의 세력 범위sphere of influence*임을 인정하고 있었다는 얘기다. 산디니스타가 이웃 국가에 공산주의를 전파할 것이라는 주장도 신빙성이 없긴 마찬가지였다. 레이건 행정부는 이러한 주장을 뒷받침할 근거로 산디니스타가 사회주의 성향의 엘살바도르 반군에게 무기를 제공한 사실을 거론하곤 했는데, 이러한 무기제공이 중단된 것을 확인한 후에도 CIA 비밀공작은 한참 지속되었다. 전직 CIA 요원의 증언에 의하면 레이건 행정부가 "산디니스타 정부를 전복시키려는 정책을 정당화하기 위해 마치 산디니스타가 엘살바도르 게릴라 활동에 전적인 책임이 있는 것처럼 여론을 호도했다"고 한다. 산디니스타 혁명의 본질과 소련의 동향 등을 고려해보면 산디니스타 정부가 중남미의 공산주의 전초기지가 될 것이라는 레이건 행정부의 주장에는 분명히 어폐가 있었다. 하지만 레이건 행정부는 집권 8년 동안 국내외 여론의 반대에도 불구하고 산디니스타 정부를 제거하기 위해 온갖 수단을 다 동원하는 집착을 보였다. 아마도 그 이유는 중미에서 정통성 있는 사회주의 정부의 출현이 가지고 있던 상징성 때문이었을 것이다. 국민의 지지를 받는 사회주의 정부의 출범은 중남미에서 미국이 누리고 있던 패권적 위치에 대한 도전을 의미하는 사건이었고, 소련과의 데탕트^{détente} 정책**을 폐기하고 '2차 냉전'을 치르고 있던 레이건에게는 자존심이 걸린 문제이기도 했다. 레이건은 대통령에 취임하기 전부터 이미 산디니스타를 제거하기로 작심하고 있었다. 문제는 군사적 개입을 통해 니카라과의 정권교체를 도모하기에는 국내외 여론의 반대가 만만치 않았다는 것이다.

---

* 자기 나라 밖에서 다른 나라의 세력을 배제하고 정치·경제상의 우월권을 확보한 지역.
** 국제관계 속에서 대립과 긴장이 완화되어 화해의 분위기가 조성되는 상태 또는 그것을 지향하는 정책. 특히 역사적으로 미국과 소련이 첨예한 이념 대립에서 벗어나 평화적 공존을 모색한 정책과 노력을 가리킨다.

여론과 니카라과 침공계획

근 10년에 걸쳐 진행된 베트남 전쟁의 실패는 미국인들의 정치적 관심을 해외에서 국내로 전환시키는 계기가 되었고, 베트남 전쟁 이후 대부분의 미국인들은 '전쟁기피증상'을 보이고 있었다. 갤럽^{Gallup}, CBS, 해리스^{Harris}에서 실시한 여론조사 결과를 보면, 대다수의 미국인들이 니카라과 문제 해결을 위한 자국의 군사행동, 즉 니카라과와의 전쟁에 강한 반대의사를 가지고 있었다. 한 조사결과에 의하면 76%의 응답자들은 니카라과가 미국을 침공하려 할 경우에만 니카라과와의 전쟁을 지지할 것이라 답했고, 훗날 CIA 비밀전쟁의 실체가 밝혀졌을 때 레이건 행정부가 비밀전쟁의 목적이라고 강변했던 '니카라과가 소련의 교두보로 전락'하는 상황이나 '니카라과가 인접국가에 공산주의를 전파'하는 상황에도 대다수가 니카라과와의 전쟁에 반대할 것이라고 응답했다. 결국 미국인들은 니카라과가 미국이나 다른 인접 국가를 무력 도발하는 경우를 제외하고는 니카라과와의 전쟁에 적극 반대하고 있었음을 알 수 있다(〈표 10〉 참조).

여론조사기관 해리스가 1980년대 10년에 걸쳐 실시한 여론조사에 의하면 다수의 응답자들이 니카라과 문제 해결을 위해 미국의 군사력을 사용하게 되는 상황에 깊은 우려를 표명하고 있었고, 4분의 3가량의 응답자들은 니카라과를 침공하여 산디니스타 정부를 전복시키는 정책에 지속적인 반대를 하고 있었던 것으로 나타났다(〈표 11〉과 〈표 12〉 참조).

CBS의 여론조사 결과에 의하면 '미국이 콘트라 반군을 지원해야 하는가' 라는 설문에도 3분의 2가량의 응답자들이 레이건 집권 시기 내내 부정적인 견해를 가지고 있었던 것으로 나타났다. 콘트라 지원에 반대하는 이유를 묻는 질문에는 44%의 응답자들이 '콘트라 지원으로 지출되는 돈은 차라리 산적한 국내문제 해결에 사용하는 것이 바람직하기 때문' 이라고 밝혔고, 14%의 응답자들은 '니카라과 문제는 미국이 상관할 바가 아니기 때문' 이라고 답했다. 이러한 미국인의 태도는 베트남 전쟁 후유증 등으로 형성된 당시의 내향적 국가 분위기를 반영하고 있었다. 그렇다면 산디니스타를 제거하기로 이미 마음을 굳힌 레이건이 국내여론의 반대에 어떻게 대응했을까?

로널드 레이건은 1981년 백악관에 입성하면서 베트남 전쟁으로 상처받은 미국의 자존심을 회복하고 소련과의 냉전을 확전할 것임을 전 세계에 천명했다. 1981년 민주당 카터 행정부에서 공화당 레이건 행정부로의 정권이양은 냉전 시기 미국 외교정책의 중요한 전환점이 되었다. 카터의 외교정책이 베트남 전쟁의 교훈에 바탕을 둔 소극적 방어정책이었다면 레이건의 외교정책은 1938년 뮌헨München 협정의 교훈*에 바탕을 둔 적극적 공세 정책이었다. 레이건 행정부 이전 미국의 냉전정책 기조는 소련 공산주의의 확장을 봉쇄containment하는 정책이었다. 레이건은 냉전에서 승리하기 위해서는 봉쇄정책만으로는 충분하지 않고, 소련 공산주의 세력을 적극적으로 격퇴해나가는 롤백rollback 정책을 추

〈표 10〉 니카라과와의 전쟁을 정당화할 수 있는 가상 상황에 대한 설문

아래의 가상 상황이 니카라과와의 전쟁을 정당화할 수 있다고 답한 응답	(%)
니카라과가 공산주의 정부를 수립하는 경우	4.3
니카라과가 대규모 군축을 시작하는 경우	7.3
니카라과가 타국의 공산주의 운동을 지원하는 경우	14.8
니카라과가 소련의 전진기지가 되기를 자처하는 경우	33.5
니카라과가 인접 국가를 침공할 경우	48.2
니카라과가 미국을 침공할 경우	76.1
응답자 수	1,363

〈표 11〉 해리스 여론조사 결과 I

미국이 니카라과에 군대를 파견하여 전쟁을 치르는 상황에 대해서 어떻게 생각합니까?					
조사일자 (월/년)	5/85	4/86	11/86	6/87	7/87
매우 우려	50	49	47	58	54
다소 우려	31	34	33	27	32
많이 우려하지 않음	9	10	9	8	7
전혀 우려하지 않음	9	6	9	6	4
잘 모르겠음	1	1	2	1	3
응답자 수	1,256	1,254	1,207	1,247	1,246

〈표 12〉 해리스 여론조사 결과 II

미국이 니카라과를 침공해서 산디니스타 정부를 전복시키는 정책에 찬성합니까, 반대합니까?					
조사일자 (월/년)	3/85	5/85	4/86	6/87	7/87
찬성	17	20	30	18	24
반대	76	75	63	72	60
잘 모르겠음	7	5	7	10	16
응답자 수	1,256	1,256	1,254	1,247	1,246

■ 출처: Donald Secrest, Gregory G. Brunk, and Howard Tamashiro, "Moral Justifications for Resort to War with Nicaragua," The Western Political Quarterly, Vol. 44, Issue 3 (September 1991), p. 544.

진해야 한다는 입장을 취했다. 이러한 롤백 정책이 레이건 독트린Reagan Doctrine의 핵심이었고, 니카라과는 레이건 독트린의 실험적 사례가 될 수 있는 외교정책 사안이었다. 실제로 이러한 미국 외교정책의 기조 변화는 레이건의 니카라과 정책에 고스란히 반영되었다.

훗날 레이건은 산디니스타 정부로부터 엘살바도르 반군에게로의 무기 유입을 차단하는 것이 니카라과 정책의 목표라고 주장했지만, 사실 이들의 궁극적 목표는 처음부터 산디니스타 정부를 전복시키는 것이었다. 여기서 주목해야 할 한 가지 사실은 레이건 행정부의 고위 정책결정권자들이 산디니스타 정부를 전복시켜야 한다는

미국 제40대 대통령 로널드 레이건. 냉전에서 승리하기 위해서는 소련 공산주의 세력을 적극적으로 격퇴시켜나가는 롤백 정책을 추진해야 한다는 것이 레이건 독트린의 핵심이었다.

---

* 1938년 오스트리아를 합병한 나치 독일은 이어 체코슬로바키아의 주데텐란트Sudetenland를 합병한다. 영국·프랑스·이탈리아는 나치 독일에 대한 유화책appeasement policy으로 뮌헨협정에서 이를 승인했다. 하지만 나치 독일은 만족하지 않고 폴란드 단치히Danzig 합병을 요구했으며, 이는 곧 2차대전으로 이어진다. 훗날 뮌헨 협정은 유화책 실패의 상징으로 기억되고, 섣부른 유화책으로 적을 대해서는 안 된다는 교훈을 남겼다.

'정책목표'에는 이견異見이 없었지만, 어떤 '수단'으로 이 목표를 달성해야 하는가에 관해서는 의견을 달리하고 있었다는 것이다. 일각에서는 CIA 비밀전쟁이 아니라 당당히 미군을 파병하여 산디니스타와 '일전'을 불사해야 한다는 의견을 제기했다. CIA 비밀전쟁만으로 과연 산디니스타 정부를 굴복시킬 수 있을지 회의적이었던 것이다. 우선 레이건 대통령부터 미군을 직접 투입하지 않고 대신 콘트라 반군을 지원하는 정책에 미온적인 태도를 보이고 있었다. 레이건 행정부의 초대 국무장관 알렉산더 헤이그 역시 미군을 직접 파병하여 결연한 의지를 보여야지만 산디니스타를 척결할 수 있다는 생각을 가지고 있었다. 헤이그는 회고록에서 당시 상황을 다음과 같이 술회하고 있다.

"나는 우리의 군대를 투입해야만 중앙아메리카의 문제를 해결한 수 있다는 생각을 하고 있었다. 그러나 레이건 대통령 주변에는 미국의 군사력을 사용하는 정책에 반대하는 인사들이 포진하고 있었다. 캐스퍼 와인버거Caspar Weinberger 국방장관은 미군의 희생과 재정적 손실을 걱정해 전쟁을 반대하고 있었고, 합동참모본부Joint Chiefs of Staff: JCS 역시 미군의 파병에 반대하고 있었다. 그러나 강공책만이 당면한 문제를 해결할 수 있다. 가공할만한 군사력은 미국만이 가지고 있는 자산이다."[5]

헤이그는 이러한 자신의 의사를 관철시키기 위한 작업에 착수했다. 그는 자신의 특별보좌관이었던 맥팔레인에게 니카라과 정책을 포함한 포괄적 중미정책을 착안하라고 명령했고, 이에 맥팔레인은 CIA·국방부·국무부·JCS 그리고 NSC 소속의 스태프들과 협의하여 '니카라과와의 전쟁준비Taking the War to Nicaragua'라는 정책메모를 작성했다. 이 정책

메모에는 니카라과와 중미의 당면 현안을 해결하기 위해서는 미국의 군사력을 직접 사용하여 쿠바의 공항과 항구를 공격하고, 니카라과를 해양봉쇄naval blockade해야 한다는 '전쟁계획'이 강력히 권고되어 있었다. 헤이그는 회고록에서 레이건 대통령 역시 자신의 전쟁계획에 상당히 긍정적인 생각을 가지고 있었다고 주장했다.

"레이건은 이러한 위기 상황에 처했을 경우 대담한 정책이 필요하다는 사실을 잘 알고 있었고, 군사적 해결방안에 긍정적인 생각을 가지고 있었다." 6

비밀전쟁으로의 선회

• • •

그러나 결국 레이건은 전쟁계획을 포기하고 CIA 비밀전쟁안을 채택한다. 그 이유는 무엇이었을까? 레이건은 다소 감상적 애국자였으며 군사적 해결법을 선호하고 서부극의 무용武勇을 동경하던 미국인이었다. 하지만 동시에 자신의 정책 결정이 가져올 국내 정치적 파급효과를 정확히 계산할 줄 아는 영리한 정치인이기도 했다. 레이건은 당시 미국의 사회분위기를 감안했을 때, 니카라과와 전쟁을 치르기 위해 필요한 국민적 동의를 구하기가 불가능하다는 사실을 너무나 잘 알고 있었다. 더군다나 부시 부통령과 와인버거 국방장관도 국내 정치적인 이유를 언급하며 헤이그의 전쟁계획에 반대를 표명하고 있는 상황이었다. 와인버거는 회고록에서 당시 상황을 다음과 같이 술회하고 있다.

"우리(레이건 행정부)는 적(산디니스타)과 국민여론을 상대로 두 전쟁을 동시에 치를 수는 없었다."[7]

랜드 연구소Rand Corporation의 보고서에도 나와 있듯이 니카라과와의 전쟁이 미국에게 '엄청나게 값비싼 정책enormously costly undertaking'이 될 것은 불 보듯 훤한 일이었다. 랜드 연구소의 보고서는 "니카라과와의 전쟁에는 최소 10만 명 정도의 미군이 동원되어야 하며 군사행동이 성공리에 종결되는 데는 수년의 시간이 소요될 것"이라고 예견하고 있었다.[8] 조지타운 대학Georgetown University이 내놓은 보고서도 동일한 결론을 내리고 있었다. 조지타운 대학의 연구에 의하면 미국의 군사행동이 산디니스타 정부를 전복시키고 친미 정권을 수립하기 위해서는 약 5년여의 시간이 소요될 것이라 예상하고 있었다. 이러한 군사행동으로 약 4,780명 정도의 전사자와 1만 8,600명 정도 부상자가 발생할 것이며, 재정적 손실 또한 100억 달러가 훨씬 넘을 것이라 예측하고 있었다. 이 정도 인명의 희생과 재정적 손실을 미국 국민들이 용인하지 않을 것이라는 것을 레이건은 잘 알고 있었던 것이다.

결국 적잖은 미군의 희생과 재정적 손실이 예상되는 헤이그의 전쟁계획은 국민의 동의를 구하지 못할 것이라는 이유로 기각되고 말았다. 1980년대 미국의 니카라과 정책에 정통한 많은 학자들도 이와 비슷한 결론을 내리고 있다. 예를 들어 딕슨Dixon은 "국민여론의 반대로 레이건이 니카라과와의 전쟁을 포기했다"고 주장했고, 콘블러Kornbluh 역시 "여

작전명 '어전트 퓨어리'

그레나다에 상륙한
미 육군 레인저 부대

1983년 10월 카리브 해 연안의 작은 나라 그레나다 Grenada에서 군사 쿠데타가 발생하여 모리스 비숍 Maurice Bishop 수상이 실각하는 사건이 발생했다. 레이건 행정부는 즉각 해군을 파견하여 군사정권을 격퇴하고 비숍 정권을 다시 옹립했다. 작전명은 '어전트 퓨어리 Urgent Fury'. 미국 군대를 직접 동원하여 그레나다 사태를 해결하기로 한 결정은 니카라과 산디니스타 정부를 CIA 비밀전쟁으로 대응한 결정과 비교된다. 그레나다는 니카라과와 비교해 보았을 때 군사력·인구·영토의 크기 등 여러모로 비교가 되지 않을 정도로 아주 작은 나라였다. 레이건 행정부는 그레나다를 상대로 한 군사행위가 미국의 신속한 승리로 끝날 수 있음을 잘 알고 있었다. 미군의 그레나다 침공이 알려진 후 실시된 여론조사에 의하면 해외에서의 군사력 사용을 우려하는 사회적 분위기에도 불구하고, 대다수 미국인들이 레이건의 그레나다 침공결정을 지지하고 있었다. 그 이유는 그레나다 무력침공에 단 한 명의 미군 희생자도 발생하지 않았고, 군사작전이 종결되는데 채 일주일도 소요되지 않았다는데 있었다. 물적·인적 자원의 손실을 최소화하며 거둘 수 있는 신속한 군사적 승리는 정권에 대한 국민들의 지지를 끌어올리는데 큰 도움을 준다. 이러한 이유 때문에 그레나다 주변국들이 해양봉쇄로 쿠데타 세력을 굴복시키자고 건의했음에도 레이건은 군이 군사행동을 고집한 것이다.

론의 반대가 레이건이 전쟁계획을 포기하게 만든 가장 큰 요인이었다"고 지적했다.⁹

1981년 12월, 백악관에서는 니카라과를 안건으로 외교안보회의가 열렸다. 레이건 행정부의 최고 정책결정권자들이 참석한 이날 회의에서 산디니스타 전복을 위한 콘트라 비밀전쟁계획을 공식적으로 채택했다. 이 같은 비밀전쟁계획에 당시 CIA 국장 윌리엄 케이시William Casey만이 적극적인 찬성을 표명했고, 회의에 참석한 다른 인사들은 미온적인 태도를 보였다. 헤이그는 자신의 전쟁계획에는 못 미치지만 비밀전쟁이 외교적 대응이나 무대응보다는 나을 것이라 판단하여 찬성했다. 다른 인사들도 비밀전쟁이 미국의 군사력을 사용해야 하는 헤이그의 전쟁계획보다는 바람직하다고 생각하여 무조건 찬성표를 던졌다고 한다.

콘트라와
국가 테러리즘

••••

1981년 11월, CIA의 비밀공작 자원을 이용하여 산디니스타 정부를 전복시키기로 의견을 모은 레이건 행정부는 산디니스타 혁명으로 권력을 잃고 이웃 국가 온두라스의 남쪽 지방에 피신하고 있던 소모사 독재정권 잔당과 접촉을 갖기 시작했다. CIA는 이들 소모사 잔당을 규합하여 훗날 '콘트라'로 알려지게 되는 반군을 조직하여 지원하는 비밀공작에 착수했다. 콘트라 반군을 조직하고 지원하는 레이건의 초기 비밀공작에는 1,900만 달러의 예산이 할당되었고, 레이건 행정부의 전폭적인 지원을 받고 있던 콘트라는 온두라스에 작전 기지를 두고 '치고 빠지는hit-and-run' 게릴라 전술을 구사하며 산디니스타 정권을 괴롭히기 시작했다. 레이건은 콘트라를 미국과는 상관없이 독립적으로 활약하고 있던 '자유의 전사들'로 묘사했지만, 사실 콘트라는 소모사 독재정권 시절을 그리워하던 '소모시스타Somocista'가 그 주축을 이루고 있었다. 더욱 중요한 사실은 콘트라가 자생적으로 발생한 저항세력이 아니라 레이건 행정부의 지원으로 조직되었고 존속이 가능했던 미국의 '대리군대proxy army'였다는 것이다. 콘트라의 홍보총책을 맡았던 에드가르 차모로Edgar Chamorro는 다음과 같이 술회했다.

"우리는 CIA의 정보력과 재정지원에 의해 유지될 수 있었던 CIA의 '대리군대'였다. 우리는 산디니스타 이후의 니카라과에 대한 아무런 독자적 계획도 갖고 있지 않았으며 단지 미국의 정책목표를 추종하고 있었다."[10]

CIA는 콘트라에게 무기와 자금을 지원해 주었을 뿐 아니라, 산디니스타 정권을 교란시키기 위해 필요한 온갖 노하우knowhow를 전수해 주었다. 예를 들어 CIA는 「자유전사들의 교범Freedom Fighters' Manual」과 「게릴라전의 심리작전Psychological Operations in Guerrilla Warfare」 등의 교본을 만들어 콘트라들에게 보급하여 투쟁수단을 전수해 주었다. 이들 교본에는 파업을 유도하는 방법, 도로에 못을 깔아 교통혼잡을 유도하는 방법, 화염병을 만들어 사용하는 방법 등이 소상히 설명되어 있었을 뿐 아니라,

니카라과 일반시민들을 대상으로 한 테러행위를 산디니스타 정부에 대한 공격수단으로 사용하라고 권장하고 있었다.

실제로 콘트라는 일반시민들을 대상으로 저지른 만행으로 국제사회의 지탄을 받았는데 그 배후에는 CIA와 레이건 행정부의 지침이 작용하고 있었던 것이다. 가톨릭국제관계연구소Catholic Institute for International Relations: CIIR와 아메리카스워치Americas Watch와 같은 국제자선단체나 인권단체의 조사와 보고서에 의하면 콘트라의 주요 전쟁수단은 일반시민을 대상으로 한 테러였다. 콘트라가 저지른 테러는 여성과 아동을 포함한 일반시민들의 납치·고문·강간, 주거지에 대한 무차별 공격과 방화 등 이루 형언할 수 없는 만행들이 포함되어 있었다. 물론 미국의 몇몇 언론은 이들 국제 NGO의 보고서가 이념적으로 편향되어있고 정확성이 부족하다고 비판했지만, 콘트라가 일반인을 대상으로 테러를 자행했음은 부인하기 어려운 사실이다. 전 CIA 국장 스탠스필드 터너Stansfield Turner의 지적대로 "콘트라가 온갖 만행을 자행했음은 너무나 명백한 사실"이고 이러한 만행은 "미국이 후원한 국가 테러리즘state-sponsored terrorism으로 규정"할 수 있다(《뉴욕 타임스》, 1994년 12월 20일).

물론 레이건 행정부는 테러를 조장하고 권고하는 교범의 작성과 보급, 그리고 투쟁 노하우의 전수에 대한 책임을 부인했지만, 여러 가지 정황을 미루어 보았을 때 이러한 CIA의 지침은 레이건 행정부의 '최고위층'으로부터 나왔을 가능성이 매우 높다. 레이건 행정부의 최고위층이 이러한 지침을 내리지 않았다고 하더라도, 이들은 콘트라가 CIA의 도움을 받아 니카라과의 일반시민을 상대로 테러행위를 자행하고 있다는 사실을 잘 알고 있었으면서도 이를 2년 이상이나 묵인한 것이다. 레이건 행정부는 민주주의를 수호한다는 미명하에 콘트라를 지원했지만, 실제로는 당시 전 세계에서 가장 규모가 큰 테러리스트 집단을 후원하고 있었던 셈이다.

비밀 아닌 비밀전쟁과
의회의 반격

●●●●●

산디니스타를 권좌에서 밀어내기 위한 레이건의 비밀전쟁은 콘트라 내전에 국한되지 않았다. 레이건 행정부는 1984년 니카라과의 대통령 선거에 개입하여 산디니스타의 정치적 입지를 약화시키려 했다. 콘트라 내전과 레이건의 교란 정책에도 불구하고 산디니스타와 지도자 다니엘 오르테가Daniel Ortega는 1980년대 초 니카라과 국민들로부터 전폭적인 지지를 받고 있었다. 1984년 선거에서 오르테가가 대통령으로 당선될 것은 불 보듯 뻔한 상황이었다. 레이건은 제일야당의 대통령 후보 아르투로 크루스Arturo Cruz를 포함한 몇 명의 야당후보들에게 선거를 보이콧boycott하도록 종용했다. 이러한 개입은 늘 니카라과 민주주의 수호의 중요성을 역설하던 레이건의 정책을 무색하게 만든 처사였다. 《워싱턴 포스트》의 1984년 7월 30일 자 사설은 레이건 행정부의 선거개입을 다음과 같이 비판했다.

니카과 대통령 다니엘 오르테가. 미국은 10여 년에 걸친 비밀공작으로 제거하려고 했지만, 그는 2006년 대통령 선거에서 승리를 거두며 화려하게 돌아왔다.

"니카라과의 제일야당으로 하여금 선거를 보이콧하게 하는 공작은 산디니스타 정권을 희롱하는 처사이고, 민주적 다원주의를 보급·장려하는 미국의 정책에 정면으로 반하는 행위이다."

레이건 행정부의 희망과는 달리 산디니스타 정부의 정통성은 1984년 선거로 더욱 공고해졌다. 투표율은 75%에 달했고, 그중 66%는 산디니스타를 지지했다. 레이건 행정부는 애써 '소련식 사기극 Soviet-style sham'이라고 폄하했지만 1984년 선거는 국제단체에서도 인정한 민주적이고 자유로운 선거였다. 선거는 200명이 넘는 해외 언론인과 504명의 해외 참관인의 감시 아래 치러졌다. 참관인들의 증언에 의하면 1984년 선거는 여러모로 민주적 선거의 모델이 될 만했다. 영국의 원로정치인으로 선거를 참관한 치트니스 경 Lord Chitnis 은 "니카라과의 선거는 1982년, 1984년 엘살바도르에서 치러진 선거에 비해 어느 모로 보나 월등히 민주적인 행사였다. 니카라과의 선거는 후일 다른 나라 선거의 모델이 될 수 있다"고 말했다.[11] 선거 결과 야당도 니카라과 의회 의석의 3분의 1 정도를 차지하게 되었지만, 선거 이후에도 산디니스타 정권은 '독재정권'이며 '국민에 의해 선택된 정부'가 아니라는 레이건 행정부의 주장은 계속되었다. 하지만 《워싱턴 포스트》가 보도했듯, "국회의원의 3분의 1 정도가 반공을 표방하는 반대당 소속이고, 경제의 60%가 사유화되어 있고, 여행과 언론의 자유가 보장된 나라(니카라과)를 공산주의 국가의 전형이라 호칭하기에는 무리"가 있었다(1985년 1월 19일).

레이건 행정부의 콘트라 비밀전쟁은 1982년 말 《뉴스위크》의 폭로 기사로 CIA의 개입이 탄로 나고 콘트라 전쟁은 더 이상 '비밀이 아닌 비밀전쟁overt-covert war'이 되고 말았다. 미국의 개입이 탄로 난 후에도 레이건은 콘트라 대리전쟁을 그만둘 생각이 추호도 없었지만 대다수의 미국인들은 콘트라 전쟁으로 대표되는 레이건의 니카라과 정책에 회의적인 시각을 갖고 있었다. 미국 의회도 레이건 행정부의 인기 없는 니카라과 정책에 제동을 걸기 시작했다. 1982년 12월 미국 하원은 411대 0이라는 압도적인 표결로 콘트라 재정지원을 금지하고 산디니스타 정부의 전복을 위한 비밀공작을 불법화하는 제1볼랜드 법안Boland Amendment I을 통과시킨다. 한편 멕시코, 베네수엘라, 콜롬비아, 파나마 등 니카라과 인근의 중남미 국가들은 니카라과 문제의 평화적 해결을 위해 콘타도라 그룹Contadora Group*을 구성하지만 레이건 행정부의 호전적 니카라과 정책은 지속되었다.

---

* 멕시코 · 베네수엘라 · 콜롬비아 · 파나마 등 니카라과 인근의 중남미 국가들이 호전적인 레이건 행정부의 니카라과 정책을 수정해야 한다며 결성한 그룹. 콘타도라 그룹은 유엔 안전보장이사회와 미주기구(OAS) 등의 지지를 받았다.

1983년 1월 니카라과 동부해안에 위치한 5개의 항구에 폭발사건이 발생한다. 이로 인해 소련 화물선 한 척을 포함한 여러 척의 배가 손상을 입고 상당수의 인명피해가 발생했다. 레이건 행정부는 사건의 책임을 부인했다. 하지만 사건 발생 며칠 후 CIA 비밀요원이 부설한 기뢰가 폭발을 촉발한 사실이 탄로 나고 말았다. 1984년 산디니스타 정부는 이 사건을 국제사법재판소에 제소했고, 1986년 6월 국제사법재판소는 콘트라 비밀전쟁과 항구폭파 사건은 국제법 위반이자 1856년 파리조약과 1899년·1907년 헤이그조약에 준거한 명백한 전쟁행위라는 판결을 내렸다. 그러나 레이건 행정부는 미국의 행동은 정당방위에 해당하며 국제사법재판소는 이러한 성격의 국제문제에 사법권이 없다는 강변을 내놓았다. 유엔 총회 역시 94대 3의 압도적인 표결로 국제사법재판소의 평결을 지지하는 결의안을 채택했다. 유엔 안전보장이사회도 유사한 결의안을 채택하기로 결정했으나 미국의 거부권행사로 무산되고 말았다.

레이건 행정부의 강경일변도 니카라과 정책으로 인해 국내외 여론은 더욱더 악화되었다. 1984년 5월 미국의 하원은 241대 177의 표결로 니카라과 내정에 미국의 어떠한 폭력적 개입을 금지한다는 제2볼랜드 법안Boland Amendment II을 통과시킨다. 하지만 산디니스타 정부를 전복시키려는 레이건의 의지는 집요했다. 레이건 행정부는 국민여론을 반전시키고 의회의 반대를 무력화하기 위해 대규모의 대국민 홍보캠페인을 시작한다.

레이건의
공공외교

●●●●●●●

레이건은 우선 백악관의 기존 홍보채널을 전면 가동했고, 국무부, 국방부, 심지어 CIA까지 대국민 홍보캠페인에 동원하여 콘트라 전쟁에 우호적인 여론을 조장하려 했다. 기존의 홍보채널 외에 레이건은 특별선전부처 ad hoc propaganda ministry를 설립해 콘트라 전쟁의 정당성을 국민에게 선전했는데, 1983년 백악관 내에 설립된 중미아웃리치그룹 Outreach Group on Central America과 행정부 안에 설립된 공공외교부 Office of Public Diplomacy는 니카라과 정책을 미국 국민에게 홍보하는데 중요한 역할을 하게 된다. 레이건 자신도 탁월한 의사소통능력을 십분 활용하여 TV나 라디오를 통해 직접 니카라과 정책에 대한 국민의 지지를 호소했다.

전쟁에 대한 국민적 동의를 도출하기 위해 국가지도자들이 자주 사용하는 방법 중의 하나가 전쟁 상대를 악의 화신으로 국민들에게 인식시키는 것이다. 상대방이 악의 화신일 때 적에 대한 무력사용이나 우리 편의 희생을 정당화할 수 있기 때문이다. 레이건 역시 산디니스타들을 '악의 무리'나 '독재의 잔당'으로 규정하고, 콘트라들은 이들과 맞서 싸우는 '자유의 전사' 혹은 '미국 건국의 아버지들과 같은 존재'라고 강변하며 콘트라 전쟁에 대한 국민적 동의를 유도했다. 산디니스타 정권은 중남미 지역에 공산혁명을 후원하는 소련의 꼭두각시로 묘사되곤 했는데, 《뉴욕 타임스》가 지적했듯이, "니카라과를 소련의 전진기지인

양 묘사하는 것은 국민과 의회를 설득해 계속해서 콘트라 대리전쟁을 치르려는 레이건 행정부의 노력의 일환"이었다(1985년 2월 13일).

또한 레이건 행정부의 홍보캠페인은 니카라과에 자국 군사력을 직접 투입하게 되는 상황을 미국 국민들이 가장 꺼리고 있다는 사실을 역으로 활용했다. 레이건 행정부는 콘트라 전쟁 지지유도를 위해 만든 TV 광고를 통해 "우리의 의회가 콘트라를 지원하는 행정부의 정책에 동의한다면 수천여 명의 미국인이 니카라과에 가서 목숨을 걸고 싸울 필요가 없을 것"이라고 주장했고, 조지 P. 슐츠^{George P. Shultz} 국무장관 등 레이건 행정부의 고위관료들도 콘트라 전쟁 지원의 중단은 미군을 이용한 전면전을 초래할 것이라는 협박성 주장을 공공연히 하고 다녔다. 결과적으로 콘트라 대리전쟁을 미국의 군사력을 직접 사용하는 전면전의 유일한 대안으로 국민들에게 제시한 셈이었다.

이와 같은 대국민 홍보활동이 콘트라 전쟁에 대한 국내여론의 향배에 어떠한 영향을 끼쳤는지는 잘 알 수가 없다. 여론조사 결과만을 놓고 본다면 레이건의 홍보활동이 그다지 효율적이지 않았다고 할 수 있다. 왜냐하면 홍보활동에도 불구하고 콘트라 전쟁에 대한 국내여론은 레이건 임기 내내 큰 변동 없이 매우 부정적인 것으로 나타났기 때문이다. 레이건 행정부는 반공주의와 애국심에 호소하여 콘트라 전쟁에 대한 국민적 동의를 구하려 했으나, 베트남 전쟁의 실패를 막 경험한 미국 국민들은 니카라과의 정권교체에 국력을 소진할 필요가 없다고 판단하고 있었다. 그러나 다른 한편으로는 콘트라 전쟁이 미국 국민의 전폭적인 지지 없이도 꽤 오랜 기간 지속될 수 있었던 이유가 레이건 행정부의 홍보캠페인의 영향이라고 해석할 수도 있겠다.

이란-콘트라 사건

●●●●●●●●

대규모 홍보캠페인에도 불구하고 콘트라 전쟁에 대한 여론이 호전되지 않고, 더군다나 의회가 볼랜드법을 통과시켜 콘트라 지원을 금지하자 레이건 행정부의 니카라과 정책에는 커다란 차질이 발생한다. 하지만 이러한 악조건 속에서도 콘트라를 지원하여 산디니스타를 전복시키려는 레이건의 의지는 꺾이지 않았다. 하지만 1987년 미국 정가政街에 이란-콘트라 사건이 불거져 나오면서 나라 전체가 발칵 뒤집히는 사태가 발생한다. 사건의 전말은 다음과 같다. 이슬람 과격 저항단체인 헤즈볼라Hezbollah는 당시 미국인 6명을 포함한 30명을 인질로 잡고 있었다. 레이건 행정부는 헤즈볼라에게 영향력을 행사할 수 있는 이란에 접근, 미국 무기를 판매할 테니 인질을 석방시켜달라고 제안한다. 당시 이라크와 전쟁을 치르고 있던 이란은 레이건 행정부의 제안을 받아들여 인질을 석방시키고 무기를 구매한다. 레이건 행정부는 무기-인질 거래에서 발생한 수익으로 콘트라를 지원했다. 이러한 거래는 극비리에 진행되었지만, 거래 사실이 곧 레바논의 한 신문 기사를 통해 폭로되고 말았다. 당시에도 이란은 미국의 적성국가로 분류되어 있었고, 이란에 무기를 판매하는 것은 적성국가와의 교역을 금지하는 미국법을 위반하는 행위였다. 판매한 물품이 다름 아닌 군사물자였다는 것이 더욱 큰 문제가 되었다. 이란과의 거래로 발생한 수익으로 콘트라를 지원한 행위 역시 콘트라 지원을 금지하는 볼랜드법을 위반하는 행위였다. 이러한 모든 사실이 이란-콘트라 사건의 핵심인물 올리버 노스 중령의 증언*으로 확인되었고, 몇 번이나 사실을 부인한 레이건 대통령은 탄핵 위기에 몰리게 되었다.

이란-콘트라 사건으로 인해 레이건 행정부의 니카라과 정책은 다시금 급제동이 걸렸다. 더군다나 콘트라가 레이건 행정부로부터 지원받은 불법 자금으로 마약밀매를 했다는 사실이 밝혀지자 콘트라 지원정책은 사실상 종지부를 찍게 된다. 때마침 니카라과와 인접한 중남미 5개 국가들이 에스키풀라스Esquipulas라는 산디니스타-콘트라 평화협정을 체결하며 레이건 행정부를 압박하자 레이건은 더 이상 콘트라 전쟁으로 상징되는 강경일변도의 니카라과 정책을 추진할 수 없게 되었다.

1980년대 후반에는 레이건 행정부의 니카라과 비밀전쟁의 초점이 콘트라 전쟁이라는 '준군사행위paramilitary activity'에서 점차 '정치공작political action'으로 바뀌어 가는데, 이러한 변화는 이란-콘트라 사건과 에스키풀라스 평화협정과 같은 국내외 정치적 사건과 밀접한 관계가 있

---

* 노스 중령은 대이란 무기밀매와 이로 인해 발생한 수익을 콘트라에게 전달해준 주역이다. 의회 청문회에 출석해 무기-인질 거래와 콘트라 지원의 정당성을 당당히 주장하여 이란-콘트라 사건의 중심에 서게 되고, 청문회 내내 당당한 태도로 보수층 일각의 전폭적 지지를 받기도 했다.

산디니스타-콘트라 평화협정을 체결하는 자리에서 다니엘 오르테가(왼쪽), 미주기구(OAS)의 바에나 소아레스 Baena Soares(가운데).

었다. 국내외의 제약으로 콘트라 전쟁을 지속할 수 없었던 레이건 행정부가 궁여지책으로 정치공작을 선택한 것이다. 1980년대 후반 미국의 니카라과 비밀정치공작은 산디니스타 정권을 반대하는 정당이나 시민단체 또는 노조를 결성, 지원하는 것이 그 주된 내용이었다. CIA가 관장해오던 정치공작은 점차 '민주주의를 위한 국가원조기금 National Endowment for Democracy: NED'이 인수했고, NED의 공작은 CIA의 정치공작보다 훨씬 더 '공공연한 방법 overt fashion'으로 진행되었다.

1988년 3월 산디니스타와 콘트라는 중남미 국가들의 중재안을 받아들여 휴전협정을 체결하고, 1989년 2월 자유선거로 차기정부를 구성하기로 합의한다. NED의 정치공작은 1989년 니카라과 선거에 적잖은 영

비올레타 차모로

향을 끼쳤다. 미국 의회는 1984년 다른 나라의 선거에 출마하는 후보들을 NED가 재정적으로 지원하는 행위를 금지하는 법안을 통과시켰다. 그러나 1990년 니카라과 선거에서 NED는 산디니스타 반대세력인 전국야당연합Unión Nacional Opositora: UNO을 조직하고, UNO의 대통령 후보 비올레타 차모로Violeta Chamorro의 당선을 돕기 위해 450만 달러를 훨씬 웃도는 금전을 제공했다. CIA 역시 1989년 선거를 염두에 두고 니카라과 이주민 귀환 프로그램Nicaraguan Exile Relocation Program: NERP에 착수했다. 약 6,000만 달러가 소요된 이 비밀공작은 마이애미Miami에 기거하고 있던 소모사 잔당과 콘트라들을 니카라과에 귀환시켜 산디니스타의 오르테가 후보의 당선을 방해하는 것이 목적이었다.

본국으로 귀환한 콘트라들은 민간인을 공격하고 공공기관의 파업을 유도하는 등 선거를 앞둔 니카라과에 불안정한 사회 분위기를 조성하는데 일조를 했다. 이와는 별도로 CIA비밀공작요원은 노동조합과 청년·여성단체에 침투했고 여론매체를 매수하여 산디니스타에 불리한 여론을 조성했는데, 이는 1989년 UNO의 차모로 후보가 대통령으로 당선되는 데 적지 않은 기여를 했다. 미국은 차모로의 당선이 지난 10년간 니카라과 민주주의를 수호하려는 정책이 결실을 본 것이라 공언했다.

하지만 상원의원 톰 하킨$^{Tom\ Harkin}$은 다음과 같이 주장했다.

"우리(미국)가 니카라과를 비롯한 타국의 선거에 막대한 자금을 동원하여 일정 후보의 당선을 지원한다면, 그것은 이 나라(미국)가 지향하는 민주주의의 근본적인 가치를 부정하는 것과 진배없다."(《뉴욕 타임스》, 1990년 1월 20일)

선거 후 산디니스타 정권은 약속대로 UNO에게 정권을 이양했고, 이와 때를 같이하여 근 10년간 계속되던 니카라과 내전과 미국의 비밀전쟁도 종식된다.

비밀전쟁과 민주주의

●●●●●●●●

레이건 행정부가 선언한 니카라과 정책 목표 중의 하나는 산디니스타 독재세력에 의해 말살되어가는 니카라과 민주주의의 복구였다. 레이건 행정부는 콘트라야말로 니카라과 민주주의를 위해 투쟁하는 '자유의 전사'이며 콘트라를 지원하는 정책이 미국이 니카라과를 비롯한 중남미 국가를 상대로 추진해왔던 '민주주의 장려정책$^{policy\ of\ democracy\ promotion}$'의 연장이라고 주장했다. 그러나 실제 콘트라는 자유의 전사는 커녕 니카라과의 무고한 시민에게 자행한 테러와 인권유린행위로 인해 국제사회의 비난을 받고 있던 소모사 독재정권의 잔당들이었다. 레이건 행정부의 주장대로 산디니스타 통치하의 니카라과를 '독재의 잔당'이라고 호칭하기에도 무리가 있었다. 이미 지적했던 바와 같이 산디니스타 정권은 소모사 독재정권의 폭압에 의거하여 발생한 민중혁명에 의해 탄생했다. 그런 면에서 산디니스타 정권은 국민 다수의 지지를 받고 있던 정통성을 지닌 정권이었다.

또한 산디니스타는 집권기간 중 처음 7년 동안은 비교적 온건하고 실용적인 사회경제정책을 추진했던 것으로 평가받고 있다. 산디니스타는 '인권보호'라는 측면에서도 콘트라보다 훨씬 좋은 기록을 가지고 있었다. 인권문제만을 놓고 본다면, 니카라과는 콘트라 내전 당시 중남미 국가들 중 상위 3개국 안에 포함되는 나라였다. 물론 산디니스타 정권이 정치공세를 차단하기 위해 반대세력을 투옥하기도 하고 대표적인 반정부신문인 《라 프렌사 La Prensa》의 발간을 여러 차례 중단하기도 했다. 그러나 한 가지 감안해야 할 사실은 산디니스타 정권이 당시 초강대국 미국과 생존을 위한 전쟁을 치르고 있었다는 점이다. 전쟁은 국내정치와 문화를 군사화하는 경향이 있다. 2차대전 당시 미국도 독일이나 일본에 우호적인 기사는 엄격한 검열을 했고, 미국 남북전쟁 당시 링컨은 영장 없이 정치적 반대자들을 구속했고, 이들을 재판에 회부하지도 않고 투옥시키곤 했었다. 테러와의 전쟁을 치르면서 보여주었던 부시 행정부의 정책도 피의자의 기본권 유린이라는 지적에서 자유로울 수 없었다.

기본적으로 산디니스타들이 추구하던 대중민주주의 mass democracy는 서구식 자유민주주의 liberal democracy와 성격을 달리하고 있었다. '합의'를 중시했던 산디니스타들의 정책기조는 '국민과의 만남Cara al Pueblo, Face the People' 이라는 회의제도에서 엿볼 수 있다. 일주일에 한 번씩 동 단위의 공동체에서 열리던 이 모임은 정부의 고위공직자들이 참석해서 시민들과 진지하게 의견교환을 할 수 있는 장을 마련해 주었다. 산디니스타들은 소모사 독재로 인해 왜곡되어온 니카라과의 정치·경제를 바로잡으려는 노력을 기울였고, 이런 노력은 많은 부분 실효를 거둔 것으로 평가되고 있다. 어쩌면 한 학자가 지적했듯이, 산디니스타 정권이 레이건 행정부에게 문제로 인식되었던 이유는 "그들이 반反민주주의적이었기 때문이 아니라 '지나치게 민주적too democratic'이었기 때문"이었다.[12] 한편 1989년 대통령 선거에서 낙선한 오르테가는 근 20년이 지난 2006년 11월 대통령 선거에서 승리를 거두어 2007년부터 니카라과의 대통령직을 수행하고 있다. 미국이 10여 년에 걸쳐 벌인 비밀공작으로 그렇게 제거하려고 노력했건만 니카라과의 민족지도자이자 반미영웅인 오르테가는 더욱 강해진 모습으로 화려하게 돌아온 것이다. 오르테가는 베네수엘라의 우고 차베스Hugo Chavez 대통령과 볼리비아의 에보 모랄레스Evo Morales 대통령과 연합해서 미국에 대항하는 '선의 축Axis of Good' 국가동맹 구축을 천명해 미국의 속을 썩이고 있다. 정통성 있는 정부를 교체하는 정책은 미국의 단기적 안보·상업이익에는 도움이 될 수 있으나, 장기적으로는 반미감정을 촉발하여 미국의 국익을 저해할 수 있다는 사실을 확인해 주는 사건이다.

1 로널드 레이건의 미국보수연합 정치활동위원회(CPAC) 연례만찬 연설, 1985년 3월 1일.
2 맥팔레인과의 인터뷰. *Nicaragua: The Making of U.S. Policy, 1978-1900* (Alexandria: Chadwyck-Healey; 1991), 〈microform〉에서 발췌.
3 Ronald Reagan, *An American Life* (New York, NY: Pocket Books. 1992), pp. 238-239.
4 Deborah H. Strober, and Gerald S. Strober, *Reagan: The Man and His Presidency* (Boston, MA: Houghton Mifflin, 1998), p. 66에서 발췌.
5 Alexander M. Haig Jr, *Caveat: Realism, Reagan and Foreign Policy* (New York, NY: Macmillan, 1984), pp. 126-129.
6 *Ibid.*, p. 129.
7 Caspar W. Weinberger, *Fighting for Peace: Seven Critical Years in the Pentagon* (New York, NY: Warner Books, 1990), pp. 29-32.
8 Rand Corporation, Edward Gonzalez, Brian Michael Jenkins, David Ronfeldt, and Caesar Sereseres, "U.S. Policy for Central America: A Briefing." (October 1983), pp. 31-32.
9 Marlene Dixon, eds. *Nicaragua under Siege* (San Francisco, CA: Synthesis Publications, 1985), 서문; Peter Kornbluh, *Nicaragua, the Price of Intervention: Reagan's Wars Against the Sandinistas* (Washington, DC: Institute for Policy Studies, 1987), p. 111.
10 *Nicaragua: the Making of U.S. Policy, 1978-1990*에서 발췌.
11 Kornbluh, *op. cit.*, p. 176에서 발췌.
12 William I. Robinson and Kent Norsworthy, *David and Goliath: Washington's War against Nicaragua* (London, UK: Zed Books Ltd., 1987), p. 152.

6장

자파타 작전은 몽구스 작전으로 이어지고

쿠바 프로젝트와 비밀공작의 실패

이런 경우에도 미국이 쿠바에 개입하는 일은 없을 것입니다.

쿠바의 문제는 쿠바인들끼리 해결해야지 미국이 개입해서 해결할 사안이 아닙니다.

1961년 4월 17일 새벽 1시. CIA가 조직한 반反카스트로Castro 저항군이 쿠바의 피그스Pigs 만灣에 기습 상륙한다. CIA가 계획한 이 비밀공작의 암호명은 자파타Zapata! 자파타 작전의 목적은 1959년 쿠바혁명으로 탄생한 카스트로 정권의 전복이었다. 반군의 규모는 1,511명. CIA 소속의 상륙정上陸艇 블라가Blagar와 바바라 제이Barbara J가 반란에 필요한 각종 군사물자를 싣고 이들의 뒤를 따르고 있었다. 반군은 힘겹게 상륙했으나 CIA 비밀공작을 예측하고 있던 카스트로의 반응은 매우 신속하고 거셌다. 쿠바군의 해군 전투폭격기 호커 시 퓨리Hawker Sea Fury와 중포병 부대가 일제히 이들을 공격하기 시작했다. 미국 정규군의 공중지원이 절실한 상황이었다.

1961년 4월 19일. 피그스 만 상륙작전을 감행한 지 사흘째. 자파타 작전을 계획하고 조종했던 CIA 요원들은 버지니아Virginia주 랭글리Langley에 위치한 CIA 본부 상황실에 모여 무전기에 귀를 기울이고 있었다. 무전기에서는 반군의 마지막 교신이 흘러나오고 있었다.

"이제는 더 이상 버틸 방법이 없습니다! 숲으로 도망가야겠어요. 더 이상 당신들의 지원을 기다릴 수가 없습니다!"

반군은 하루 종일 미군의 공중엄호를 요청했지만, 미국은 이러한 요청을 들어주지 않았다. 반군 사령관의 마지막 절규와 함께 교신은 완전히 두절되었다. 전 CIA 요원 데이비드 애틀리 필립스David Atlee Phillips의 증언에 의하면, "상황실에 모여 있던 CIA 직원 중 몇 명은 크게 당황한 나머지 심한 구토감을 느꼈다"고 한다.1

1961년 11월 30일. 케네디 행정부는 자파타 비밀공작의 치욕을 만회하기 위해 또 한 번의 비밀공작을 감행하기로 결정한다. 암호명 몽구스Mongoose*! 하지만 케네디는 몽구스 작전이 성공을 거두기 전에 텍사스Texas주 댈러스Dallas 시에서 오즈월드Oswald의 흉탄에 숨을 거두고, 몽구스 작전은 케네디의 암살과 함께 종료된 것으로 알려졌다. 반면 피델 카스트로는 2008년 동생 라울 카스트로Raul Castro에게 정권을 이양했지만, 그를 제거하기 위해 미국이 비밀공작을 감행한 지 50년이 지난 지금도 중요 정치현안에 자신의 의견을 개진하는 등 건재를 과시하고 있다.

자파타와 몽구스 작전은 CIA 비밀공작의 대표적인 실패사례로 알려져 있다. 카스트로 제거라는 목표를 달성하지 못했을 뿐만 아니라, 오히려 미국 비밀공작의 실체가 알려지면서 카스트로 정권의 정당성을 강화하는 결과를 초래했기 때문이다. CIA가 대통령도 통제할 수 없는 '불량기관'이라는 오명을 얻는 계기도 되었다. 1950년대 이란과 과테말라 등지에서 혁혁한 성과를 거둔 CIA 비밀공작이 쿠바에서 실패한 이유는 무엇일까? 쿠바를 무력침공하여 공산주의자인양 행동하던 카스트로를 제거하지 않고, 굳이 비밀공작을 선택한 이유는 무엇일까? 이러한 질문에 대한 답을 구하기 위해서는 미국과 쿠바의 관계, 카스트로

혁명의 실체, 카스트로가 위협한 미국의 국익이 무엇이었는지를 살펴봐야 한다.

미국과 쿠바의 인연

미국이 쿠바에게 적극적인 관심을 보이기 시작한 시점은 약 19세기 말부터다. 19세기 말은 미국이 고립주의isolationism** 외교정책노선에서 벗어나 제국주의와 식민주의의 세계질서에 적극적으로 편승하기 시작한 시기라고 할 수 있다. 에스파냐와의 전쟁에서 승리를 거둔 미국은 이전까지 에스파냐의 영향력 아래 있던 쿠바에 적극적으로 간섭하는 외교정책을 추진하기 시작한다. 사실 1950년대 말과 1960년대 초 추진한 카스트로 정권의 교체가 미국이 쿠바에서 도모한 정권교체regime change 정책의 시발始發은 아니었다. 미국은 이미 1899년 쿠바를 무력침공해서 정권을 교체한 전력이 있었다.

---

* 자파타와 몽구스 작전을 모두 합쳐서 암호명 제이마크(JMARC)라고 호칭하기도 했고, 자파타가 아니라 제이메이트(JMATE)가 정확한 암호명이라는 주장도 있다.
** 외교 방침에 있어서 국제 관계에 참여하거나 간섭하지 아니하려는 태도. 다른 국가와의 정치적·군사적 동맹을 피하여 대외 활동의 자유를 확보하고, 국가 이익을 지키려는 외교 성향을 이른다.

미국-에스파냐 전쟁美西戰爭, Spanish-American War* 후 미국은 에스파냐의 해외 식민지였던 필리핀, 괌, 푸에르토리코 등의 국가를 미국의 식민지로 접수하고, 쿠바 역시 미국의 보호령으로 지정하여 실질적인 식민 지배를 시작한다. 매킨리McKinley** 행정부는 해외 식민지 확장에 관심을 기울이고 있었고, 따라서 미국-에스파냐 전쟁이 발발하기 이전에 이미 쿠바에서 에스파냐를 축출하고 배타적인 영향력을 확보할 계획을 가지고 있었다. 당시 에스파냐령이었던 쿠바의 경제권은 전쟁 발발 이전에도 이미 상당부분 미국이 장악하고 있었다. 에스파냐와 전쟁에 돌입하자 미국은 원활한 전쟁 수행과 전후 영향력 확보를 위해 쿠바에 군사를 파견하기를 희망했다. 하지만 전쟁 이후 미국이 쿠바에 행사할 영향력을 두려워했던 막시모 고메스 이 바에스Máximo Gómez y Báez와 안토니오 마세오Antonio Maceo 등 쿠바의 반식민 세력들은 미국의 파병에 반대의사를 표명한다. 미국은 이에 굴하지 않았다. 매킨리 대통령은 전후 쿠바에서 미군의 완전 철수와 쿠바의 독립을 보장한다는 텔러 수정안Teller Amendment을 의회에서 통과시켰고, 이를 믿은 반식민 세력은 미국의 파병에 동의했다.

당시 쿠바의 제당製糖공장은 대부분 미국인이 소유하고 있었고, 쿠바의 시장은 미국의 공산품 수출에 중요한 역할을 하고 있었다. 하지만 전

---

* 1898년 쿠바의 이익을 놓고 미국과 에스파냐 사이에 일어난 전쟁. 쿠바가 에스파냐 본국에 독립을 요구했다 거부당하자, 이를 해결한다는 명목으로 미국이 개입하면서 시작되었다. 전쟁은 미국의 승리로 끝났고, 전후 파리 조약으로 미국은 쿠바와 필리핀, 푸에르토리코, 괌의 지배권을 획득했다.
** 미국의 제25대 대통령(1897~1901년 재임). 보호 관세주의를 주장했으며 1898년 미국-에스파냐 전쟁 이후 많은 해외 식민지를 확대하여 제국주의자의 대명사로 꼽힌다.

쿠바

쟁 후 반식민 세력이 장악한 쿠바 정부는 토지개혁을 감행하고 미국의 공산품에 관세를 부과하는 등, 미국의 경제이익에 반하는 정책을 추진하기 시작한다. 결국 매킨리 행정부는 반식민 세력이 장악한 쿠바 정권을 교체하기로 결정한다. 매킨리 행정부는 텔러 수정안을 무효화하고, 반식민 세력이 선포한 쿠바 공화국Republic of Cuba의 독립을 인정하지 않는다는 발표를 한다. 1899년에는 해군을 파병하여 반식민 세력을 축출한 후 미국의 레너드 우드Leonard Wood 장군을 수장으로 하는 군사정부를 수립하여 1899년부터 4년여 동안 쿠바를 직접 통치했다. 공공연한 무력을 행사하여 쿠바에서 정권교체를 감행한 것이다. 군정으로 쿠바를 통치하는 기간 동안 미국은 플랫 수정안Platt Amendment을 제정하여 쿠바를 속국화한다. 플랫 수정안은 "쿠바는 미국 이외의 국가와 어떤 조약도 체결할 수 없으며, 미국인의 생명과 재산, 그리고 개인의 자유를 위해 미국은 언제라도 쿠바의 내정에 간섭할 수 있고, 군사기지, 광산 채굴권,

1933년 하사관의 반란을 일으킨 풀헨시오 바티스타

설탕, 목화와 담배재배에 필요한 토지를 구입할 수 있다"고 명시하고 있었다.

1902년 쿠바는 미국으로부터 명목상의 독립을 이루어낸다. 하지만 미국은 쿠바에 실질적인 자주권을 내어줄 생각이 없었다. 쿠바 독립 후에도 미국은 걸핏하면 쿠바 내정에 개입했다. 1903년에는 쿠바 남단에 위치한 관타나모Guantánamo 만灣에 미국의 해군기지를 설치했는데, 군용비행장을 포함한 이 대규모 해군기지는 현재까지 운영되고 있다.* 1906년부터 1909년까지는 찰스 E. 마군Charles E. Magoon을 총독으로 하여 미국이 점령 통치했고, 이후 자치정부가 회복된 후에도 실정失政이 계속되고 미국의 간섭은 계속되었다.

---

* 미국은 9·11테러사건 이후 알카에다와 탈리반 정권에 연루된 것으로 의심되는 외국인들을 대통령의 행정명령으로 구체적 증거 없이 관타나모 기지에 구금하고 있어 인권침해에 대한 논란이 일고 있다. 관타나모 수용소의 폐지를 공약으로 내걸었던 오바마 대통령은 2011년 5월 현재까지 이 약속을 지키지 못하고 있다.

1933년 풀헨시오 바티스타Fulgencio Batista가 첫 번째 쿠데타를 일으킨다. 이 쿠데타는 바티스타를 포함한 하사관들이 장교를 사살하면서 이루어져서 '하사관의 반란Revolt of the Sergeants'으로 기억되고 있다. 바티스타는 쿠바 정계에서 일약 실력자로 부상한다. 몇몇의 허수아비 정치인을 대통령에 앉혀 정국을 주도하던 바티스타는 1940년 본인이 직접 선거에 출마, 승리하여 드디어 대통령의 권좌에 등극한다. 바티스타는 연합국 편으로 2차대전에 참가하여 1941년 일본·독일·이탈리아에 선전포고를 한다. 쿠바의 2차대전 참전은 지극히 제한적이었지만, 미국의 환심을 사기에 충분했다. 하지만 바티스타의 철권통치는 쿠바인에게는 경멸의 대상이었다.

1944년, 1948년 선거에서는 각각 라몬 그라우Ramón Grau와 카를로스 프리오Carlos Prío가 대통령에 당선되었다. 당시 쿠바 헌법의 재선 금지 조항으로 인해 바티스타는 1944년 대통령 선거에서 정권을 내놓았지만, 정계에서 은퇴할 생각은 없었다. 바티스타는 1952년 대통령 선거에 다시 출마하지만 선거에서 승리할 가능성이 희박해지자 1952년 3월 10일 두 번째 쿠데타를 일으킨다. 바티스타가 일으킨 두 번째 쿠데타의 배후에는 미국이 있었다. 쿠바의 반미저항이 강화되자, 친미성향의 바티스타 독재정권을 옹립하여 쿠바에 대한 영향력을 유지하려 한 것이다. 바티스타는 미국의 지원을 등에 업고 1933년부터 1958년까지 쿠바를 실질적으로 지배했는데, 이 기간 동안 쿠바의 많은 국가 자산은 미국 기업의 손으로 넘어갔다.

라 쿠브르La Coubre호 폭발사건 희생자 추도 행진에서 피델 카스트로(가장 왼쪽)와 체 게바라(가운데). (쿠바 아바나, 1960년 3월 5일)

카스트로의 등장과
쿠바혁명

쿠바의 반反바티스타 정치세력들은 바티스타의 재등장에 수수방관하지 않았다. 1952년 선거에서 국회의원에 출마했던 젊은 변호사 피델 카스트로는 100여 명의 대학생을 이끌고 1953년 7월 몬카다 요새^{Moncada} ^{Barracks}를 공격하여 반란을 도모했다. 하지만 이 공격은 실패로 돌아가고 카스트로는 투옥되고 만다. 비록 실패했지만 이 사건은 훗날 바티스타 정권을 전복시키는 쿠바혁명의 시발점이 되었다고 할 수도 있다.

피델 카스트로는 1926년 8월 쿠바의 오리엔테^{Oriente} 지방, 마야리^{Mayari} 인근의 사탕수수농장에서 태어났다.* 피델의 아버지 앙헬 카스트로$^{Ángel\ Castro}$는 에스파냐 출신 이민자로 피땀 흘려 노력한 결과 작은 사탕수수농장을 소유할 수 있었다. 앙헬은 첫 부인과 사별하자 하녀였던 여자와 재혼하여 세 아들과 네 딸을 낳는다. 이 중 차남이 훗날 쿠바혁명의 주인공이 되는 피델, 삼남이 2008년 피델로부터 정권을 물려받은 라울이다. 피델의 아버지 앙헬은 매우 권위적이었고 어머니는 무식했다. 이러한 가정환경에서 피델은 매우 반항적인 아이로 성장했다. 하지만 아버지 앙헬은 아들을 위해 중요한 결정을 내린다. 피델에게 고등교

---

* 오리엔테는 지금은 쿠바의 공식 행정지명에서 사라졌고, 마야리는 현재 올긴^{Holguín} 지방에 위치하고 있다.

육을 받을 기회를 주기로 한 것이다.

아버지의 지원을 받은 피델은 예수회^{Jesuit}에서 운영하는 벨렌^{Belen} 고등학교를 거쳐, 훗날 쿠바의 명문으로 자리 잡게 되는 아바나 대학 Universidad de La Habana에서 법학을 전공한다. 대학시절 피델은 공부에는 별로 관심이 없었고, 운동과 토론을 즐기며 권위에 도전하는 반항아의 면모를 보여주었다. 당시 쿠바의 정치상황은 혼란스러웠고, 대학은 여러 갈래로 찢어진 정파政派들의 정쟁政爭의 장으로 전락해 데모와 폭력이 난무하고 있었다. 애초에 공부에 관심이 없었던 피델은 물 만난 물고기처럼 학생운동에 뛰어들었고, 곧 주목받는 정치인으로 성장한다. 하지만 피델이 처음부터 무력혁명을 도모했던 것은 아니다.

1940년대 말에서 1950년대 쿠바의 반바티스타 저항세력은 정규파 Authentico와 정통파Orthodoxo, 두 파벌로 나뉘어져 있었는데 피델은 정통파 소속이었다.* 정통파는 자신들이 상당한 대중적 인기를 누리고 있어서 1952년 선거에서 승리, 정권을 쟁취할 것으로 판단하고 있었다. 선거에 의한 정권 획득과 개혁을 도모하던 정통파에게 바티스타의 두 번째 쿠데타는 커다란 정치적 타격이었다. 쿠데타 발발 후, 변호사 피델은 바티스타를 정권찬탈 혐의로 대법원에 제소한다. 바티스타와 대화를 도

---

* 라몬 그라우와 학생운동 지도자들이 협력하여 만든 '정규파'는 바티스타에 대항하여 1944년부터 1952년까지 정권을 획득했다. 1947년 에두아르도 치바스$^{Eduardo\ Chibás}$가 조직한 '정통파'는 정규파가 바티스타와 동일한 타락을 길을 걷고 있다고 비난했다. 1950년대 초 쿠바정치는 바티스타파·정규파·정통파가 싸우는 유혈투쟁의 장이었다. 정규파는 제도권의 테두리 안에서 바티스타의 대체세력으로 다시 부각되기를 기대했으나 정통파는 훨씬 투쟁적이었다.

쿠바 산티아고에 있는 몬카다 요새의 정면 모습. 1953년 7월 26일 피델 카스트로와 동료들이 감행한 공격은 실패하고 말았다. 정면의 총구는 1959년 혁명 후에 재현한 것이다. (2003년 1월)

모하기도 했다. 하지만 이러한 '평화적' 노력은 결국 수포로 돌아간다. 정통파는 분열하고, 피델은 무력혁명을 도모하는 파벌의 수장이 된다. 고향 오리엔테 농장에서 반란군을 육성한 피델은 동생 라울과 함께 몬카다 요새 습격사건을 감행한다. 몬카다 습격사건은 평화적 노력이 수포로 돌아간 후 카스트로가 느낀 좌절의 표현이라고 할 수 있다. 피델은 이 사건을 '7·26운동' 이라 불렀는데, 훗날 7·26운동은 피델이 이끈 정치조직의 명칭이 되기도 한다.

몬카다 습격사건은 실패로 끝이 났다. 습격에 참가한 사람 중 다수가 시가전에서 희생되고, 생존자는 투옥되고 처형되었다. 하지만 피델은 처형을 모면했을 뿐 아니라, 재판과정에서 쿠바 사회의 모순을 지적하고 정권의 정통성을 비판하면서 오히려 전국적인 명성을 얻게 되었다. 피델은 1955년 바티스타의 대사면으로 인해 정치적

노새를 탄 체 게바라. (쿠바, 라스 비야스Las Villas, 1958년)

자유를 획득한다. 이후 피델은 제도권 내에서 평화적 정권교체를 도모하던 정통파의 주류세력과 거리를 두며, 자신만의 조직인 '7·26운동'을 출범하여 본격적 혁명작업에 몰입한다. 멕시코로 잠시 망명한 피델은 쿠바혁명의 전위군을 본격적으로 양성하기 시작한다. 이 당시 피델의 혁명군에 합류한 전설적 혁명가 체 게바라Che Guevara는 피델에게 천군만마와 같은 존재였다. 준비를 마친 피델은 낡아서 곧 침몰한 것만 같은 그란마Granma호를 타고 1956년 드디어 쿠바로 떠난다. 82명의 쿠바의 혁명전사들이 그의 뒤를 따르고 있었다.

공항에 도착한 피델 카스트로의 기자회견 모습. (워싱턴 D.C. 1959년)

하지만 바티스타 정부군의 진압은 가혹했고, 쿠바혁명은 피델의 생각대로 쉽게 성사되지 않았다. 정부군을 피해 피델과 체 게바라를 비롯한 생존자 16명은 마에스트라 산맥 Sierra Maestra 으로 피신해야만 했다. 쿠바의 동쪽에 위치한 마에스트라 산맥은 바티스타의 진압군으로부터 피신해 세를 불리기에는 안성맞춤인 지역이었다. 피델은 약 2년간 이곳에서 혁명군의 세를 불려나간다. 1958년 바티스타 정부군의 대규모 토벌작전이 실패로 돌아가자 피델과 체 게바라는 반격을 시도한다. 이번에는 정부군의 저항이 그리 거세지 못했다. 바티스타 정권이 이미 붕괴 직전에 있었고 미국도 바티스타에 대한 지원을 철회하고 있었기 때문이다. 이를 감지한 바티스타 정부군은 하나둘씩 혁명군에게 투항하기 시작했고, 1959년 1월 1일 피델과 체 게바라는 바티스타가 도주한 아바나시 진입에 성공한다. 약 6년에 걸친 쿠바혁명이 성공을 거두는 순간이었다. 혁명의 과업을 완수한 체 게바라는 홀연히 쿠바를 떠나고, 피델은 쿠바 최고 권력자의 위치에 등극한다.

카스트로와 미국의 조우

미국은 1930년대부터 1950년대까지 역내에서 미국의 국익을 침해하지 않는 바티스타를 지원하는 정책을 취해왔다. 하지만 독재에 대한 쿠바의 민심이 거세지자 바티스타는 점점 미국에게 부담으로 작용하기 시작했다. 1959년 쿠바혁명이 성공할 때, 미국은 바티스타에 대한 지원을 이미 철회한 상황이었다. 그러나 혁명으로 등장한 카스트로 정권 역시 바티스타의 대안은 아니라는 판단을 하게 된다. 미국과 카스트로의 관계가 처음부터 그리 나쁜 것은 아니었다. 카스트로는 공산주의 이념을 실현하기 위해서가 아니라 민중을 위한 개혁의 기치를 걸고 혁명을 주도했다. 이렇게 등장한 카스트로 정권이 미국의 국익에 반하는 정책만 추진하지 않는다면, 미국으로서는 굳이 카스트로를 적대시할 이유가 없었다. 무엇보다 카스트로는 공산주의자로 보이지 않았고, 쿠바혁명은 바티스타 독재에 저항한 '민중혁명'이었지 '공산혁명'은 아니었기 때문이다. 카스트로 역시 혁명의 과업을 완수하기 위해서는 미국을 적으로 만들 필요가 없었다.

1959년 정권을 획득한 피델은 그해 4월 미국신문편집인협회American Society of Newspaper Editor의 초청으로 미국 방문길에 오른다. 당시만 해도 아이젠하워 행정부의 인사들 상당수는 경제원조나 차관지원으로 카스트로를 길들일 수 있을 것이라고 판단하고 있었다. 노회한 바티스타보다 변호사 출신의 젊은 카스트로를 더 손쉬운 상대로 생각하기도 했다. 물론 어떤 인사들은 카스트로가 나세르Nasser나 네루Nehru의 중립주의 외교노선에 대해 우호적으로 언급했다며 불쾌해하기도 했고, 카스트로와 체 게바라의 공산주의 성향에 의심을 품고 있기도 했다. 미국 방문기간 동안 카스트로는 닉슨 부통령과 3시간 남짓 면담을 한다. 당시 아이젠하워 대통령은 골프 약속이 생겨 카스트로를 만나지 않았다. 면담 후 닉슨은 카스트로가 공산주의의 위협에 대해 매우 '순진한naive' 생각을 가지고 있다는 인상을 받았다.[2] 아이젠하워 행정부는 카스트로가 어떤 정책을 추진할지, 그리고 카스트로를 어떻게 다루어야 할지 고심하기 시작했다.

카스트로는 미국의 수도 워싱턴에 위치한 링컨기념관Lincoln Memorial에 헌화를 하고, 미 상원 외교위원회를 방문해 쿠바 내 미국자산을 강제수용強制收用하는 일이 없을 것이라고 언급한다. 독재에 반대하고 언론자유도 보장할 것이라고 했다. 내셔널프레스클럽National Press Club*에서도 어떠한 성격의 독재도 반대하기 때문에 공산주의에 반대한다는 연설을 했다. 하지만 아이젠하워 대통령과의 만남이 성사되지 않아 화가 난 것이었을까? 미국 방문 일정을 마치고 귀국한 카스트로는 미국이 우려할 만한 정책을 하나둘씩 추진하기 시작한다. 사실 미국이 카스트로를 어떻게 다루어야 할지 고민하고 있었듯, 당시 카스트로 역시 미국과의 관계 설정을 놓고 고심하고 있었을 것이다. 카스트로는 미국 방문 길에 아이젠하워 대통령을 만나 자신의 국정계획을 설명하고, 미국의 정책 지원을 확보하고 싶었을 것이다. 이런 측면에서 그의 방문 결과는 매우 실망스러운 것이었다. 아무런 성과 없이 귀국한 카스트로는 '역시 미국에게는 별로 기대할 것이 없구나'라는 결론에 도달했을 수 있다. 카스트로는 이후 미국과의 관계와 상관없이 마에스트라 산맥에서 구상했던 일련의 개혁정책들을 추진해 나간다. 이러한 정책은 우선 미국 기업이 누리고 있던 상업이익에 큰 타격을 안겨주었다.

카스트로는 미국 방문 중 상원 외교위원회에서 한 발언과는 달리 미국 자산을 강제수용하기 시작했다. 당시 쿠바의 석유공장은 에소^{Esso}, 텍사코^{Texaco}, 쉘^{Shell}과 같은 거대 석유회사들이 소유하고 있었다. 이들 회사들은 베네수엘라산 원유를 수입하여 정제精製해 미국과 쿠바에 공급하고 있었다. 카스트로는 소련산 원유를 베네수엘라산보다 저렴한 가격에 수입할 수 있다고 주장하며, 미국의 거대 석유회사들에게 소련산 원유의 수입·정제를 권고한다. 미국의 석유회사들이 이러한 권고를

---

* 워싱턴에 있는 세계 각국의 신문·방송·통신 특파원들의 친선단체. 1908년에 설립되었다.

거부하자, 카스트로는 이들의 자산을 강제수용하는 결정을 내린다. 당시 쿠바 영토의 약 70% 정도를 미국 기업과 미국인이 소유하고 있었는데, 토지개혁을 단행한 카스트로는 이들 영토를 모두 몰수하여 쿠바의 농부들에게 나누어 주었다. 이뿐만이 아니었다. 미국의 전기·전화·설탕회사들을 모두 국유화했고, 미국의 범죄조직이 장악하고 있던 매춘 및 도박관련 사업을 모두 금지시켰다. 1961년 말에는 쿠바 내에서 활동하고 있던 미국 기업을 모두 국유화했는데, 카스트로가 강제수용한 미국 기업의 자산가치는 약 10억 달러를 상회하는 것으로 추정한다. 이러한 카스트로의 정책은 그동안 미국이 쿠바 내에서 누리고 있던 독점적인 경제적 지위에 정면으로 도전하는 행위로 인식되었다.

카스트로의 도전은 미국의 상업이익에 국한되지 않았다. 카스트로의 개혁정책이 진행되자 미국은 카스트로를 본격적으로 적대시하기 시작하고, 이와 동시에 쿠바와 소련의 관계는 급속히 가까워진다. 원래 카스트로는 공산주의는 노동자 계급의 독재를 의미하고 계급 간의 반목과 투쟁을 조장한다는 인식을 가지고 있었다. 처음에는 카스트로와 쿠바 내 공산주의자들과의 관계도 그리 좋지 않았다. 쿠바혁명은 노동자들이 주축이 된 공산혁명이 아니라 카스트로와 같은 중산층 지식인이 주도하고 농민이 동참한 민중혁명이었다. 노동자 계급은 오히려 혁명에 열성적이지 않았다. 카스트로 정부가 공산화되고 소련과 급속히 가까워진 것은 혁명으로 정권을 획득한 후 개혁을 추진하고 미국과의 관계 설정을 해나가는 과정에서 선택한 자구책의 성격이 강하다. 카스트로의 국유화 정책이 진행되자 아이젠하워 행정부는 1960년 7월 쿠바산 설탕 수입을 80% 감소하는 조치를 감행한다. 다음 날 소련은 미국으로 수출하지 못하는 물량을 자신들이 전량 수입하겠다고 선언한다. 같은 해 12월 19일 쿠바 정부는 소련과 공동성명을 발표하며 공식적으로 소련과의 연대관계를 맺어나갈 것임을 선포한다.

    카스트로가 언제 정확히 어떠한 이유로 공산주의자를 자처하고 친소노선으로 선회했는지는 알 수 없다. 그러나 개혁정책으로 미국을 적으로 만들어 버린 카스트로가 1960년경 후견국가로 소련을 선택한 측면이 강하다. 그 이전에는 카스트로가 미국과 소련을 상대로 '양다리 hedging 전략'을 구사하고 있었다고 할 수 있다. 카스트로가 열렬한 공산주의자이고 쿠바혁명이 주도면밀히 계획되었던 공산혁명이라는 인식은 카스트로 정부의 선전에 의해서 발생한 것이기도 하지만, 카스트로 전복을 도모한 미국의 정책결정권자들이 자신들의 정책을 정당화하기 위해 가공해낸 부분이기도 하다. 미국과의 관계가 악화되자 후견국가가 필요했던 카스트로는 공산주의자를 자처하고 혁명정부를 공산주의 정부라 선전했지만, 오히려 소련은 당시 카스트로 정부를 반제국적인 농업적 부르주아 정부로 이해하고 있었다.

자파타 작전의
탄생과 실패

● ● ● ●

케네디는 매우 확고한 반공주의자였다. 역시 투철한 반공주의자였던 그의 아버지 조지프 케네디^{Joseph Kennedy}의 영향을 받아서이기도 했고, 공화당에 비해 공산주의 위협에 너무 안이하게 대응한다는 비판을 받고 있던 민주당 소속이었기에 이러한 비판을 희석해야 할 필요도 있었다. 케네디는 중국의 공산화를 저지 못한 민주당 트루먼 행정부의 무능을 강하게 비판했고, 대통령 선거기간 동안에는 소련의 미사일 능력이 미국을 추월했다고 주장하며 이를 방지하지 못한 아이젠하워 행정부를 강하게 질책했다. 닉슨과의 대통령 후보 TV토론에서는 아이젠하워 행정부가 반카스트로 저항세력을 제때에 지원하지 않아 쿠바를 공산주의자에게 잃고 말았다며 비판했다. 사실 아이젠하워 행정부는 당시 암암리에 반카스트로 저항세력을 양성하고, 이들을 이용해 카스트로 정권을 전복시킬 계획에 이미 착수하고 있었지만 케네디는 이러한 사실을 모른 채 닉슨과 아이젠하워 행정부를 공격했다. 카스트로 정권을 겨냥한 비밀공작은 국가기밀에 해당되는 사안이었기 때문에 부통령이었던 닉슨은 이러한 사실을 알면서도 공개석상에서 밝힐 수 없는 입장이었다. 하지만 TV토론에서 닉슨은 절대로 아이젠하워 행정부가 "쿠바를 잃지 않았다^{Cuba is not lost}"고 강변하며 쿠바에서 모종의 계획이 진행되고 있음을 시사했다.

1960년 미 대통령 선거에서 케네디는 아주 근소한 표차로 닉슨을 물리치고 대통령에 당선된다. 같은 해 11월 18일, CIA 국장 앨런 덜레스는 케네디 대통령 당선자에게 아이젠하워 행정부가 카스트로 정권 전복을 목적으로 구상해온 비밀공작의 실체에 대해 브리핑한다. 비밀공작의 내용은 반군을 쿠바에 투입해 카스트로 정권을 전복시키는 것이었다. 케네디 당선자는 흠칫 놀라는 눈치였다. 선뜻 동의하기 어려운 계획이기도 했다. 하지만 반카스트로 세력을 지원하지 않고 쿠바의 공산화를 방치했다며 아이젠하워 행정부를 비난해온 케네디로서는 CIA의 비밀공작 계획에 반대할 수 있는 입장이 아니었다. 덜레스 국장은 만약 케네디 행정부가 이 비밀공작을 백지화한다면 이미 CIA의 지원으로 훈련하고 있던 반군들은 매우 낙담할 것이며, 이들이 결국 중남미로 뿔뿔이 흩어져 방황하며 케네디 행정부를 비난할 것이라고 경고했다. 아울러 소련이 쿠바에서 파일럿 훈련을 시작하는 등 대(對)쿠바 군사지원을 본격화할 것으로 보이니, 서둘러 카스트로를 제거해야 한다고 권고했다. 아이젠하워 대통령 역시 퇴임(退任) 전에 케네디를 만나 소위 제3세계 국가들에서 공산주의가 팽창할 가능성을 우려하며, 특히 쿠바의 상황은 매우 심각하니 반군을 지원해 카스트로를 제거해야 한다고 강력히 권고한다. 아이젠하워는 임기를 마치기 바로 전 쿠바와의 외교관계를 단절하고, 케네디는 취임하자마자 쿠바의 설탕수입 쿼터를 아예 폐지해 버린다. 미국과 쿠바의 관계는 악화일로로 치닫고 있었다.

　케네디가 아이젠하워에게서 물려받은 대쿠바 정책은 다소 명확하지 않았다. 아이젠하워가 준비해온 쿠바 정책에는 미군을 직접 동원하여 침공하는 군사적 방안과 파업 등을 유도하는 비밀공작안 등이 두서없이 혼재되어 있었다. 케네디가 취임할 즈음에서야 정책의 윤곽이 잡히기 시작했다. 행정부의 최고정책결정권자들은 '카스트로 제거'라는 정책목표를 달성하기 위해서는 비밀공작이 필요하고, 그 비밀공작은 준군사작전paramilitary operation이 주축이 되어야 한다는 쪽으로 의견을 좁혀가고 있었다. 하지만 준군사부대paramilitary force의 주 구성원이 누가 되어야 하는지, 그리고 미국이 비밀공작에서 정확히 어떠한 역할을 수행해야 하는지에 대해서는 의견이 분분했다. CIA가 케네디에게 제의한 최종 비밀공작안은 쿠바 출신 망명자 1,500여 명으로 구성된 반군을 이웃국가 과테말라Guatemala에서 조직·육성해 이들로 하여금 쿠바를 침공하여 카스트로를 제거하게 하는 작전이었다. 케네디는 이러한 비밀공작안의 기본 골격에는 동의하면서, 어떤 경우에도 미국의 개입 여부가 드러나서는 안 된다고 강조했다. 따라서 작전수행 중 공중지원이 필요하다면 쿠바 내 기지에서 제공해야 하고, 카스트로가 예측하지 못할 아주 외진 지역으로 야간을 이용해 침투해야 한다는 점을 명확히 했다. 케네디가 제시한 조건을 맞추기 위해서 선택한 지역이 바로 피그스 만이었다. CIA의 계획은 침투에 성공한 반카스트로 준군사부대가 내륙의 반란을 부추기고, 이들 반란세력과 조우遭遇하여 카스트로 정권을 무너뜨리는 것이었다.

 1961년 4월 초. 케네디는 니키타 흐루시초프Nikita Khrushchyov 소련 서기장과 6월 빈Wien에서 만나 정상회담을 갖기로 약속하자마자 CIA의 쿠바 비밀공작에 "고go!" 사인을 내린다. 근 1년간 준비해온 자파타 작전이 드디어 실행에 들어간 것이다. 자파타 작전의 총책은 비셀Bissell CIA 기획본부 부본부장. 4월 15일 아침, 카스트로 반군이 조종하는 B-26 인베이더Invader 경폭격기 8대가 쿠바혁명군Fuerzas Armadas Revolucionarias: FAR의 표식을 달고 출현하여 산안토니오데로스바뇨스San Antonio de los Baños 비행장, 안토니오 마세오 국제공항, 시우다드 리베르타드Ciudad Libertad 비행장을 공습했다. 피그스 만 상륙작전이 성공하기 위해서는 쿠바의 공군을 무력화하여 제공권을 장악하는 것이 무엇보다 중요했다. 제공권 장악을 위한 공습작전의 암호명은 '퓨마Puma'. 하지만 쿠바의 공군력은 예상보다 더 견고했고, 퓨마 작전은 실패로 돌아가고 만다.

당연히 미국이 공습을 주도했다는 비난이 불거졌다. 유엔 주재 미국 대사 아들라이 스티븐슨Adlai Stevenson은 거듭 미국의 개입을 부인하며 쿠바의 자생적 반카스트로 세력이 공습을 감행한 것이라고 강변했다. 퓨마 작전의 원안에 의하면 두 번의 공습이 계획되어 있었지만, 두 번째 공습을 감행한다면 미국의 개입 사실이 탄로 날 것이 불 보듯 훤한 상황이었다. 결국 이를 우려한 케네디는 계획된 두 번째 공습을 취소한다. 이때 공습을 취소한 케네디의 결정 때문에 자파타 작전이 실패했다는 시각도 있다. 첫 번째 공습 후에도 카스트로 정부군은 공군력의 50% 이상을 유지하고 있었던 것이다. 쿠바의 제공권을 완전히 장악하지 못한 상황에서도 피그스 만 상륙작전은 계획대로 진행된다.

4월 17일 새벽 1시경. 휴스턴Houston, 리오 에스콘디도Río Escondido, 카리브Caribe, 아틀란티코Atlántico라는 이름의 네 척의 2,400톤 수송선이 제2506여단 병력 1,511명을 태우고 피그스 만에 상륙했다. 제2506여단은

CIA가 조직하고 훈련해온 망명 쿠바인으로 구성된 반카스트로 군대였다. CIA 소속의 상륙정 블라가와 바바라 제이가 각종 군사물자를 싣고 이들의 뒤를 따르고 있었다. 상륙작전은 처음부터 난관에 부딪힌다. 우선 상륙할 수 있는 물때를 맞추지 못했다. 피그스 만에 한참 썰물이 빠지고 있을 때 작전을 감행하는 바람에, 무전기 등 각종 장비가 물에 젖어 CIA 본부와의 교신에 문제가 발생하는 등 작전에 차질이 발생한 것이다. 무엇보다 카스트로군의 반격이 무척 거셌다. 카스트로군은 여전히 건재한 공군력을 이용해 반군에게 공격을 가하기 시작했다. 카스트로 정부군의 호커 시 퓨리 전투기는 반군이 상륙하자 불과 15분 만에 출격해 공습을 퍼부었다. 반군은 CIA에게 미국의 공중지원을 요청했다. 하지만 공중지원은 결국 제공되지 않았다. 카스트로 정부군이 해변에 도달하고 치열한 전투가 벌어졌다. 약 90여 명의 반군이 사망하고 나머지 생존자들은 생포되어 목에 '미국의 꼭두각시'라는 목패(木牌)를 달고 아바나 시로 끌려가는 치욕을 당한다.

사실 제2506여단의 더 큰 문제는 쿠바의 반카스트로 반란세력과의 조우였다. 쿠바 내 반카스트로 반란세력은 이미 제2506여단이 피그스 만에 상륙하기 이전에 카스트로 정부군에 의해 섬멸되었고, 반란세력의 주동자인 움베르토 소리 마린Humberto Sorí Marín, 윌리엄 알렉산더 모건William Alexander Morgan, 알베르토 타피아 루아노Alberto Tapia Ruano 등은 벌써 처형되었다. 결국 힘겹게 상륙에 성공한 제2506여단은 절실했던 미국의 공중지원과 쿠바 내 반란세력의 지원을 받지 못했다. 4월 19일 자파타 작전은 이렇게 실패로 끝나고 말았다. 미국의 개입사실을 부인해온 케

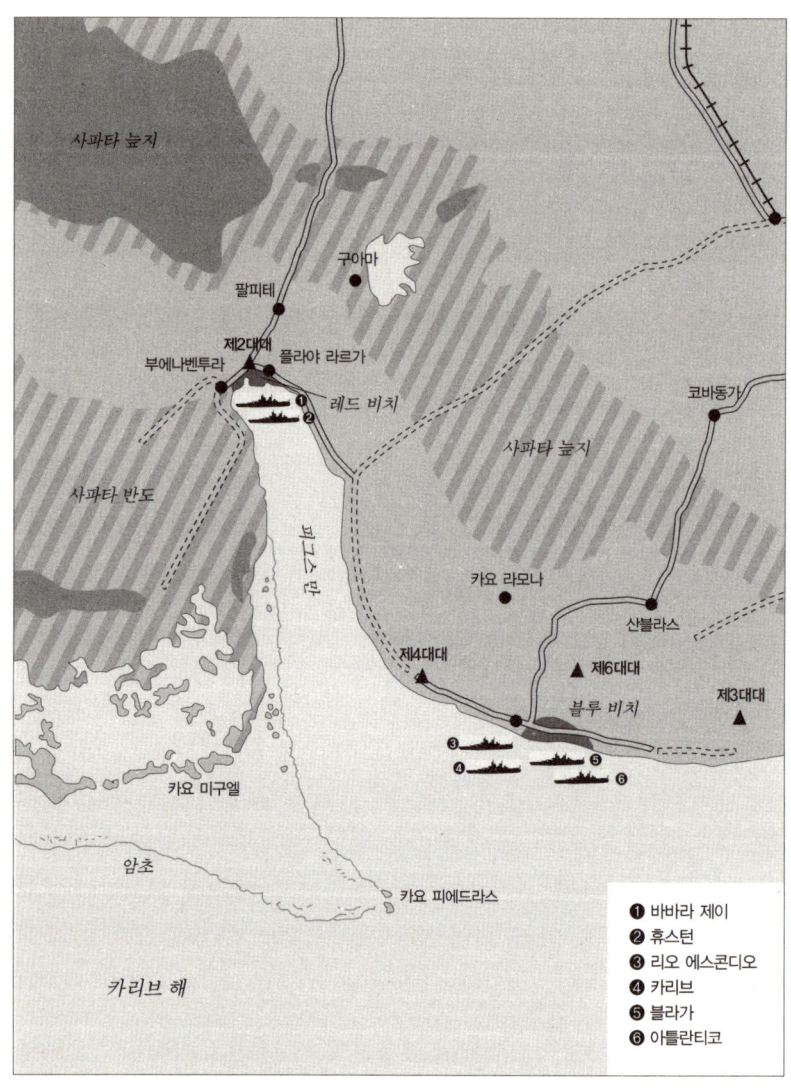

카스트로 반군의 피그스 만 침공로(1961년 4월 17일 새벽 1시경)

네디 행정부는 국제적 망신거리로 전락했고, 5,300만 달러를 지불하고 나서야 생포된 반군을 미국으로 송환해 올 수 있었다.

몽구스 작전의 실행

●●●●●

피그스 만에서 카스트로에게 굴욕을 당한 케네디 행정부는 카스트로 적대 정책을 가속화하기 시작한다. 쿠바산 물품의 수입금지 조치를 전면 단행하고, 쿠바에 대한 경제제재에 나토(NATO) 동맹국의 동참을 이끌어 낸다. 1962년에는 중남미 국가를 설득하여 쿠바를 미주기구 Organization of American States: OAS*에서 탈퇴시키는 조치도 단행한다. 미 의회는 필요하면 미 행정부가 쿠바에 무력을 사용할 수도 있다는 법안을 통과시킨다. 4만 명에 육박하는 미 해군은 푸에르토리코 해변에서 연일 상륙연습을 진행하는 등 카리브 해 연안에서는 전운이 감돌기 시작했다. 하지만 이러한 무력시위에도 불구하고 케네디 행정부는 다시 한 번 비밀공작을 시도하여 카스트로를 제거하기로 의견을 모아가고 있었다.

---

* 캐나다를 제외한 모든 아메리카(미주) 지역 국가들이 참여하는 협의 기구. 아메리카 대륙 28개국의 공동 방위, 지역적 안전 보장, 문화적·사회적·경제적 협력 따위를 주요 임무로 한다.

국방부 인사들은 이러한 비밀공작안에 대해 반대하고 있었는데, 자파타 작전의 실패로 오로지 미국의 정규군을 동원한 무력침공만이 카스트로 제거라는 정책목표를 달성할 수 있다고 믿고 있었기 때문이다. 카스트로 제거를 위한 케네디 행정부의 두 번째 비밀공작의 암호명은 '몽구스Mongoose'. 자파타가 반군을 조직·지원하는 준군사행위에 치중한 다소 단조로운 비밀공작의 전형이었다면, 몽구스는 준군사행위는 물론 선전활동, 심리전psychological warfare, 경제전economic warfare, 심지어 암살계획까지 포함한 매우 광범위한 비밀공작 프로그램이었다.

사실 자파타 작전의 실패는 소련이 쿠바를 적극 후원하게 되는 계기로 작용했다. 자파타 작전 전에는 카스트로의 반복된 구애에도 불구하고 흐루시초프는 쿠바와 일정거리를 유지하는 정책을 견지해왔다. 소련은 1954년, 역시 중미에 위치한 과테말라의 선거에서 아르벤스가 대통령으로 당선되어 사회주의를 표방하자, 아르벤스 지지를 선언하는 등 과테말라에 관심을 보이기 시작했다. 하지만 미국의 CIA 비밀공작으로 아르벤스 정권이 허망하게 무너지는 것을 목도目睹하고, 미국의 뒷마당 격인 중미에 국제공산주의 혁명의 전초기지를 마련한다는 것이 얼마나 힘든지를 경험한 바였다. 쿠바는 미국에서 불과 180km 밖에 떨어져 있지 않았고, 이렇게 미국과 인접한 국가를 지원하는 정책은 소련에게 매우 비현실적으로 보였다. 그리고 쿠바를 지원하기 위해서는 무엇보다 카스트로 정권의 자생력에 대한 확신이 있어야 했다. 그런데 때마침 벌어진 케네디 행정부의 피그스 만 상륙작전은 쿠바의 자생력을 확인해 준 사건이다. 소련으로서는 카스트로가 미국의 공세를 어느 정

왼쪽 몽구스의 실무 책임자인 에드워드 랜스데일 준장
오른쪽 미 법무장관 로버트 케네디

도 막아낼 수 있다는 확신이 생긴 것이다. 따라서 자파타 작전 실패 이후 소련의 카스트로 지원이 본격화되기 시작했다. 자파타 비밀공작이 역설적으로 쿠바의 공산화와 카스트로 정권의 친親소련화를 가속화했다는 주장은 이러한 논리에 근거하고 있다. 하지만 케네디 행정부로서는 자신의 뒷마당에서 점점 더 좌경화左傾化되는 쿠바를 그냥 좌시하고 있을 수는 없는 입장이었다.

1962년 2월. 카스트로 정권의 전복을 목표로 하는 몽구스 작전이 드디어 실행에 옮겨진다. 몽구스의 실무 책임자는 국방부의 에드워드 랜스데일Edward Lansdale 준장이 선정되었다. 랜스데일 준장은 베트남과 필리핀 등지에서 축적한 풍부한 비밀공작 경험으로 인해 몽구스 작전의 실무를 책임질 적임자로 여겨지고 있었다. 일반적으로 미국의 비밀공작은 주무부서인 CIA의 관할 아래 추진되지만, CIA는 이미 자파타 작전의 실패로 케네디의 신임을 잃은 상황이었다. 미 합동참모본부(JCS)는 몽구스 작전만으로는 카스트로를 전복시킬 수 없다고 판단하고 있었고, 따라서 몽구스의 목적은 미군의 공공연한 개입을 정당화할 수 있는 상황을 연출하는 것이었다. JCS는 이러한 목적의 비밀공작이라면 CIA가 아니라 국방부가 몽구스를 관할하여 수행해야 한다고 케네디에게 건의했다. 하지만 케네디가 선택한 몽구스의 총책은 CIA 국장도 국방부 장관도 아니었다. 케네디의 선택은 다름 아닌 그의 친동생 로버트 케네디Robert Kennedy 법무장관이었다.

사실 존 F. 케네디 대통령은 동생 로버트 케네디를 법무장관으로 임명하기를 꺼려했다. 친동생, 그것도 경험이 일천한 35세의 변호사를 미 행정부의 서열 4위인 법무장관으로 임명한다는 것은 정치적으로 매우 부담스러운 결정이었다. 하지만 케네디 대통령의 아버지, 조지프 케네디는 막무가내로 로버트 케네디 법무장관안을 밀어붙여 관철시키고 만다. 케네디 대통령은 자파타 비밀공작의 실패를 경험하며 행정부의 고위관료들에게 심한 실망감과 배신감을 느꼈다. "내가 왜 어리석게도 그들에게 그토록 어이없이 속아 넘어가고 말았을까"라며 깊은 자괴감에 빠지기도 했다. 결국 "믿을 수 있는 사람은 가족밖에 없다"는 생각을 갖게 되었고, 동생 로버트 케네디를 법무장관으로 천거한 아버지에게 고마워했다고 한다.[3] 피그스 만 사건 이후 케네디는 거의 모든 국정운영을 동생 로버트와 상의하여 결정하게 된다. 이후 로버트 케네디는 쿠바 미사일 위기* 당시 쿠바 미사일 기지 폭격을 주장했던 커티스 리메이 Curtis LeMay 등의 군내 강경인사들과는 달리, 끝까지 소련과의 대화를 주장하여 위기를 슬기롭게 극복하는데 결정적 역할을 한다.

최근 공개된 미국의 기밀문서를 살펴보면 몽구스 작전은 CIA, 국방부, 미국의 4군뿐 아니라, 국무부, 재무부, 상무부까지 참여한 범汎정부 차원의 비밀공작이었음을 알 수 있다.4 그 당시 몽구스 작전에 참여했던 전 CIA 요원 새뮤얼 핼펀Samuel Halpern의 증언에 의하면 케네디 행정부의 거의 모든 정부기관이 몽구스 작전에 참여했고, 모든 결정은 로버트 케네디의 재가를 받았다.5

몽구스 비밀작전에는 약 30개 정도의 프로그램이 고려되었다고 한다. 그중 몇 개의 프로그램이 실제로 실행되었고 몇 개가 계획차원에 머물렀는지 정확히 알 수는 없다. 몽구스 비밀작전 프로그램의 대부분은 쿠바에 혼란스러운 상황을 조장하여 카스트로의 국정운영을 불가능하게 하는 것이었다. 프로그램 중 일부는 쿠바의 민간시설과 미국의 군사시설에 타격을 가하고 카스트로 정부에게 책임을 전가하는 공작도 있었고, 쿠바의 항만시설이나 설탕농장을 공격하여 사회불안을 조장하

---

* 1962년 10월 14일, 미국 정찰기가 쿠바에서 소련 미사일 기지 건설 현황을 파악하자 벌어진 미국과 구소련과의 13일간의 첨예한 대립을 뜻한다. 케네디 행정부는 쿠바 미사일 기지 건설을 무력도발로 규정하고, 미사일 기지설립을 강행한다면 이를 선전포고로 받아들일 것이며, 제3차 세계대전도 불사하겠다는 입장이었다. 미국의 해양봉쇄로 쿠바로 향하던 소련의 수송선이 모항으로 귀항하여 사건은 일단락되었다. 그 후 소련의 미사일 기지 건설이 중단되고, 그에 대한 대가로 터키에 있던 미국의 대륙간탄도미사일(ICBM) 기지를 철수함으로써 사태가 종결되었고, 세계는 미·소 핵전쟁의 공포에서 벗어날 수 있었다.

고 국정을 마비시키는 공작도 있었다. 쿠바 언론매체를 매수하여 카스트로를 반대하는 여론을 조성하려 했고, 쿠바 내의 반카스트로 준군사조직을 양성하여 이들이 게릴라전을 수행하도록 지원해주는 프로그램도 있었다. 카스트로의 옷에 탈륨^{Thallium}*을 묻혀 그의 트레이드마크인 턱수염이 떨어져 나오게 한다거나, TV 방송국 스튜디오에 환각제를 뿌려 카스트로의 TV연설을 방해하는 다소 희화적인 프로그램도 있었다. 특이할 만한 몽구스 프로그램 중 하나는 카스트로 암살계획이었다. 이를 위해 카스트로가 좋아하는 시가 상자를 보툴리누스^{botulinus}균**으로 감염시키거나, 그가 자주 찾던 다이빙 장소에 폭발물을 장착한 대형조개를 설치하는 방안들이 고려되었다고 한다. 카스트로의 개혁정책으로 쿠바에서 카지노 사업을 접어야 했던 시카고의 마피아 두목 샘 지안카나$^{Sam\ Giancana}$를 독려해 카스트로를 제거하는 방안도 심각하게 고려했다.***

1975년에 출간된 상원정보위원회 보고서에 의하면, 카스트로를 대상으로 적어도 여덟 번의 암살계획을 수립했고, 이 중 두 번은 거의 실

---

* 금속 원소의 하나. 습한 공기나 피부에 접촉하면 독성 화합물로 변하는데, 치명적인 독성이 있어 신경장애와 위장관장애를 일으키며 탈모가 빨리 일어난다.
** 균 자체에는 병원성이 없고 입을 통해 섭취해도 무해하다. 그러나 이 균의 포자가 햄이나 소시지 등의 통조림 등 혐기성 조건하에 있는 식품 속에서 발아·증식하면 외독소外毒素를 생성하는데, 그 독소를 지닌 음식을 먹으면 식중독을 일으킨다. 독성은 200그램만으로도 전 인류가 사멸할 수 있을 만큼 강하다.
*** 미국은 1976년 외국 지도자들에 대한 암살을 금지한다는 대통령령을 제정한다. 하지만 이러한 대통령령을 무시하고 부시 대통령은 후세인 등 적성세력 지도자들의 암살계획을 승낙했다. 테러와의 전쟁을 수행하며 해외 요인 암살금지 대통령령은 실제로 백지화되었다.

행단계까지 이르렀다. 하지만 피그스 만 습격사태를 경험하면서 쿠바의 정보능력은 일취월장했고, KGB와의 정보협력은 쿠바의 방첩능력을 크게 제고해 주었다. 몽구스의 카스트로 암살계획은 결국 수포로 돌아가고 만다. 사실 카스트로 암살계획은 오로지 랜스데일을 포함한 극소수만 성공을 자신하고 있었지, 당시 CIA 국장 존 매콘^{John McCone}을 포함한 대다수는 현실성이 없는 계획으로 판단하고 있었다.

암살사건이 존 F. 케네디 대통령의 재가 아래 진행되었는지는 확인할 방법이 없다. 하지만 로버트 케네디 법무장관은 분명히 암살계획에 관한 보고를 받고 있었으므로, 이러한 사실을 당연히 형에게 알려주지 않았을까? 계획대로라면 몽구스 비밀작전은 1962년 10월 정점에 이르러 대규모 반란 세력이 봉기를 일으켜 카스트로 정부를 전복시켰어야 했다. 하지만 쿠바 미사일 위기가 발생하며 이 계획은 연기할 수밖에 없었다. 위기가 해소되고 소련과의 관계가 어느 정도 정상화되자 몽구스는 재개되었다. 몽구스는 이듬해 케네디 대통령의 암살과 함께 종식된다.

비밀의
이유

●●●●●●

1960년대 초 케네디 행정부가 비밀공작을 사용하여 카스트로를 제거하려 한 이유는 무엇이었을까? 무엇보다 미국이 직접 무력 개입하여 카스트로 정권을 전복시키는 공공연한 도발행위는 외교적으로 상당히 부담되는 선택이었다. 특히 '진보를 위한 동맹'의 포용정책으로 중남미 국가의 환심을 사고 있던 케네디 대통령이, 공공연히 중미의 이웃국가를 무력침공하여 대중적 인기를 누리고 있던 정부를 전복시킨다면 중남미 국가들의 대미 여론을 악화시킬 수도 있었다. 아마도 쿠바의 공산화는 어떤 수단을 동원해서라도 막아야 한다는 것이 케네디의 생각이었을 것이다. 사실 케네디는 대통령 선거기간 중에도 적극적인 공산주의 봉쇄정책의 중요성을 몇 번이나 강조했다. 소련과 중국 블록 밖으로 팽창하는 공산주의의 물결에 단호히 대처해야 한다는 생각도 가지고 있었다. 하지만 케네디는 제3세계 국가의 중립주의 외교노선에는 보다 유연하게 대처할 것이라고도 천명했다. 강압적인 방법이 아니라 자유주의 정치·경제제도의 전파와 경제지원을 통한 제도적 접근으로 제3세계의 신생국가를 대할 것이라고 강조했다. '진보를 위한 동맹'은 이러한 케네디의 외교정책 구상이 반영된 미국의 신新외교정책기조라고 할 수 있었다. '진보를 위한 동맹'의 주 대상이 중남미 국가였는데, 민중의 지지를 얻고 탄생한 쿠바혁명 정부를 전복하는 공공연한 정책과 군사행동은 반공과 공산주의 억지를 강조하는 케네디에게도 여전히 부담스런 선택이었을 것이다.

당시 케네디의 특별보좌관 아서 슐레진저Arthur Schlesinger는 바로 이러한 이유 때문에 자파타 작전에 반대하고 있었다. 슐레진저는 회고록 『존 F. 케네디의 백악관 생활 1,000일A Thousand Days : John F. Kennedy in the White House』에서 국무장관, 국방장관, JCS 의장, CIA 국장 등 '어마어마한' 인물들이 지지하고 있던 자파타 작전을 혼자 나서서 만류할 용기가 없었다고 고백하고 있다. 하지만 그는 자파타 작전이 실행에 옮겨지기 며칠 전 케네디에게 다음과 같은 내용을 포함한 아홉 장짜리 메모를 보낸다.

"현 시점에서 대다수의 사람들은 쿠바사태를 미국의 개입을 정당화할 수 있을 정도의 중대한 안보위협으로 판단하고 있지 않습니다. 세계의 대다수 국가들은 미국의 개입을 약소국가에 대한 공공연한 내정간섭과 침략행위로 해석할 것입니다."

슐레진저의 우려대로 만약에 미국의 개입사실이 드러난다면, '진보를 위한 동맹'으로 중남미에서 얻은 인심을 하루아침에 잃어버릴 수도 있었다. 당시 상원 외교위원회 위원장을 역임하고 있던 윌리엄 풀브라이트William Fulbright 의원도 슐레진저와 같은 생각을 하고 있었다. 풀브라이트는 미국이 쿠바에 무력 개입하는 정책은 카스트로 정권의 위협에 비해 너무 '과도하게out of proportion' 대응하는 것이라고 지적했고, 침략행위는 미국의 도덕적 위상에 심한 타격을 입혀 케네디 행정부의 외교정책 수행에 차질을 초래할 것이라고 경고했다.[6]

케네디는 쿠바 정책을 입안할 때 소련과의 관계도 고려했다. 반공반

소反共反蘇와 적극적 봉쇄정책도 중요하지만 미·소 관계 역시 지속적으로 개선해나가야 한다는 판단을 하고 있었기 때문이다. 흐루시초프 역시 미국과의 '데탕트'를 희망한다는 메시지를 보내고 있었고 케네디가 취임하자 고위급 회담을 제의해 놓은 상황이었다. 이러한 분위기 속에서 공개적으로 쿠바의 카스트로 정권을 전복시키는 정책은 소련과의 관계를 악화시킬 것이 명약관화明若觀火했다. 자파타 작전이 실패하고 몽구스 비밀작전을 다시 감행하게 된 배경에도 무력개입이 초래할 부정적 해외여론과 악화될 미·소 관계가 크게 작용했을 것이다. 따라서 케네디 행정부는 미국의 개입사실을 은닉하기 위해 갖은 노력을 다한다. 슐레진저는 케네디에게 전달한 메모에서 "케네디 대통령의 인격과 평판은 미국의 큰 자산이며, 어떻게 해서라도 대통령의 개입사실을 비밀에 붙여야 한다"고 주장했다. 자파타 작전을 감행하기 5일 전인 4월 12일, 대통령 기자회견에서 한 기자는 케네디에게 미국 정부가 쿠바의 반카스트로 반란세력을 지원할 것이냐고 질문한다. 케네디는 다음과 같이 대답한다.

"어떤 경우에도 미국이 쿠바에 개입하는 일은 없을 것입니다. 우리 정부는 쿠바에서 벌어지는 어떠한 상황에도 미국인이 개입하지 않도록 가능한 모든 노력을 기울일 것입니다. 쿠바의 문제는 쿠바인들끼리 해결해야지 미국이 개입해서 해결할 사안이 아닙니다."(《뉴욕 타임스》, 1961년 4월 13일)

미국 국민뿐 아니라 소련 역시 대체로 케네디 행정부의 대쿠바 내정 불가침 정책의 진정성을 믿고 있었다. 카스트로가 미국의 침공 가능성을 계속 우려하자, 흐루시초프는 "케네디가 그러지는 않을 것"이라고 안심시키기도 했다.[7] 그래서 자파타 작전은 소련에게 상당한 충격으로 다가왔고, 흐루시초프는 쿠바 기지에 미사일을 배치하는 결정을 내려 쿠바 미사일 위기를 초래한다.

실패의 원인

앞서 언급한 바와 같이 케네디의 쿠바 비밀공작은 대표적인 실패사례로 인식되고 있다. 1950년대 이란과 이라크에서 성공적인 비밀공작으로 모사데크와 아르벤스 정부를 전복시킨 CIA가 쿠바에서 카스트로 정권교체에 실패한 이유는 무엇일까? 자파타 작전이 실패한 이유부터 살펴보자. 우선 카스트로 반군의 상륙지점으로 선정한 피그스 만이 작전을 수행하기에 이상적인 장소가 아니었다. 원래 CIA가 상륙지점으로 염두에 두고 있던 지역은 피그스 만이 아니었지만 미국의 개입사실을 은닉하는 것이 침투지역 선정의 최우선 고려사항이었던 케네디 대통령은 카스트로가 예상하지 못하는 의외의 지역을 선정할 것을 종용했는데, 그곳이 바로 피그스 만이었다. 피그스 만은 개펄이 잘 발달되어 있고, 조수간만의 차가 커서 시간대를 잘 맞추지 못할 경우 상륙이 용이하지 않은 지역이었다. 마침 상륙을 감행한 새벽 1시는 썰물이 한창인 시간대여서 반군의 장비가 물에 젖는 등 상륙에 큰 어려움을 겪었다. 피그스 만은 매우 외진 지역이라서 외부의 지원을 제공하기도 쉽지 않았다. 고립된 지형조건으로 인해 상륙에 성공한 반군과 쿠바 내의 반란세력이 조우하기도, 미국이 추가적인 군사적 지원을 제공하기에도 어려운 부분이 있었다.

당시 작전에 관여했던 덜레스나 비셀 등 CIA 인사들은 추가적인 군사지원을 제공하지 않은 케네디 대통령의 결정으로 인해 공작이 실패했다고 분석했다.[8] 어차피 미국의 개입여부가 드러날 수밖에 없는 상황에서 반군에게 절실히 필요한 공중지원을 제공하지 않은 케네디의 결정은 반군을 배신하고 책임을 회피하려 한 비겁한 행위였다는 것이다. 특히 자파타 작전 이전에 감행한 퓨마 작전은 두 번에 걸친 공습을 계획하고 있었는데, 케네디의 지시로 2차 공습이 취소되어 카스트로군의 공군력을 무력화시키지 못했고, 그 결과 자파타 작전의 수행에 심각한 차질을 초래했다고 지적한다. 결국 이들은 잘 계획된 공작이 케네디의 미숙함 때문에 실패로 돌아갔다고 인식한 것이다. 흥미롭게도 덜레스와 비셀은 미국의 추가적 공중지원이 제공된다는 가정하에 작전을 진행했고, 케네디는 일단 상륙에 성공하면 준비된 내부 반란세력의 지원으로 쿠바 내부 침투에 성공할 수 있을 것이라고 판단하고 있었다. 케네디와 CIA 사이의 의사소통에 문제가 발생했음을 알 수 있다.

하지만 쿠바 비밀공작이 실패한 가장 큰 이유는 다른 데 있었다. 적성국가나 적성세력의 최고 수뇌부를 교체하는 비밀공작이 성공하기 위해서는 그 수뇌부를 제거할 수 있는 환경을 조성하는 것이 무엇보다 중요하다. 이란과 과테말라를 대상으로 한 비밀공작이 성공할 수 있었던 이유도 CIA가 정치공작·심리전·경제전 등을 집요하게 진행하여 정권의 존립을 흔들어 놓아, 정권교체를 감행할 수 있는 분위기를 조성하는데 성공했기 때문이다. '피비석세스(PBSUCCESS)'로 아르벤스 정권을 전복시킬 수 있었던 이유는 CIA가 투입한 카스티요 아르마스 반군의 준군사작전이 성공을 거두어서가 아니었다. 그 이전의 비밀공작 프로그램이 아르벤스 정권의 기반을 취약하게 만들었기 때문에 가능했던 것이다. 이러한 목적을 위해서는 비밀공작 대상국의 내부에서 반란을 도모할 반정부 세력을 양성하는 것이 가장 중요하다고 할 수 있다. 정권 전복에 성공한 미국의 비밀공작 사례를 살펴보면 반정부 세력의 동조가 성공의 필수조건이었다고 해도 과언이 아니다. 반정부 세력이 정권에 실질적인 물리적 위협이 되기 위해서는 '군부' 내의 반란세력을 육성하는 것이 가장 효율적일 수 있다. 이러한 이유로 CIA는 전통적으로 군사 쿠데타를 조장하여 정권을 전복시키는 비밀공작을 선호해왔다. 쿠바 비밀공작의 문제는 쿠바 내 반정부 세력이 미미했고 카스트로 정권에 아무런 위협이 되지 못하고 있었다는 것이다. 어느 정도의 자생능력을 가지고 정권의 위협이 될 수 있는 반정부 세력이 내부에 이미 형성되어 있어야, 이들을 규합·지원하는 비밀공작이 성공을 거둘 수 있다. 1960년대 초 미국의 쿠바 비밀공작을 감행할 때에는 쿠바 내에 미국이 지원·양성할 수 있는 이렇다 할 반정부 세력이 부재했고, 이러한 상황에서 무리하게 감행한 준군사작전은 실패로 끝날 수밖에 없었다.

자파타 작전이 실패로 끝나고 미국이 국제사회의 망신거리로 전락하자 케네디 대통령은 자신을 곤궁에 처하게 만든 CIA를 심하게 질책한다. 작전의 책임자 비셀과 덜레스 국장을 해임하고, CIA 감찰관Inspector General 라이먼 커크패트릭Lyman Kirkpatrick에게 내부 감사를 시킨다. 커크패트릭의 감사보고서는 국가기밀문서로 분류되어 있다가 1997년 검열이 이루어진 상태로 일반에게 공개되었다. 커크패트릭의 분석에 의하면 자파타 작전은 카스트로 반군이 피그스 만에 상륙할 즈음이면 쿠바 내에 반카스트로 민중봉기가 발생하고 쿠바 군부가 이에 동조하여 결국 카스트로 정권을 전복시킬 수 있을 것이라는 가정 아래 계획되었다. 설사 이러한 상황이 발생하지 않는다고 하더라도 피그스 만 상륙에 성공한 반군이 쿠바 내 반란세력과 합세하여 카스트로를 상대로 효과적인 게릴라 내전을 수행해 나갈 수 있을 것이라고 가정했다. 하지만 이 두 가지 가정 모두 당시 쿠바의 현실에 토대를 둔 것이라기보다는 CIA의 근거 없는 '희망사항wishful thinking'에 기인하고 있었다고 분석하고 있다. 쿠바 비밀공작이 실패한 이유는 피그스 만 상륙작전의 기술적·전술적 차원의 문제 때문이 아니라 쿠바 내 '반카스트로 반란세력 부재'라는 보다 근본적 문제 때문이었던 것이다. 이들이 부재한 상황에서 설령 피그스 만이 아닌 보다 이상적인 지역을 상륙장소로 선정하고 미국이 적시에 공중지원을 제공하여 반군이 상륙에 성공, 쿠바 내부에 침투했다고 하더라도 '카스트로 정권 전복'이라는 소기의 목적은 달성하지 못했을 것이다.

몽구스 작전의 실패도 마찬가지였다. 케네디 행정부는 몽구스 작전을 감행하기 시작한 1962년 2월경 카스트로 정권 전복을 목적으로 하는 비밀공작이 성공할 수 있는 기본적 요건이 갖추어졌다고 판단했다. 카스트로의 강압적 통치 스타일과 사회주의 정책의 실패로 인한 경제사정의 악화 등으로 인해 쿠바 국민들의 불만이 고조에 이르렀고, 군부 내에도 반카스트로 세력이 괄목할 만한 성장을 하고 있다고 오판한 것이다. 하지만 카스트로의 쿠바 내 권력기반은 케네디 행정부가 판단하고 있었던 것보다 훨씬 공고했다. 무엇보다 군부를 확실하게 장악하고 있어서 CIA가 군사 쿠데타를 독려할 가능성이 희박했다. 사실 CIA는 쿠바 군부 내 반카스트로 세력을 양성하려는 이렇다 할 노력도 기울이지 않았다. 쿠바 군부와의 끈이 전혀 없었기 때문이다. 아이젠하워 행정부는 케네디 취임 두 달 전 쿠바와의 국교를 단절하고 미국대사관을 철수시켰다. 결과적으로 이 결정은 케네디의 쿠바 비밀공작에 악영향을 끼쳤다. 대사관을 철수하는 바람에 쿠바 내 CIA의 자산asset, 즉 비밀요원들이 활동할 수 있는 공간을 잃어버렸기 때문이다. 따라서 군부를 포함 쿠바 내 반카스트로 세력과 접촉, 이들을 양성할 수 있는 '접선책contact point' 이 없었다. 단지 카스트로가 군의 구조조정을 단행하면서 이에 앙심을 품은 군인들과 실정에 불만을 품은 민중들이 세력을 결집해 카스트로에 반기를 들 것이라고 희망하고 있었을 뿐이다. 하지만 CIA는 카스트로를 한참 과소평가하고 있었다. 실제로 카스트로는 피그스 만 사건 이후 훨씬 더 강해져 있었다. 향후 CIA 국장이 되는 리처드 헬름스는 이미 실패의 징후를 느끼고 있었다. 쿠바 내 반카스트로 반란세력이 결집해 도움을 주지 않는 한 미국의 비밀공작은 성공의 가능성이 없었기 때문이다.

냉철한 분석이 아닌 희망사항에 의거해 감행한 쿠바 비밀공작의 실패를 훗날 어빙 재니스Irving Janis 교수는 '집단사고集團思考, groupthink' 오류의 전형으로 평가한다. 배타적이고 응집력이 높은 집단의 사람들은 외부자의 조언을 무시하고 대안에 대한 충분한 분석 및 토론 없이 자신들의 선택이 최선이라고 합리화하며 결정을 내리는 경향이 있다. 이러한 '집단착각 현상'으로 인해 이들 구성원들은 희망사항에 의존해 결정을 내리는 경우가 많다. 재니스 교수에 의하면 1960년대 CIA는 이러한 집단사고의 틀에 갇혀있던 조직의 전형이었다. 덜레스와 비셀은 쿠바 프로젝트의 성공여건에 대한 냉정한 분석 없이, CIA의 비밀공작이 이란과 과테말라에서 정권 전복에 성공했으니 쿠바에서도 성공할 것이라는 막연한 희망을 가지고 공작을 계획, 추진한 것이다. 미국의 쿠바 비밀공작은 카스트로 정권 전복이라는 당면 목표를 달성하는데 실패했을 뿐 아니라, 오히려 쿠바 내 반미감정을 악화시켜 카스트로 정권의 정당성을 강화시키는 결과를 초래했다. 쿠바의 친공친소 정책은 본격화되고, 미·소 관계도 악화되어 결국 쿠바 미사일 위기로 이어진다.

케네디 행정부 이후에도 미국은 수많은 공작을 통해 카스트로를 제거하려는 노력을 기울였다. 1971년 닉슨 행정부는 쿠바로 가는 컨테이너에 돼지 콜레라 바이러스를 침투시켰고, 인명을 앗아갈 수 있는 뎅기 바이러스dengue virus*를 침투시키기도 했다. 모두 쿠바 사회의 혼란을 조

---

* 뎅기열의 병인이 되는 바이러스. 매개동물은 모기이며 흡혈시에 전파된다. 유형이 다른 뎅기열바이러스에 재감염한 경우 뎅기출혈열을 일으키는 경우가 있다.

자신의 트레이드마크인 시가를 입에 문
피델 카스트로. (1974년 9월 29일)

장해 카스트로를 무력화시킬 목적으로 진행한 비밀공작이었다. 1992년 에는 '쿠바 민주화법'을 통과시켜 카스트로를 압박했지만, 카스트로는 여전히 건재를 과시했다. 한편 2009년 집권한 오바마 행정부는 그해 4월 17일에 있을 미주기구(OAS) 정상회의를 앞두고, 미국의 대쿠바 봉쇄정책을 일부 완화한다는 화해의 제스처를 카스트로 형제에게 보냈다. 카스트로 형제도 오바마와 그가 추구하는 외교정책의 변화를 긍정적으로 생각하고 있다니, 미국과 쿠바의 관계가 개선될 조짐을 보이고 있는 것 같기도 하다.

1 David Atlee Phillips, *The Night Watch: 25 Years of Peculiar Service* (New York, NY: Atheneum, 1977), p. 109.
2 William Blum, *Killing Hope: U.S. Military and CIA Interventions Since World War II* (Monroe, ME: Common Courage Press, 1995), p. 192.
3 Arthur M. Schlesinger Jr., *A Thousand Days: John F. Kennedy in the White House* (New York, NY: Mariner Books, 2002), pp. 234-265.
4 *Operation Mongoose: The Cuba Project*, Cuban History Archive (Feb 20, 1962).
5 James G. Blight, and Peter Kornbluh, eds., *Politics of Illusion: The Bay of Pigs Invasion Reexamined* (Boulder, CO: Lynne Rienner, 1999), p. 125
6 Schlesinger, *op. cit.*, pp. 245-255.
7 Aleksandr Fursenko and Timothy J. Naftali, *One Hell of a Gamble: Khrushchev, Castro, and Kennedy, 1958-1964* (W. W. Norton & Company, 1998), p. 92
8 Michael Warner, *CIA's Internal Probe of the Bay of Pigs Affair*, p. 69.

빈라덴의 목을 가져와라!

테러와의 전쟁과 비밀공작

나는 빈라덴과 그 일당을 체포하기를 바라지 않는다. 이들을 살해하기를 바란다……

빈라덴의 머리를 대통령에게 보여주고 싶다.

9·11테러사건 발생 이틀 후인 2001년 9월 13일 이른 오전. 조지 테닛$^{George\ Tenet}$ CIA 국장과 코퍼 블랙$^{Cofer\ Black}$ CIA 대테러센터$^{Counterterrorist\ Center}$ 소장이 백악관 상황실로 발길을 재촉했다. 상황실에는 부시 대통령을 비롯한 국가안전보장회의(NSC) 멤버들이 초조하게 이들을 기다리고 있었다. 상황실의 시계가 10시 30분을 가리키자 회의가 시작되었다. 테닛 국장은 이날 브리핑에서 부시 대통령에게 탈리반^{Taliban} 정권을 전복시키고 알카에다$^{al-Qaeda}$ 조직을 분쇄하여 국

CIA 국장 조지 테닛

제테러리즘에 대응할 방안에 대해 브리핑했다. 저널리스트 밥 우드워드$^{Bob\ Woodward}$에 의하면, 테닛이 브리핑한 방안은 다름 아닌 미국의 방대한 정보자산을 총동원하여 벌이는 비밀공작의 전형典型이었다고 한다.[1] 테닛의 뒤를 이어 블랙이 비밀공작에 대해서 보다 자세한 프레젠테이션을 시작했다. 블랙은 알카에다가 탈리반 정권과 긴밀한 관계를 형성

하고 있기 때문에 알카에다뿐 아니라 탈리반도 무력화해야 한다는 점, 그리고 비밀공작을 최대한 빨리 시작해야 한다는 점을 강조했다. 블랙은 미국의 비밀공작팀이 아프가니스탄 잠입에 성공한다면 미국의 승리는 몇 주 이내에 가능하다고 강조하면서, "우리 공작이 끝나고 나면, 파리가 적들의 눈알 위를 날아다니고 있을 것"이라고 공언했다.

하지만 부시 대통령과 테닛을 포함하여 그 날 회의에 참석한 대부분의 인사들은 블랙의 공언에 반신반의했다. 블랙은 프레젠테이션을 마치며 부시 대통령에게 경고했다.

"대통령 각하, (이 공작을 수행하는 과정에) 우리에게 많은 희생이 발생할 수도 있습니다."

부시 대통령은 다음과 같이 응답했다.

"그게 전쟁이지 뭐. 그 전쟁을 이기려고 우리가 여기 모인 것 아닌가."

부시는 테닛 국장에게 이틀 후 비밀공작안에 대해 보다 상세한 브리핑을 할 것을 요구했다. 냉전의 국제질서가 해체된 이후 소련이란 주적을 상실한 CIA는 정체성의 위기를 맞이하게 되고 비밀공작 역시 정당성의 문제로 인해 미국 외교안보정책의 수단으로 매력을 잃어 가고 있었다. 하지만 9·11테러사건으로 인해 비밀공작의 중요성이 다시 부각되고 CIA와 비밀공작은 부시 행정부의 '테러와의 전쟁'에서 중요한 역할을 수행하게 된다. 테러와의 전쟁, 특히 아프가니스탄 전쟁에서 펼친 CIA의 활약을 살펴보고, 9·11테러가 미국의 정보정책에 끼친 영향을 살펴보자.

아프가니스탄 비밀공작의 태동:
빈라덴의 목을 가져와라!

2001년 9월 15일. 부시 대통령을 비롯한 부시 행정부 최고 외교정책결정권자들이 9·11테러사건 후속 방안에 대한 논의를 위해 메릴랜드Maryland주 캐톡틴Catoctin 산에 위치한 대통령 휴양지 캠프 데이비드Camp David에 하나둘씩 모습을 드러냈다. 딕 체니Dick Cheney 부통령, 콜린 파월Colin Powell 국무장관, 럼즈펠드 국방장관, 폴 울포위츠Paul Wolfowitz 국방부 부장관, 콘돌리자 라이스Condoleezza Rice 국가안보보좌관 등의 모습이 보였다. 존 매클로플린John McLaughlin 부국장과 블랙 소장을 대동한 테닛 CIA 국장은 일급기밀 문서로 가득 찬 서류가방을 들고 나타났다. 착석한 테닛은 비밀공작 계획안을 담고 있는 서류묶음을 참석자들에게 한 부씩 나누어주었다. 테닛이 이날 브리핑한 비밀공작 계획안은 이틀 전 그가 대

위 미 국무장관 콜린 파월
아래 미 국방부 부장관 폴 울포위츠

(앞쪽부터) 럼즈펠드 국방장관, 라이스 국가안보좌관, 부시 대통령, 체니 부통령, 스티븐 해들리Stephen Hadley 부보좌관, 존 네그로폰테 국가정보국장(DNI)

통령에게 브리핑한 내용을 보다 구체화한 것이었다. 테닛이 계획한 비밀공작은 아주 일반적이라고 할 수 있는 선전활동부터 심리전, 광범위한 정치·경제공작 등을 총망라하고 있었다. 하지만 테닛이 제시한 CIA 비밀공작안의 요체는 뭐니 뭐니 해도 아프가니스탄의 반反탈리반 세력의 연합이라고 할 수 있는 '북부동맹Northern Alliance'*을 지원하여 이들로 하여금 탈리반과 알카에다를 무력화하도록 하는 것이었다.

테닛의 설명에 의하면 CIA의 전폭적 지원을 받은 북부동맹이 아프가니스탄 북단에 위치한 도시 마자리샤리프Mazar-i-Sharif로 진격하면 아프가

---

* 1997년 탈리반 정부에 대항하여 정권을 쟁취하기 위해 결성된 아프가니스탄 북부의 7개 부족의 연합. 이들은 민족적·종교적으로 다소 이질적인 성격을 띠고 있다.

니스탄 북부지역을 장악할 수 있고, 그렇다면 미국에 협조를 약속한 접경국가 우즈베키스탄Uzbekistan과의 관문이 열려 미군이 전쟁 수행에 유리한 고지를 차지할 수 있었다. 또한 CIA가 아프가니스탄 남부에서 활동 중인 부족장들과도 친밀한 관계를 형성해 왔기 때문에, 이들이 미국의 군사작전에 많은 도움을 줄 수 있다는 점을 강조했다. 테닛은 특히 북부동맹이 미국의 군사 활동에 군수logistical 지원을 할 수 있을 뿐 아니라, 실제 전투에도 혁혁한 기여를 할 것이라 주장했다.

테닛은 이러한 비밀공작이 성공하기 위해서는 CIA가 '예외적인 권한exceptional authority'을 가지고 임무를 수행할 수 있어야 한다는 점을 강조했다. 테닛이 언급한 예외적인 권한이란 CIA가 비밀공작의 개별 프로그램에 대해 일일이 상급자, 즉 대통령의 공식적인 승인을 받지 않고도 공작을 계획하고 수행할 수 있는 권한을 의미했다. 사실 테닛은 이날 브리핑 이전에 CIA는 테러와의 전쟁에서 광범위한 비밀공작을 예외적으로 사용할 수 있다는 대통령의 지령指令, Presidential Finding을 이미 확보해 놓은 상황이었다. 부시는 테러와의 전쟁에서 미국이 승리하기 위해서는 CIA의 비밀공작이 결정적 역할을 해야 한다는 테닛의 주장에 공감하고 있었다. 테닛의 브리핑이 진행되는 동안 부시는 연신 "좋아, 좋아great job"를 연발하며 만족을 표시했고, 테닛의 요구사항을 모두 들어줄 것을 지시했다. 우드워드는 "CIA가 미국 역사상 가장 포괄적이고 위중한 권한을 부여받게 되었다"며 당시 상황을 기록했다.[2]

9월 17일 부시는 CIA에게 알카에다 용의자들을 살해 또는 체포할 수 있는 권한과 이들을 가두어 고문하기 위한 비밀 구금시설 '블랙사이트

Black Sites'를 세계 각지에 설치, 운영할 수 있는 권한을 부여하는 대통령령에 서명한다. 이는 미국이 그동안 테러와의 전쟁이란 미명하에 비밀리에 운영해온 '용의자 인도extraordinary rendition' 시스템*의 법적 근거가 되었다. 이 시스템으로 구금된 용의자는 100여 명을 훨씬 상회하는 것으로 알려졌고, 억류기간 동안 CIA가 자행한 고문 등 인권유린 행위는 국제사회의 큰 이슈로 부각되었다. CIA의 용의자 인도 시스템은 2007년 개봉한 영화 〈렌디션Rendition〉의 소재가 되기도 했다. CIA는 또한 대통령령에 의거해 '타깃 리스트target list'를 작성하고 이 리스트에 올라있는 요주의 인물들을 체포하거나 살해할 암살단을 CIA 대테러센터 내에 조직한다. 이제 CIA 비밀공작팀은 테러와의 전쟁의 선봉장이 될 준비를 마치고 대통령의 '고go' 사인만 기다리고 있었다.

9월 26일. 드디어 CIA 요원들이 헬리콥터를 타고 아프가니스탄 북동쪽에 위치한 판지시르Panjshir 지역에 도착한다. 베테랑 CIA 요원 게리 슈렌Gary Schroen이 이끌고 있던 이 비밀공작팀은 CIA 내에서 '조브레이커Jawbreaker'란 이름으로 호칭되고 있었다. 비공식적이었지만 미국의 대테러 전쟁의 전사들이 처음으로 전장에 발을 내딛는 순간이었다. 9·11테러사건 발생 보름 후 테러와의 전쟁을 아프가니스탄 전장에서 비밀리에 개시한 것이다. 판지시르는 아프가니스탄의 수도 카불Kabul에서 110km 정도 떨어진 곳에 위치한 험준한 산악 지역으로, 북부동맹이 장

---

* 테러리스트로 의심되는 자를 적법한 절차 없이 체포, 외국으로 이송하여 심문하는 미국의 비밀제도.

악하고 있어서 조브레이커 팀이 비밀공작을 수행하기에 안성맞춤이었다. 조브레이커의 총책은 다름 아닌 CIA 대테러센터 소장 코퍼 블랙. 블랙은 조브레이커 팀을 아프가니스탄으로 파견하기 전에 이들과 면담을 갖고 다음과 같은 지시를 내린다.

"제군들, 나는 빈라덴과 그 일당을 체포하기를 바라지 않는다. 이들

영화 〈렌디션〉은 억울하게 테러리스트로 의심받아 '용의자 인도'의 대상이 되어 실종된 이집트 출신 미국인 화학 공학자 안와르 엘-이브라히미Anwar El-Ibrahimi와 그의 부인 이사벨라Isabella가 생존을 위해 미국정부와 벌이는 처절한 투쟁을 다루고 있다.

이집트 카이로에 위치한 CIA 비밀본부에서 근무하고 있던 CIA 요원 프리먼Freeman은 무고한 인명을 테러리스트로부터 구한다는 일념으로 '용의자 인도' 프로그램에 참여하지만 점차 도덕적 갈등을 겪게 되고, 엘-이브라히미와 이사벨라의 편에 서서 미국정부의 이중성을 고발한다.

〈렌디션〉은 '테러와의 전쟁'이라는 미명하에 일반시민의 기본권이 말살되고 공정한 법적 절차가 무시되는 상황을 꼬집고 있다.

을 살해하기를 바란다. 나는 이들의 목을 죽창에 꽂은 사진을 보고싶다. 이들의 머리를 아이스박스에 담아서 보내주기 바란다. 빈라덴의 머리를 대통령에게 보여주고 싶다. 나는 대통령에게 꼭 그렇게 하겠다고 약속했다."

조브레이커 팀의 리더 슈렌은 블랙에게 "꼭 그렇게 하겠습니다"라고 대답하며 면담을 마친다. 슈렌은 훗날 적을 생포하지 말고 살해하라는 명령은 이날 처음 받아보았다고 술회한다.³

아프가니스탄 전쟁과 CIA 조브레이커의 활약

아프가니스탄에 도착한 조브레이커 팀은 CIA 본부와 원활한 교신을 위한 통신 기기 등 최첨단 장비를 소지하고 있었다. 하지만 CIA 비밀공작의 가장 중요한 자산은 슈렌의 서류가방 안에 들어있는 일련번호가 순차적이지 않은 미화 100달러 지폐뭉치로, 약 300만 달러 이상이 들어있었다. 그중 50만 달러를 우선 북부동맹의 정보담당 총책 무하메드 아리프 사와리Muhammed Arif Sawari에게 건네주며 북부동맹의 협조여부에 따라 훨씬 더 많은 금전적 지원을 제공할 수 있다고 알려준다. CIA는 상당한 액수의 달러를 북부동맹에게 '직접' 전달해 주었고, 미국의 달러는 다른 어떤 정보자산보다 북부동맹을 움직이게 하는데 가장 큰 효력을 발휘한다. 조브레이커 팀은 거의 한 달 정도 아프가니스탄에 체류하면서 북부동맹과 함께 향후 미국의 공식 군사작전을 위한 정지작업을 주도한다. 사실 조브레이커 팀은 10월 7일 미국이 공습을 시작할 때까지 아프가니스탄에서 활동하고 있던 미국의 유일한 군사자산이었다. 미국의 공식적인 군사작전이 지연되자 조브레이커 팀은 북부동맹에게 더 많은 돈을 건네주며 미국의 공습이 반드시 시작될 것이라 안심시켜야 했다. 슈렌은 "미군이 우리와 합류하는데 왜 이렇게 오랜 시간이 걸리는지 모르겠다"며 불평을 토로하곤 했다.[4] 하지만 효율적인 공습을 위해 조브레이커 팀은 북부동맹의 도움을 받아가며 탈리반 군대와 시설이 어디에 위치하고 있는지를 파악하는 것을 게을리 하지 않았다.

　10월 7일 대규모 공습으로 미국의 군사작전이 시작되었고, 공습을 시작한 지 약 한 달 후인 11월 13일 미군은 탈리반이 퇴각한 수도 카불에 무혈입성한다. 단 한 명의 미군 희생자도 발생하지 않은 매우 효율적이고 신속한 군사적 승리였다. 조브레이커 팀은 탈리반 지휘부의 은신처와 주요 군사기지의 위치를 추적한 정보를 미군에게 제공해 공습효과를 극대화할 수 있었다. 이들이 입수한 정보는 CIA 본부와 국방부에 전달되어 미 공군이 공습 지점과 목표물을 정확히 선정하는데 결정적인 도움을 주었다. 미군의 공습이 탈리반의 저항의지를 상당히 무력화할 수 있었던 데에는 조브레이커 팀의 정보가 결정적 역할을 한 것이다. 이들의 활약은 여기서 그치지 않았다. 공습이 종료되고 지상 작전이 개시되었을 때, 미군이 침투로를 확보할 수 있었던 것도 조브레이커 팀 덕분이었다. 아프가니스탄 현지의 지형을 손바닥 보듯이 훤히 꿰뚫고 있었던 북부동맹이 침투의 요로와 물자의 수송로까지 정확히 알려준 것이다. 북부동맹은 실제 전투에도 용맹한 모습을 보여주어 카불 탈환에 결정적 기여를 했다. 탈리반 전복의 군사작전이 성공할 수 있었던 이유는 CIA 비밀공작 때문이었고, CIA 비밀공작이 성공할 수 있었던 이유는 북부동맹을 이용한 비밀공작의 철저한 '현지화' 때문이었다고 할 수 있다. 이 당시만 하더라도 일반인뿐 아니라 대부분의 언론매체 역시 아프가니스탄에서 CIA가 벌이고 있던 비밀공작의 실체를 파악하지 못하고 있었다. 하지만 아프가니스탄에서 CIA 요원이 살해당하는 사건이 발생했고, 이러한 사실을 부시 행정부가 일반에 공개하면서 아프가니스탄에서 미국이 진행해 온 CIA의 비밀공작의 내용이 하나씩 드러나기 시작했다.

11월 25일 오전 조브레이커 팀의 요원 데이브 타이슨Dave Tyson과 조니 '마이크' 스팬Johnny "Mike" Spann은 죄수 몇 명을 골라내어 심문하고 있었다. 죄수 중 하나는 존 워커 린드John Walker Lindh.* 그는 영어를 곧잘 하는 것으로 알려져 있어서 조브레이커 팀은 그를 '서양인Westerner'이라 부르고 있었다. 스팬은 '서양인'에게 질문했다.

"너 영어 잘하는 것 다 알아. 지금 입고 있는 영국 군복은 어디서 입수한 거지? 이거 봐, 날 좀 쳐다보라고!"

---

* 린드는 미국의 유복한 가정에서 태어난 '아메리칸' 탈리반이다. 그는 1997년 이슬람으로 개종하고 2000년 예멘Yemen으로 가서 탈리반군에 합류했다. 린드가 생포되었을 당시 덥수룩하게 기른 수염 때문에 CIA 요원들은 그의 정체를 쉽게 알아채지 못했다. 린드는 내란 혐의와 테러 혐의 등의 죄목으로 현재 수감 중이다.

서양인은 대답이 없었다.

"이거 봐! 너 어디 출신이야? 이곳엔 왜 왔어? 대답 안 해? 고개 들라고! 얘기 좀 해봐!"

하지만 서양인은 스팬의 계속된 다그침에도 묵묵부답이었다. 스팬은 타이슨에게 답답함을 토로했다.

"저 녀석이 대답할 기미를 보이지를 않는군…."

이때 심문을 받고 있던 다른 한 죄수가 갑자기 "너를 죽이러 아프가니스탄에 왔다"고 외치며 스팬에게 뛰어들었다. 스팬은 즉시 죄수를 사살했다.[5] 하지만 여러 명의 죄수들이 한꺼번에 스팬에게 달려들어 물어뜯

칼라이 장히 요새에 있는 조니 '마이크' 스팬의 기념비. (아프가니스탄, 마자리샤리프)

는 등 무자비한 공격을 시작했다. 죄수들의 폭동은 걷잡을 수 없이 번져 갔고, 이 와중에 스팬은 무참히 살해되었다. 타이슨과 다른 CIA 요원들은 간신히 피신할 수 있었다. 오후 3시가 되서야 미군의 반격이 시작되었다. CIA와 특수부대의 도움 아래 미 공군은 죄수들이 고립되어 있는 칼라이 장히Qala-i-Janghi 요새에 일단 무차별적인 공습을 퍼부었다.

11월 27일, 갑작스런 죄수 폭동이 발생한 지 이틀 후 타이슨을 위시한 CIA 요원들은 특수부대원과 200여 명의 북부동맹군을 대동하고 칼

라이 장히 요새로 진격한다. 미군의 무차별 공습에도 불구하고 탈리반 죄수들은 여전히 완강한 저항을 하고 있었다. 북부동맹군은 이들이 저항을 벌이고 있는 건물의 지하실 창문으로 20리터 정도의 휘발유를 들이붓고 수류탄을 터뜨렸다. 죄수들은 불타 죽거나 북부동맹군의 총탄에 맞아 모두 사살되었다. 북부동맹군은 죄수들의 시체에서 권총, 부츠, 옷가지, 심지어 금니까지 수거했다. 미군은 오후 늦게 요새를 탈환할 수 있었다. 하지만 미국 측도 희생자가 발생했다. 테러와의 전쟁에서 첫 번째 희생자는 미국의 정규군인이 아니라 CIA 요원 조니 '마이크' 스팬이었다.

북부동맹 대리전쟁과
빈라덴의 색출

●●●

CIA 비밀공작 덕분에 부시 행정부는 탈리반 정권을 전복시키는 군사작전을 성공리에 마칠 수 있었다. 특히 북부동맹이 제공한 군수 지원은 아프가니스탄의 미로와 같은 지형에 익숙하지 않은 미군의 원활한 작전 수행에 결정적 공헌을 했다. 북부동맹은 실제로 탈리반과의 전투에도 참여해 적지 않은 공을 올렸다. 하지만 부시 행정부가 아프가니스탄을 침공한 이유는 탈리반 정권의 전복을 위한 것만은 아니었다. 9·11테러를 계획하고 진두지휘한 당사자는 오사마 빈라덴Osama Bin Laden이었고, 그가 이끌고 있던 알카에다는 국제테러조직의 선봉장 같은 역할을 하고 있었다. 아프가니스탄에서 은신隱身하고 있던 이들의 세력을 무력화하는 것은 테러와의 전쟁의 중요한 정책목표 중 하나였다. 하지만 북부동맹의 태도가 문제가 되었다. 북부동맹은 탈리반 정권 전복을 위한 미국의 비밀공작과 군사작전에는 열의를 가지고 참여했지만, 빈라덴과 알카에다 잔당을 색출하여 토벌하는 작전에는 별다른 관심을 보이지 않았다. 탈리반 정권 전복을 위한 작전에 북부동맹이 적극적으로 참여한 데에는 CIA가 제공한 막대한 금전이 큰 유인誘因으로 작용했다고 할 수 있다.

1996년 탈리반에 의해 북쪽으로 쫓겨 간 북부동맹은 탈리반 축출이라는 목표 외에는 미국과 이렇다 할 공통분모가 없는 집단이었다. 따라서 탈리반 정권의 전복은 미국과 북부동맹의 공통된 관심사였고, 미국의 아프가니스탄 전쟁과 CIA의 지원은 북부동맹이 탈리반 타도와 정권의 탈환이라는 숙원을 성취할 수 있는 절호의 기회를 제공해 준 것이다. 하지만 탈리반 정권을 전복시켜 카불을 장악하고 정권을 탈환한 이후, 북부동맹은 미국의 회유와 압박에도 불구하고 빈라덴과 알카에다를 추적하는 미군의 작전에는 별다른 도움을 주지 않았다. 탈리반 축출과 정권 탈환이라는 1차적 목표를 달성한 북부동맹은 굳이 탈리반 잔당과 빈라덴 및 알케에다 세력을 추적하여 섬멸하는 미국의 군사작전에 굳이 목숨을 걸고 참여할 이유가 없었던 것이다. 이것이 바로 미국의 아프가니스탄 비밀공작 대리전이 가지고 있던 한계였다.

미국과 북부동맹의 연합군에게 정권을 내준 탈리반 세력들은 카불을 탈출하여 토라보라Tora Bora 지역으로 퇴각하여 알카에다와 합류해 다

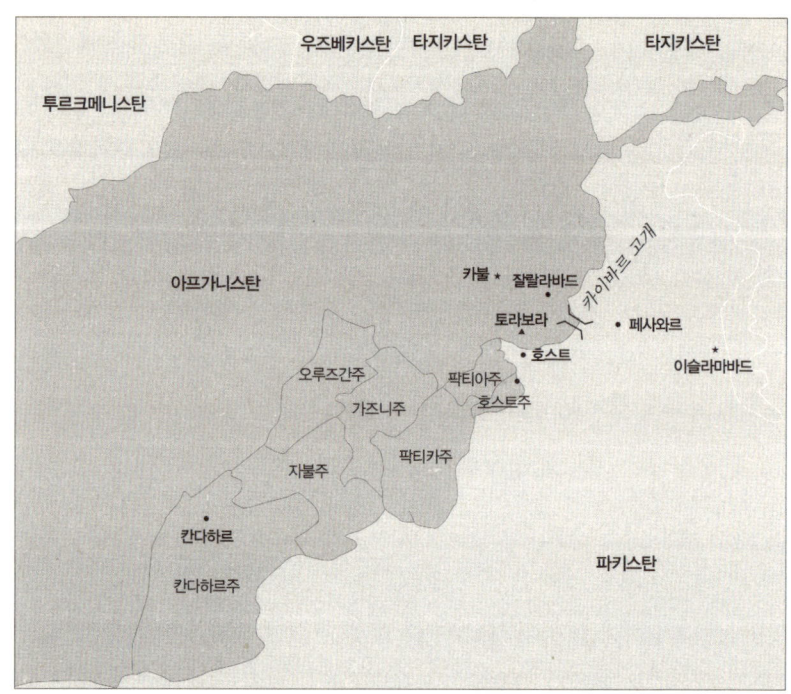

토라보라 지역

시 일전을 준비하고 있었다. 토라보라는 동굴과 계곡으로 이루어진 매우 험난한 지역으로 탈출로도 많고, 이곳 지형에 익숙하다면 장기간 은신하기도 용이한 곳이었다. 이들이 토라보라를 벗어난다면 다시 추적한다는 것은 불가능한 것으로 보였다. 따라서 CIA 대테러센터 부소장 행크 크럼턴Hank Crumpton은 부시 대통령과 체니 부통령에게 미국의 군사력을 집중하여 토라보라에서 일전을 치러야 한다고 보고한다. 미국이 신속하게 대응하지 않으면 탈리반과 알카에다 잔당들이 파키스탄으로 탈출할 수도 있는 상황이었다. 하지만 부시 대통령은 파키스탄이 미국의 테러와의 전쟁에 협력을 약속한 점을 환기시키며, 탈리반과 알카에다가 국경지역으로 퇴각한다면 파키스탄 정부가 국경을 봉쇄하지 않겠느냐고 반문했다. 크럼턴은 토라보라 지역의 위성사진을 부시에게 보여주며 아프가니스탄과 파키스탄 접경지역은 파키스탄 정부가 통제하지 못하는 무법지역이라는 점을 강조했다. 위성사진은 크럼턴의 설명대로 파키스탄 정부가 약속한 지원군이 이 지역에 도착할 기미가 없

파키스탄 대통령 페르베즈 무샤라프

음을 보여주고 있었다. 부시는 북부동맹군이 토라보라 군사작전에 많은 도움을 줄 수 있지 않느냐고 질문했다. 크럼턴은 북부동맹군은 오랜 전투에 매우 지쳐있고, 무엇보다도 빈라덴과 알카에다를 추적하는 일에 전력을 다하지 않고 있다고 설명했다.

크럼턴은 만약 미국이 신속하게 행동하지 않으면 탈리반의 수뇌 무하마드 오마르^{Muhammad Omar}와 빈라덴 및 그들의 잔당세력들을 놓치고 말 것이라고 재차 강조했다. 칸다하르^{Kandahar}에 파송한 미 해병대를 즉시 토라보라로 급파해야 한다고 제안했다. 부시는 되물었다.

"그 아프간 군인(북부동맹군)들이 그렇게 힘든 상황이란 말인가? 그들이 임무를 감당할 수 없는 상황인가?"

크럼턴은 대답했다.

"네, 정말 힘든 상황입니다. 대통령 각하, 절대로 이들이 감당할 수 있는 상황이 아닙니다."[6]

하지만 CIA의 거듭된 요구에도 불구하고 럼즈펠드 국방장관은 결국 미 해병대를 토라보라로 파견하지 않기로 결정했다. 국방부와 CIA는 아프가니스탄의 전황에 대한 상이한 시각을 가지고 있었다. CIA와는 달리 국방부는 미국의 군사력을 투사하지 않아도 탈리반과 알카에다 잔당을 섬멸할 수 있다고 판단하고 있었다. 사실 부시 행정부는 파키스탄의 페르베즈 무샤라프 Pervez Musharraf 대통령으로부터 아프가니스탄과 파키스탄의 국경지역을 철저히 봉쇄해 빈라덴과 알카에다의 퇴로를 차단하겠다는 확약을 이미 받아놓은 상황이었다. 부시, 체니, 럼즈펠드는 이러한 무샤라프 대통령의 약속을 철석같이 믿고 있었다. 하지만 CIA 본부로 올라오는 정보와 보고서는 무샤라프가 약속을 지키지 않고 있음을 시사하고 있었다. 이러한 정보에 근거해 CIA는 부시 대통령에게 미국의 군사력을 토라보라 지역으로 집중해야 한다고 건의한 것이다. CIA와 국방부 사이에 열띤 토론이 벌어졌다. 이 토론의 승자는 결국 국방부였다. 럼즈펠드는 무샤라프에게 조속히 약속을 지킬 것을 종용했다. 무샤라프는 파키스탄 군대의 움직임이 신속하지 않으니 인내를 가져달라고 응답했다. 하지만 결국 CIA의 우려대로 파키스탄 지원군은 제때 도착하지 않았고, 빈라덴과 알카에다 잔당은 결국 아프가니스탄과 파키스탄의 접경지역으로 도주에 성공했다.

이제 CIA의 임무는 파키스탄 관할지역으로 도주한 빈라덴과 그의 일당을 색출해 내는 것이었다. CIA는 아프가니스탄 전쟁 초기부터 북부동맹 부족장 외에도 남부 및 동부의 파슈툰족^{Pashtun}* 부족장들을 포섭하기 위한 비밀공작을 벌여왔다. 탈리반 정권 전복 후 북부동맹의 협력이 시들해졌을 때, 동부 잘랄라바드^{Jalalabad}에서 남부 칸다하르에 이르는 지역의 파슈툰 부족장들의 협조는 탈리반과 알카에다의 잔당을 섬멸하는 데 큰 도움을 줄 수 있을 것으로 판단되었다. 하지만 이들 파슈툰족은 전통적으로 친親탈리반 성향을 보이고 있어서 이들의 포섭은 결코 용이하지 않았다. 이들을 포섭하고 국경지역에서 테러와의 전쟁을 수행하는데 파키스탄의 도움이 절실한 상황이었다. 파키스탄 정부는 CIA의 비밀공작 작전기지를 접경지역 파키스탄 관할 내에 여러 곳 세울 수 있도록 허가해 주었다. 하지만 파키스탄 정보부(ISI)와 군대는 파키스탄 관할 내에서 활동하던 CIA 요원들의 움직임에 엄격한 제한을 두고 있었다. 따라서 CIA 요원들이 접경지역에서 활동할 때에는 어김없이 파키스탄 안전 요원의 호위를 받아야만 했다. 이러한 제약 요인으로 인해 CIA 요원들이 파키스탄과 아프가니스탄 국경 지역의 부족들로부터 효율적인 정보를 수집하고 비밀공작을 수행하는 것은 사실상 불가능했

---

* 아프가니스탄 남동부와 파키스탄 북서부에 사는 종족. 파슈토어를 쓰며 아프가니스탄 인구의 다수를 차지한다. 13~16세기에 몇몇 파슈툰 부족이 아프가니스탄에서 파키스탄으로 이동한 것으로 알려져 있다.

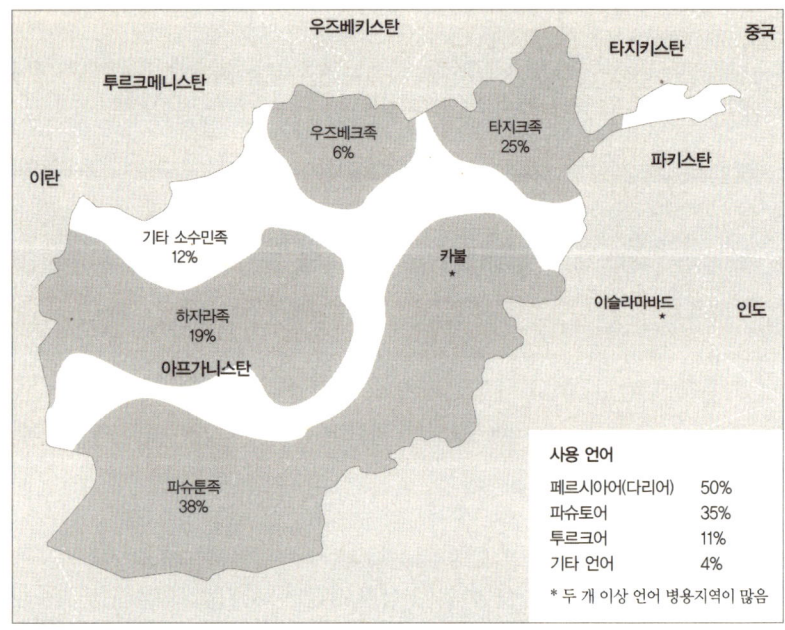

아프가니스탄 민족 분포도

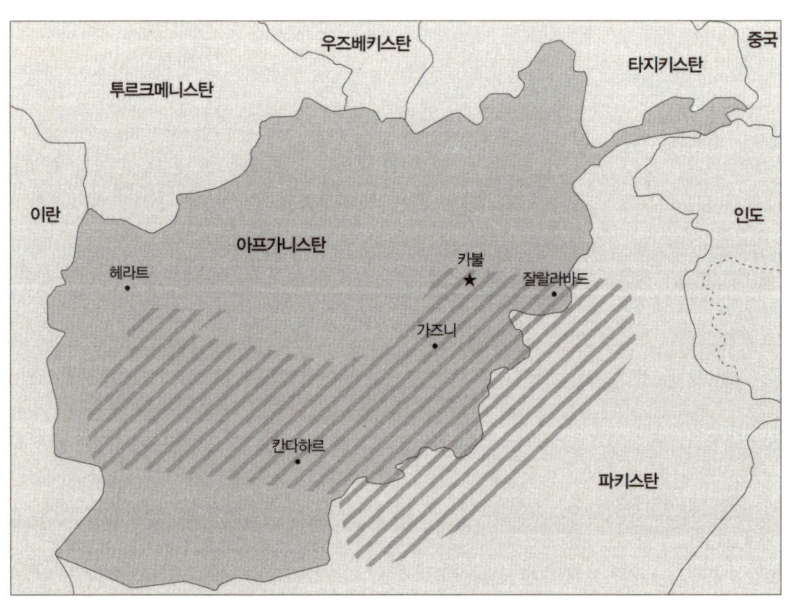

파슈툰족 분포 지역(빗금으로 표시된 지역)

백악관에서 열린 만찬에서 미 부통령 딕 체니, 대통령 조지 W. 부시, 국무장관 콘돌리자 라이스가 아프가니스탄 대통령 하미드 카르자이(가장 왼쪽), 파키스탄 대통령 페르베즈 무샤라프(가장 오른쪽)와 환담하고 있다. (2006년 9월 27일)

다. 결국 CIA의 추격 작업은 실패로 돌아가고, 빈라덴은 파키스탄을 탈출하여 현재도 건재를 과시하고 있다. 빈라덴과 알카에다 잔존세력 소탕의 실패는 미국의 테러와의 전쟁 수행에 큰 차질을 초래했다.

CIA는 탈리반 정권 전복 이후에도 줄곧 미국이 군사력을 집중해 빈라덴과 그의 일당을 색출하는 작업에 몰두해야 한다는 입장이었다. 빈라덴과 알카에다 잔존세력의 소탕은 아프가니스탄 전쟁의 중요한 정책 목표였기 때문이다. 이러한 정책목표는 북부동맹과 파슈툰 부족장들, 그리고 파키스탄에게만 의존해서는 결코 달성할 수 없는 상황이었다. 하지만 부시 행정부는 이러한 목표달성을 위해 필요한 미국의 군사력 투입 계획을 갖고 있지 않았다. 이라크와의 전쟁을 목전에 두고 있던 부시 행정부로서는 아프가니스탄 전장에 충분한 군사력을 투입할 여력이 없었던 것이다. CIA는 빈라덴과 알카에다 리더들의 행방을 추적할 목적으로 수백만 달러에 달하는 금액을 파슈툰 부족장들에게 지원하고 있었다. 하지만 이미 부시 행정부가 빈라덴 색출에 큰 관심을 보이지 않는 것으로 판단한 부족장들 역시 이들의 추적에 큰 열의를 보이지 않았다. 파키스탄 정부 또한 미국이 이라크로 관심을 전환하면서 사실상 빈라덴 색출을 포기했다는 결론을 내리고 있었다. 일부에서는 무샤라프 대통령이 빈라덴 색출에 열심이지 않았던 이유로, 만약 빈라덴이 체포되거나 사망하면 파키스탄의 전략적 가치가 감소하여 경제원조 등 미국의 대파키스탄 지원이 줄어들 상황을 우려했기 때문이라고 추측하기도 했다.[7]

CIA 핵심부는 빈라덴과 잔존세력의 색출 실패를 미국의 대테러 전쟁 수행에 큰 타격을 가한 사안으로 간주하고 있었다. 하지만 럼즈펠드와 국방부는 이러한 시각에 동의하지 않았다. 빈라덴의 색출이 테러와의 전쟁의 핵심 목표는 아니라는 입장이었다. CIA 대테러센터 소장 블랙은 이러한 럼즈펠드의 시각과 추가적 미군 투입을 지연한 부시 행정부의 결정에 공공연한 불만을 표시하고 있었다. 《워싱턴 포스트》는 2002년 4월 17일 "빈라덴 제거의 실패는 테러와의 전쟁에서 범한 가장 결정적 실수"라고 비판한 기사를 게재했다. 《워싱턴 포스트》의 기사는 블랙 소장이 건네준 정보와 배경설명을 바탕으로 작성한 것이었다. 5월 17일, 3년 동안 CIA 대테러센터 소장을 역임하고 탈리반 정권을 전복시킨 비밀공작에 결정적 역할을 했던 블랙은 결국 해임되고 마는데, 빈라덴 색출 실패를 공개적으로 비판하여 럼즈펠드 장관의 노여움을 샀기 때문이라고 한다.

아프가니스탄 비밀공작의 성공과 한계, 그리고 이라크 비밀공작

미국의 아프가니스탄 전쟁은 공식적으로 2001년 10월 7일 시작되었다. 하지만 미국의 아프가니스탄 비밀전쟁은 9·11테러사건이 발생한 이틀 후인 2001년 9월 13일부터 이미 시작되었다고 봐야한다. 물론 9·11테러사건이 발생한 후 부시 행정부가 탈리반 정부와 접촉을 시도한 것은 사실이다. CIA의 파키스탄 지부 요원이었던 로버트 그레니어Robert Grenier는 9·11테러사건이 발생하자 탈리반 정권의 2인자로 알려진 아크타르 오스마니Akhtar Osmani와 비밀리에 만나 두 가지 제안을 했다. 첫째, 오사마 빈라덴을 양도해 주거나 아니면 둘째, 빈라덴을 색출하는 미국의 군사작전을 방해하지 말아야 한다는 제안이었다.⁸ 그러나 그레니어가 오스마니를 만나고 있는 순간에도 이미 CIA의 아프가니스탄 비밀공작은 차근차근 순조롭게 진행되고 있었다. 부시 행정부가 탈리반 정권을 전복시키고 수도 카불을 탈환하며 승리를 선언하는 데는 불과 두 달도 소요되지 않았다. 카불 함락 후 두 달이 채 안 되서 쿤두즈Kunduz와 칸다하르 등의 요지 장악에도 성공했다.

일각에서는 미국의 막강한 공군력과 첨단무기로 무장한 지상군이 신속한 승리를 가능하게 했다는 분석이 나오기 시작했다. 혹자는 미국의 대규모 공습이 워낙 위력적이어서 지상군이 투입되기도 전에 이미 아프가니스탄 전쟁은 끝난 것과 마찬가지였다는 논평을 내놓기도 했다. 그러나 전쟁이 개시되기 전 군사전문가들이 내놓은 예측은 이와 달랐다. 아프가니스탄은 국토 전체가 천혜의 요새로 불릴 정도로 지형이 험준하여 외부의 침공이 용이하지 않은 국가이다. 산악지대에 위치한 아프가니스탄은 수없이 많은 동굴로 이루어진 협곡으로 인해, 탈리반과 알카에다 세력이 숨어서 게릴라전을 벌이기에 안성맞춤인 지형조건을 가지고 있었다. 1980년대 초 소련은 카르말^{Karmal} 친소정권을 옹립할 목적으로 아프가니스탄을 침공했지만, 9만여 명의 소련군과 수천 대에 이르는 전차 등 최첨단 무기도 아프가니스탄의 험준한 지형에서는 무용지물이었다. 게다가 당시 CIA의 군사지원으로 아프간 무자헤딘^{mujahidin} 전사들의 군사 저항도 무척 거셌다. 1989년 소련은 아무런 성과 없이 철수를 결정했고 1만 5,000여 명의 전사자와 4만여 명의 부상자 그리고 엄청난 경제적 손실을 감수해야 했다. 오죽하면 아프가니스탄이 '소련의 베트남' 또는 '소련의 무덤'이라는 별명을 갖게 되었을까? 미군의 운명 또한 옛 소련군의 운명과 다르지 않을 것이라는 관측은 이러한 역사적 사실과 군사적 현실에 근거하고 있었다.

대규모의 공습이 탈리반의 군사·산업시설을 파괴하고 적의 C4I(지휘^{Command}, 통제^{Control}, 통신^{Communication}, 컴퓨터^{Computer}, 정보^{Intelligence}) 체계를 교란, 무력화했을 뿐 아니라, 적군의 전의마저 꺾어버려 지상군 투입 이전에 이미 아프가니스탄 전쟁은 끝이 난 것이나 다름없었을까? 아니면 세계 최강을 자랑하는 최첨단 무기로 무장한 미국의 지상군 앞에 탈리반과 알카에다는 이렇다 할 저항조차 하지 못하고 지리멸렬^{支離滅裂} 패퇴하고 만 것일까? 미군의 대규모 공습이 끝난 후 2001년 11월 2일 자

아프가니스탄에서 소련군이 겪었던 고초는 2005년 러시아에서 제작된 〈제9중대 The 9th Company, 9-Ya Rota〉라는 제목의 영화에 소상히 잘 나타나 있다. 소련이 아프가니스탄을 침공한 지 9년째인 1988년 전쟁은 좀처럼 끝이 보이지 않고 다양한 배경을 가진 소련의 젊은 청년들이 징집되어 전장으로 투입된다. 이들은 무자헤딘 게릴라와 치열한 전투를 치르지만 군인과 민간인이 구별되지 않는 환경에서 모두 희생되고 만다. 〈제9중대〉는 소련 전쟁사에 최악의 패배로 기록되고 있는 아프가니스탄 전쟁의 악몽을 생생히 다루고 있다.

《워싱턴 포스트》는 다음과 같이 보도했다.

"대규모 지상군 투입이 필요할 듯: 공습에도 불구하고 탈리반군은 대부분 건재함."

막강한 공군력이 바탕이 된 대규모 공습도 군사적 목적을 달성하는 데 한계가 있다. 적들이 전장에서 이동을 하고 있거나 활발하게 움직이고 있을 경우 공습은 적에게 치명적인 타격을 가할 수 있다. 그러나 적군이 벙커나 다른 은신처에 숨어 꼼짝달싹 하지 않고 '전략적 방어태세 strategic defense position'를 취하고 있을 경우, 지상 수백 미터 위에서 가하는 공습이 적에게 끼칠 수 있는 타격은 매우 제한적이다. 이러한 사실은 1990년 제1차 걸프전$^{Gulf\ War}$과 1999년 세르비아의 밀로셰비치^{Milošević} 정권을 대상으로 한 나토(NATO)의 공습에서도 여실히 드러났다. 미군의 공습 후에도 이라크의 공화국 수비대는 충분한 군사보급 물자를 가지고 전의를 불태우면서 미군과의 일전을 준비하고 있었고, 나토의 대규모 공습 역시 밀로셰비치의 지상군에게 결정적인 타격을 가하지는 못했다. 아프가니스탄과 같은 험준한 지형의 전장에서는 최첨단 무기가 발휘할 수 있는 위력 또한 제한적이다. 1990년 걸프전에서 최첨단 무기가 위용을 떨칠 수 있었던 이유는 대부분의 전투가 사방이 공개된 평탄한 사막에서 치러졌기 때문이다.

따라서 많은 군사 전문가들은 대규모 공습 이후 개시할 미국의 아프가니스탄 지상 작전이 상당한 미군의 희생을 수반하는 장기전이 될 것으로 예상하고 있었던 것이다. 하지만 이러한 예상은 보기 좋게 빗나가고, 미군이 카불을 함락하여 탈리반 정권을 축출하는 데는 채 두 달이 걸리지 않았다. 미국이 군사적 희생을 최소화하며 신속한 군사적 승리를 거둘 수 있었던 이유는 성공적으로 수행된 CIA의 비밀공작에서 찾아야 한다. 타국의 정권교체를 위한 비밀공작이 성공을 거두기 위해서는 대상 국가에 어느 정도 자생력이 있는 반정부 세력이 존재해야 한다. 아프가니스탄 비밀공작의 성공도 미국이 지원하여 동원할 수 있는 북부동맹이 이미 상당한 세력을 형성하여 탈리반 정권을 위협하고 있었기 때문에 가능했던 것이다. 이란, 과테말라(1950년대), 인도네시아, 도미니카 공화국(1960년대), 칠레(1970년대) 등지에서 정권교체를 도모한

CIA의 비밀공작이 그 소기의 목적을 달성할 수 있었던 이유는 반정부 세력과의 효율적인 연합 때문이었다. 반정부 그룹이 일정한 세력을 형성하지 않은 상황에서 CIA가 반정부 세력을 규합, 조직하여 동원하기는 용이하지가 않다. 1960년대 미국이 카스트로 정부를 전복시키기 위해 벌였던 비밀공작이 실패한 이유는 카스트로 정부를 위협할 만한 반대세력이 쿠바 내에 형성되어 있지 않았기 때문이다. 케네디와 닉슨 행정부는 카스트로의 압제로 인해 반카스트로 그룹이 상당한 세를 형성하고 있을 것이라고 예측했으나, 이러한 예측은 냉정한 정보분석이 아닌 희망사항에 불과했다.

하지만 북부동맹은 탈리반 정권을 전복시키고 카불을 장악하여 정권을 탈환한 이후, 탈리반 잔당을 섬멸하고 알카에다와 빈라덴을 색출하려는 미군의 작전에는 별다른 도움을 주지 못했다. 북부동맹에게 탈리반 전복과 정권탈환은 중요한 정책목표였지만 알카에다 섬멸이라는 미군의 추가적 정책목표는 그들의 관심 밖의 일이었기 때문이다. 이것이 바로 아프가니스탄 비밀공작의 한계였고, 북부동맹을 이용한 대리전쟁의 한계였다. 부시 행정부는 2002년 3월 여덟 명의 미군 전사자가 발생한 치열했던 샤이콧$^{Shai-Kot}$ 계곡의 전투를 끝으로 아프가니스탄의 군사작전을 종료하고 이라크로 군사력을 전환하기 시작했다. 아프가니스탄에 집중해야 할 미국의 군사자원은 이라크 전쟁으로 인해 고갈되기 시작했고, 2003년 말에는 아프가니스탄과 파키스탄을 관리할 수 있는 CIA 자원마저도 거의 동나고 있었다. 2004년 초 '피터^{Peter}' 라는 가명으로만 알려진 카불 주재 CIA 지부장은 아프가니스탄과 파키스탄 국경 근처에서 알카에다와 탈리반 세력이 다시 발호하고 있다는 보고서를 CIA 본부에 발송했다. 피터는 보고서에서 남(南)와지리스탄Waziristan과 쿠나르Kunar 근처의 파키스탄 부족 지역에 한층 더 강화된 CIA 정보활동이 필요하다고 건의했다.[9]

2002년 이후부터 알카에다는 주로 와지리스탄 지역에서 세를 재결집하고 있었고, 빈라덴이 그 곳에 은신해 있을 수도 있다는 추측이 나돌았다. 피터는 이에 대응하기 위해서 30여 명의 CIA 요원이 필요하다고 요청했으나, CIA 본부는 이라크 전쟁으로 인해 추가적으로 파견할 인적자원이 고갈된 상황이라고 답을 했다. 공교롭게도 보고서를 작성한 후 얼마 되지 않아 피터는 아프가니스탄을 떠나 다른 지역으로 배치되었다. 2005년 CIA 국장은 알카에다 잔존세력 색출 작업이 어떻게 진행되고 있는지를 보고하기 위해 부시 대통령과 면담을 했다. 브리핑을 받은 부시는 아프가니스탄과 파키스탄에서 활동 중인 CIA 요원의 규모가 너무 작다는 사실에 놀라워하며, "아니, 이게 다야?"라고 반문했다고 한다.[10] 2004년 아프가니스탄의 CIA 요원 증원을 권고한 '피터'의 보고서가 워싱턴에 전달된 후, CIA는 1년 동안 아프가니스탄과 파키스탄에서 활동하는 요원의 수를 두 배 정도 증원했다. 하지만 이들 중 많은 요원들은 신참내기들이었다. 베테랑 요원들이 대부분 이라크 전쟁에 투입되었기 때문이다. 빈라덴과 알카에다 색출을 위한 CIA 비밀공작은 2005년 말 공식적으로 종료된다. 부시 행정부는 빈라덴 색출을 포기하는 것이 아니라고 강변했지만, 미국이 이라크 전쟁으로 인해 아프가니스탄 전장에서 곤경을 치르고 있는 것은 분명해 보였다. 많은 CIA

요원들이 불평하듯이 빈라덴 색출 포기는 미국에게 큰 타격이었다. 비밀공작의 종료와 함께 빈라덴과 알카에다 색출을 위해 설립된 CIA 알렉 기지Alec Station 역시 해체되었다.

    이라크로 투입된 CIA 비밀공작팀은 후세인 정권의 전복에 적지 않은 기여를 했다. 하지만 이라크 전장에서의 CIA 비밀공작팀의 활약은 아프가니스탄에서의 역할에 비해 일반에게 알려진 바가 많지 않다. 이라크의 수도 바그다드Baghdad가 미군에게 함락되기 전에 럼즈펠드는 이라크 시민들의 자발적인 반후세인 봉기가 일어날 것이라고 공언하고 있었다. 실제로 후세인 정권 전복 후, 바그다드 시가로 몰려나온 이라크 시민들이 후세인의 동상을 철거하여 토막 내고, 성조기를 흔들어 미군을 환영하는 모습이 TV 뉴스에 보이곤 했다. 하지만 서구 언론의 전파를 탄 이러한 극적인 장면은 CIA가 연출한 것이었다. 친미성향의 아메드 찰라비Ahmed Chalabi 이라크 국민회의(INC) 의장은 '자유 이라크군' 700여 명을 진두지휘하며 미국의 이라크 전쟁 수행에 많은 도움을 주었는데, 그가 이끌던 자유 이라크군은 CIA가 무기와 군복을 포함한 장비 일체를 지원한 CIA의 준군사부대였던 것으로 드러났다. CIA는 자유 이라크군뿐 아니라 육군 델타 포스Delta Force, 해군 네이비 실Navy Seal 등 각 군의 특수 부대와 협력하여 이라크 전쟁이 공식 개시되기 몇 달 전부터 이라크에 침투하여 준군사작전을 수행하고 있었다. 이라크의 자발적 민병단체로 알려진 '이라크민족단합연합(ICNU)' 역시 CIA가 배후 조종한 준군사부대인 것으로 드러났다. 준군사작전 외에도 후세인과 정권의 수뇌부를 추적해 암살, 제거하는 공작에도 CIA가 주도적인 역할을 했다고 한다. 아프가니스탄 전쟁과 마찬가지로 이라크 전쟁 역시 '충격과 공포Shock and Awe'라고 명명한 미국의 공습작전으로 개시되었다. 미군의 폭격은 신속하고 정확하게 이루어졌는데, 이러한 배경에는 이미 이라크에 침투해 활동하며 기밀정보를 캐내어 CIA 본부와 국방부에 전달한 베테랑 CIA 요원들이 있었다.

테러와의 전쟁의 대차대조표

●●●●●

부시 행정부가 테러와의 전쟁에서 달성한 소기의 목적은 무엇일까? 아프가니스탄 전쟁과 이라크 전쟁이 과연 대테러 전쟁의 정책목표에 기여한 바는 무엇일까? 우선 아프가니스탄 전쟁은 미국에게 '필요한 전쟁necessary war'이었다고 할 수 있다. 미국은 아프가니스탄 전쟁을 통해 '테러와의 전쟁'에 대한 미국의 의지를 세계에 천명할 수 있었다. 탈리반 정권은 9·11테러를 계획하고 지휘한 빈라덴과 알카에다를 은닉, 지원하고 이들의 신병인도 요구를 거절했다. 탈리반 정권을 전복시킴으로써 미국은 향후 테러리스트를 은닉 혹은 지원할 수 있는 국가나 세력에게 강력한 경고의 메시지를 보낼 수 있었다. 또한 아프가니스탄은 알카에다의 주요 은신처safe haven이자 테러리스트 양성소와 같은 역할을 하던 국가였다. 아프가니스탄 전쟁으로 인해 알카에다의 본거지는 와해되었고 탈리반 정권이라는 든든한 후원자를 잃게 되었다. 아프가니스탄 전쟁을 수행함으로써 부시 행정부는 9·11테러를 주도하고 국제테러단체 중 가장 잘 조직화된 것으로 알려진 알카에다를 어느 정도 약화시킬 수 있었다. 하지만 관심과 자원을 조급히 이라크로 전환한 것은 빈라덴 색출과 알카에다 섬멸이라는 정책목표 달성에 차질을 초래했다.

미국은 전쟁 초 유리한 전세를 유지하며 군사행동에 박차를 가해 탈리반과 알카에다 잔당 세력을 소탕했어야 했다. 하지만 부시 행정부는 아프가니스탄의 군사작전을 조기에 종결했고, 미군의 공백을 메울 수 있을 것으로 기대되던 나토군 역시 국제안보지원군International Security Assistance Force: ISAF이 충분한 전투병력 투입을 주저하면서 초기의 우세한 기세를 유지하는데 실패했다. 그 결과 탈리반은 역내에서 전열을 재정비하여 건재를 과시하고 미군 및 동맹군 병력, 그리고 하미드 카르자이Hamid Karzai 대통령이 이끄는 아프가니스탄 정부를 대상으로 테러를 감행하고 있다. 알카에다 역시 회생의 기미가 역력하다. 알카에다는 소련의 아프가니스탄 침공 시기 억압받는 이슬람 세계를 해방하고 부패한 정권을 축출하겠다는 기치를 내걸며 1988년 결성되었다. 그 후 알카에다는 아랍세계에 군대를 주둔시켜 성지聖地를 더럽히고, 이스라엘을 편파적으로 지원하며, 경제 제재를 통해 이라크 국민을 압제한다며 미국을 상대로 수차례의 테러를 자행해왔다. 미국 또한 케냐의 미국대사관 테러사건과 미 구축함 콜Cole호 테러사건* 등에 대한 보복조치로 1998년 8월 '무한의 달성Infinite Reach' 작전을 감행, 아프가니스탄의 알카에다 작전기지를 공격한 바 있다. 알카에다는 국제테러단체 중 가장 조직화되어 있고 재정이 든든하며, 무엇보다도 미국에게 실질적 테러를 감행할 능력이 가장 높은 위협세력으로 평가되고 있다.

일찍이 프로이센Preussen의 전략가 클라우제비츠Clausewitz는 "전쟁의 승리를 위해서는 적의 전투의지를 분쇄할 필요가 있고, 이에 실패할 경우 적은 전열을 정비하여 지속적인 위협으로 작용할 수 있다"고 지적했다. 미국은 아프가니스탄의 군사작전을 조기 종료함으로써 적의 전투의지를 분쇄하지 못했고, 따라서 탈리반뿐 아니라 알카에다의 잔존세력 역시 회생할 수 있는 계기를 마련해 주었다. 알카에다가 탈리반의 지원으로 국제적 테러활동이 가능했었다는 점을 감안한다면, 테러와의 전쟁 정책목표 달성을 위해서는 탈리반 잔당을 섬멸하는 정책이 후세인 제거보다 선행되었어야 했다. 하지만 조급하게 이라크로 관심을 돌린 결과 미국은 아프가니스탄에서 탈리반 잔당세력이 회생할 수 있는 기회를 제공했다. 탈리반과 알카에다는 아프가니스탄과 파키스탄 국경 근처를 새로운 거점으로 하여 여전히 미국과 미국의 우호세력에게 테러의 위협으로 남아있다. 이라크의 불안한 정황은 전후 아프가니스탄의 안정을 위한 작전수행 능력에 악영향을 끼쳤고, 아프가니스탄의 불안정한 상황은 다시 이라크에서의 효율적인 작전수행에 제한요인으로 작용해 왔다. 이라크와 아프가니스탄에서의 실패가 악순환의 고리를 형성해 온 것이다. 그리고 군사·외교자원이 이라크에 과도하게 집중되

＊ 알카에다는 1998년 8월 300여 명이 사망한 케냐와 탄자니아 주재 미국대사관 폭파사건을 주모했고, 2000년 10월 예멘 아덴Aden 항에 정박해 있던 미군 구축함에 자살폭탄 공격을 감행하여 수병 17명을 사망하게 했다.

면서 미국은 타 지역에서 효율적으로 군사작전을 수행할 능력에 심각한 타격을 받게 되었다. 2009년 미 국방부 공식집계에 의하면 이라크 전쟁 개전 이후 미군에서 4,253명의 전사자와 3만 1,089명의 부상자가 발생했다.

일찍이 손자孫子는 『손자병법孫子兵法』 모공편謀攻篇에서 "백번 싸워 백번 이기는 것은 최선이 아니다. 싸우지 않고도 적을 굴복시키는 것이 가장 좋은 방법이다百戰百勝 非善之善者也. 不戰而屈人之兵 善之善者也"라고 강조한 바 있다. 클라우제비츠는 "전쟁은 단지 정치의 연장일 뿐"이라는 경구를 통해 뚜렷한 정책목표 없이 수행되는 전쟁행위의 무모함에 대해 경고했다. 일국의 최고 정책결정권자가 정책목표의 중요성을 간과한다면 전쟁에서 승리하고도 정치적으로 패배하는 경우가 발생할 수 있다. 부시가 규정한 이라크 전쟁의 정책목표는 대량살상무기(WMD) 위협 제거와 민주주의 전파였다. 하지만 불충분한 정보에 근거하여 정책목표(WMD 위협 제거)을 설정하고 정책목표(민주주의 전파)에 부합하지 않는 수단(무력침공)을 사용하는 우를 범했다. 그 결과 아프가니스탄에서 알카에다는 교두보를 재확립했고 이슬람권의 반미감정은 악화되어 오히려 장기적으로 대테러 전쟁의 정책목표 달성에 차질이 발생했다. 군사적으로 승리한 양대 전쟁이 결국 정치적으로는 실패한 결과를 초래한 것이다. 미국과 미국인에 대한 국제테러위협의 제거가 테러와의 전쟁의 정책목표라면 이제는 미국의 정책역량을 군사 전선에서 정치·외교·경제·문화 등 다방면의 전선으로 전환해야 한다.

물론 테러와의 전쟁의 군사 전선에서 승리하는 것도 매우 중요하다.

오바마 행정부는 '테러와의 전쟁' 대신 '해외비상작전Overseas Contingency Operation'이란 표현을 사용하여 알카에다 등 국제테러리스트를 근절하는 군사작전을 지속적으로 추진하고 있다. 알카에다와 탈리반 세력을 진압하는 아프가니스탄 군사작전에 미군을 증파하기로 한 오바마 대통령의 결정은 이러한 맥락에서 중요하다고 할 수 있다. 오바마 행정부는 2010년 군사고문단을 제외한 전 병력을 이라크로부터 철군하기로 결정했으며, 대신 3만 6,000명이 주둔 중인 아프가니스탄 전선에 1만 7,000명을 추가로 투입하기로 결정했다. '오바마의 전쟁Obama's War'이 아프가니스탄에서 치열하게 전개되고 있는 것이다.[11] 그러나 궁극적으로 미국이 테러와의 전쟁에 승리하기 위해서는 세계인의 '마음을 사로잡는wining the hearts and minds' 전략, '스마트 파워smart power*'에 의존하는 전략이 요구된다고 할 수 있다.

9 · 11테러 이후 미국의 정보개혁과 비밀전쟁

● ● ● ● ● ●

1980년대 말 냉전의 국제질서가 해체되면서 CIA는 심각한 정체성의 위기를 겪게 된다. 소련이라는 주적을 상실한 CIA는 정보역량을 어느 곳에 집중해야 할지 깊은 고민에 빠지게 되었다. 일각에서는 CIA 폐지론을 주장하는 목소리가 흘러나오기도 하고 아울러 비밀공작 무용론이 대두되기도 했다. 사실 2차대전 후 전시가 아닌 평화시에 CIA와 같은 독립된 정보기관을 상설 운영하고 비밀공작을 외교안보의 정책도구로 사용한다는 것은 미국 역사상 전례가 없는 일이었다. 하지만 '냉전'이라는 국가의 안보위기 상황이 CIA 비밀공작을 미국의 합법적 정책도구로 정당화할 수 있었던 것이다. 우리는 이 책의 사례연구를 통해 냉전시기 미국의 역대 대통령들은 소속 정당과 정치적 이념과 무관하게 비밀공작을 즐겨 사용해 왔음을 알 수 있었다. 외교나 협상으로 타국과의 문제를 해결하지 못하고 군사적 해결책 역시 여의치 않은 상황에서, 미국 대통령들은 비밀공작을 '중간책middle option'으로 선호했다. 하지만 1980년대 말부터 1990년대 초, "이제 냉전의 위기상황이 종식되었으니 '평상normalcy'으로 돌아가자"는 목소리가 나오기 시작했다. 냉전이라는 비상 국면이 끝났으니 비밀공작이라는 지저분한 외교정책 수단은 폐기해야 한다는 의견이 대두하기 시작한 것이다. 또한 냉전 당시 CIA가 수행한 비밀공작의 실체가 하나둘씩 일반에게 알려지면서, CIA의 대국민 이미지는 급속히 악화되었다. 서구 민주주의 국가의 리더로 자처하는 미국이 비밀공작과 같은 투명하지 않은 정책수단을 사용해서는 안 된다는 목소리도 나오기 시작했다. 냉전질서의 해체는 미국 정보공동체 전체에게 시련으로 작용했다. 냉전체제가 해체되면서 미국 정부는 정

---

* 스마트 파워란 군사력과 경제력의 우위를 바탕으로 강제성을 띠고 있는 강성권력(하드 파워 hard power)과 신뢰와 존경·가치·매력을 바탕으로 상대방의 자발적 참여를 유도하는 연성권력(소프트 파워soft power)을 모두 포함하는 개념이다. 조지프 나이Joseph Nye는 미국이 국제사회에서 리더십을 발휘하려면 스마트 파워를 키워나가야 한다고 지적한다.

보자원을 축소하고 정보활동도 감축하여 경제문제 등 국내의 산적한 문제해결에 국가자원을 집중하라는 국내외의 압력에 노출되기 시작했다. 이런 과정에서 CIA는 실제로 예산 삭감과 인원 감축 같은 불이익을 당하게 되었다. 특히 해외 비밀공작 업무는 인력과 예산 삭감의 첫 번째 타깃이 되었다.

CIA의 예산 삭감과 인원 감축은 테킨트(기술정보)를 중시하는 미국 정보정책의 최근 동향과도 밀접한 관련이 있었다. 최첨단 기술력과 컴퓨터와 통신시설의 발달로 인하여 미국의 정보공동체에서는 기존의 전통적인 휴민트(인간정보) 활동의 많은 부분을 테킨트가 대체할 수 있을 것이라는 다소 막연한 믿음이 발생했다. 그 결과 테킨트 부문 예산과 인원은 증가한데 비해 휴민트의 중요성은 상대적으로 반감된 것이다. 따라서 휴민트 전담 기관인 CIA의 역할도 축소될 수밖에 없었고, 휴먼 스파이가 결정적 역할을 하는 비밀공작 영역도 당연히 위축되었다.

부시 행정부가 9·11테러사건을 예방하지 못한 사건은 진주만 기습사건 이후 최악의 '정보정책 실패intelligence failure'로 간주된다. 사실 미국은 9·11테러사건 발생 이전 알카에다 점조직이 주고받은 교신내용의 많은 부분을 가로채어 확보하고 있었다고 한다.[12] 암호화된 교신내용을 신속히 해독했다면 대참사를 어느 정도 예방할 수도 있었을 것이다. 하지만 확보한 교신내용을 정확히 해독할 수 있는 인적자원이 부족했고, 이를 해당 정보기관과 부서에 원활하게 전달하지도 못했다. 유능한 인적자원의 부재, 원활하지 못한 정보조율과 정보공유가 문제점으로 지적되었다. 실제로 테러를 예방하고 테러와의 전쟁을 수행하기 위해서는 테킨트에 의존한 정보활동만으로는 한계가 있고 휴민트 능력을 배양해야 한다는 목소리가 나오기 시작했다. 고급정보의 수집뿐 아니라 이러한 정보를 분석할 수 있는 인적자원, 그리고 적성국가나 적의 조직에 침투하여 첩보활동을 할 수 있는 우수한 정보요원을 양성해야만 미국을 테러분자의 공격에서 보호할 수 있고 테러와의 전쟁을 성공리에 수행할 수 있다는 인식이 발생한 것이다.

냉전 시기에는 안보위기로 인해 CIA의 창설과 비밀공작의 필요성이 정당화되었다. 마찬가지로 9·11테러사건은 정보정책과 첩보활동의 중요성을 다시 한 번 깨닫게 해준 계기가 되었다. 부시 행정부는 1947년 국가안보법 통과 이후 근 50년 만에 대대적인 정보개혁을 단행하기에 이르렀다. 미 의회는 초당적으로 운영되는 '9·11위원회'를 발족해 정보실패의 원인을 규명하고 바람직한 정보개혁안을 마련하도록 했다. 이와는 별도로 스코크로프트 역시 부시 대통령의 지시로 독자적인 정보개혁안을 준비하고 있었다. 9·11위원회와 스코크로프트가 공통적으로 지적한 미국 정보정책의 문제점은 각 부서에 분산된 다양한 정보기능이 제대로 조율되지 않고, 정보기관 간의 협조도 잘 이루어지지 못하고 있다는 것이었다.

1947년 트루먼 행정부는 CIA를 창설하고 CIA의 국장으로 하여금 미국 정보공동체의 수장(DCI)을 겸임하게 하여 정보기관을 총괄하고 정보정책을 조율하는 중앙집권적 정보체제를 발족시키려 했다. 하지만 '견제와 균형 checks and balances'을 중요시하는 미국의 정치문화는 이를 허락하지 않았다. 결국 트루먼의 의도대로 CIA 국장이 미국 정보공동체의 장을 겸임하는 체제가 발족했지만, 역대 CIA 국장들은 다양한 정보기관과 활동을 적극적으로 '조율coordinate' 하지 못하고 단지 수동적으로 '관장oversee' 하는데 급급한 모습을 보여주었다. 시간이 지나면서 CIA 국장의 정보공동체 장악력과 정책조율 능력에 심각한 문제점이 발견되고, 다양한 정보기관과 부처 간의 소모적인 경쟁과 영역 싸움은 정보정책 운영에 심각한 장애요인으로 작용하기 시작했다. '견제'를 중요시 하다 보니 '효율'에 문제가 발생한 것이다. 또한 어떻게 보면 미국의 10여 개 정보기관 중 일개 정보기관에 불과한 CIA의 수장이 CIA를 이끄는 동시에 미국 정보공동체 전체를 총괄하고 조율하는 업무를 수행하는 것 자체가 문제라는 지적도 제기되었다.

부시 행정부는 2004년 정보개혁법을 통과시켜 CIA 국장은 CIA를 관할하는 직무만을 수행하게 하고, 국가정보국장(DNI)직을 신설하여 정보공동체를 총괄하고 정보정책을 국가적 차원에서 조율하는 임무를 부여했다. 각급 정보기관의 장은 DNI에게 정보업무를 보고하고, 이들을 취합하여 대통령에게 보고·건의하는 임무를 DNI가 맡게 된 것이다. 정보개혁 논의 과정에서 CIA와 국방부 간의 치열한 영역 싸움이 물밑에서 전개되었다. CIA는 국방부가 주로 관할하고 있던 테킨트 활동을 CIA로 이전시켜야 한다는 입장이었고, 국방부는 CIA의 휴민트 활동을 국방부가 많은 부분 흡수해야 한다는 의견이었다. 부시는 2005년 국가비밀활동부(NCS)를 신설해 비밀공작 등 미국의 휴민트 활동을 총괄하게 하는 결정을 내리는데, 이 신설 부서를 CIA 조직에 편제함으로써 휴민트가 CIA의 고유 업무 영역임을 인정해 주었다. 국가비밀활동부는 기존의 CIA 작전본부를 대체함과 동시에 국방부와 FBI 등 여타 정보기관의 휴민트 활동을 총괄·조정하는 것으로 알려졌다.

2009년 마지막 날, 아프가니스탄 동부 호스트^{Khost}주 미군 기지 내에 자살폭탄테러가 발생해 여덟 명의 CIA 요원이 사망하는 사건이 발생했다. 폭탄테러를 감행한 테러리스트는 요르단인 의사 후맘 칼릴 모하메드$^{Humam\ Khalil\ Mohammed}$였다. 2008년 모하메드는 알카에다의 인터넷 토론방을 관리하며 지하드^{jihad}를 찬양하는 글을 게재해 요르단 정보국(GID)에 체포되었다. 이후 모하메드는 미국 편으로 전향해 알카에다와 탈리반의 정보를 빼오는 역할을 수행했다. 하지만 모하메드의 전향은 철저한 위장이었고, 오히려 알카에다에게 미국 측의 정보를 건네는 이중 스파이 역할을 하고 있었다. 그가 미국 측에 건네준 알카에다 2인자 아이만 알자와히리$^{Ayman\ al\text{-}Zawahiri}$에 대한 정보도 모두 허위 정보로 판명되었다. 모하메드의 테러는 아프가니스탄에서 발생한 CIA 최대의 희생으로 기록될 것이다. 하지만 오바마 행정부는 이에 굴하지 않고 정보분석관, 준군사요원 등 CIA의 인적자원을 총동원하여 아프가니스탄에서 '오바마의 전쟁'을 계속하고 있다. CIA는 탈리반과 알카에다 잔존세력을 대상으로 하는 무인정찰기^{drone}의 폭격도 주도하고 있다. 존립의 위기를 겪고 있던 CIA와 미국의 비밀공작이 9·11테러사건으로 화려하게 부활해 미국의 대테러 전쟁의 선봉장으로 나서게 된 것이다.

〈표 13〉 역대 CIA 국장

시드니 W. 수어스
Sidney W. Souers
1946년 1월 23일 ~
1946년 6월 10일

호이트 S. 밴던버그
Hoyt S. Vandenberg
1946년 6월 10일 ~
1947년 5월 1일

로스코 H. 힐렌케터
Roscoe H. Hillenkoetter
1947년 5월 1일 ~
1950년 10월 7일

월터 베델 스미스
Walter Bedell Smith
1950년 10월 7일 ~
1953년 2월 9일

앨런 W. 덜레스
Allen W. Dulles
1953년 2월 26일 ~
1961년 11월 29일

존 A. 매콘
John A. McCone
1961년 11월 29일 ~
1965년 4월 28일

윌리엄 F. 라본
William F. Raborn, Jr.
1965년 4월 28일 ~
1966년 6월 30일

리처드 M. 헬름스
Richard M. Helms
1966년 6월 30일 ~
1973년 2월 2일

제임스 R. 슐레진저
James R. Schlesinger
1973년 2월 2일 ~
1973년 7월 2일

윌리엄 E. 콜비
William E. Colby
1973년 9월 4일 ~
1976년 1월 30일

조지 부시
George Bush
1976년 1월 30일 ~
1977년 1월 20일

스탠스필드 터너
Stansfield Turner
1977년 3월 9일 ~
1981년 1월 20일

윌리엄 J. 케이시
William J. Casey
1981년 1월 28일 ~
1987년 1월 29일

윌리엄 H. 웹스터
William H. Webster
1987년 5월 26일 ~
1991년 8월 31일

로버트 M. 게이츠
Robert M. Gates
1991년 11월 6일 ~
1993년 1월 20일

R. 제임스 울시
R. James Woolsey
1993년 2월 5일 ~
1995년 1월 10일

존 M. 도이치
John M. Deutch
1995년 5월 10일 ~
1996년 12월 15일

조지 J. 테닛
George J. Tenet
1997년 7월 11일 ~
2004년 7월 11일

포터 J. 고스
Porter J. Goss
2004년 9월 24일 ~
2005년 4월 21일(DCI)
2006년 5월 26일(CIA 국장)

마이클 V. 헤이든
Michael V. Hayden
2006년 5월 30일 ~
2009년 2월 13일

리언 E. 패네타
Leon E. Panetta
2009년 2월 13일 ~
현재

* 날짜는 재임기간

〈표 14〉 역대 DNI

존 네그로폰테
John Negroponte
2005년 4월 21일 ~
2007년 2월 13일

존 마이클 매코널
John Michael McConnell
2007년 2월 13일 ~
2009년 1월 27일

데니스 C. 블레어
Dennis C. Blair
2009년 1월 29일 ~
2010년 5월 28일

데이비드 곰퍼트
(대행)David Gompert
2010년 5월 28일 ~
2010년 8월 5일

제임스 R. 클래퍼
James R. Clapper
2010년 8월 5일 ~
현재

* 날짜는 재임기간

1 Bob Woodward, *Bush at War* (New York, NY: Simon & Schuster Adult, 2003), pp. 50-53.
2 *Ibid.*, pp. 74-78.
3 Jeremy Scahill, "Blackwater: CIA Assassins?" *The Nation* (August 20, 2009).
4 Gary C. Schroen, "Interview: Gary C. Schoren," Interview by PBS Frontline, *PBS* (Jan 20, 2006).
5 스팬이 살해되는 상황은 다음 자료를 참조. Colin Soloway, "He's Got to Decide if He Wants to Live or Die Here," *Newsweek* (Dec 6, 2001).
6 크럼턴과 부시의 대화내용은 다음 자료를 참조. Ron Suskin, *The One Percent Doctrine* (New York, NY: Simon & Schuster, 2006), pp. 58-60.
7 이러한 의견은 우익 언론인 보쉬그레이브 등이 제기했다. Arnaud de Borchgrave, "Commentary: Conspiracy of Silence?", *United Press International* (Nov 18, 2002).
8 그레니어와 오스마니의 접촉 내용은 다음 자료 참조. George Tenet, *At the Center of the Storm: My Years at the CIA* (New York, NY: Harper Colins, 2007), pp. 182-183.
9 Barton Gellman and Dafna Linzer, "Afghanistan, Iraq: Two Wars Collide", *Washington Post* (October 22, 2004).
10 Evan Thomas, "The Ongoing Hunt for Osama bin Laden," *Newsweek* (Aug 28, 2007).
11 오바마의 전쟁은 다음을 참조. Bob Woodward, *Obama's War* (New York, NY: Simon & Schuster, 2010).
12 *Report of The Joint Inquiry into the Terrorist Attacks of September 11, 2001*, The House Permanent Select Committee on Intelligence and the Senate Select Committee on Intelligence.

KODEF 안보 총서 41

CIA 블랙박스
모든 사건의 뒤에는 그들이 있다!

초판 1쇄 인쇄 2011년 5월 2일
초판 1쇄 발행 2011년 5월 7일

지은이 김재천
펴낸이 김세영

펴낸곳 도서출판 플래닛미디어 | 주소 121-839 서울 마포구 서교동 381-38 3층
전화 02-3143-3366 | 팩스 02-3143-3360 | 이메일 webmaster@planetmedia.co.kr
출판등록 2005년 9월 12일 제 313-2005-000197호

ISBN 978-89-92326-95-7 03300